파산

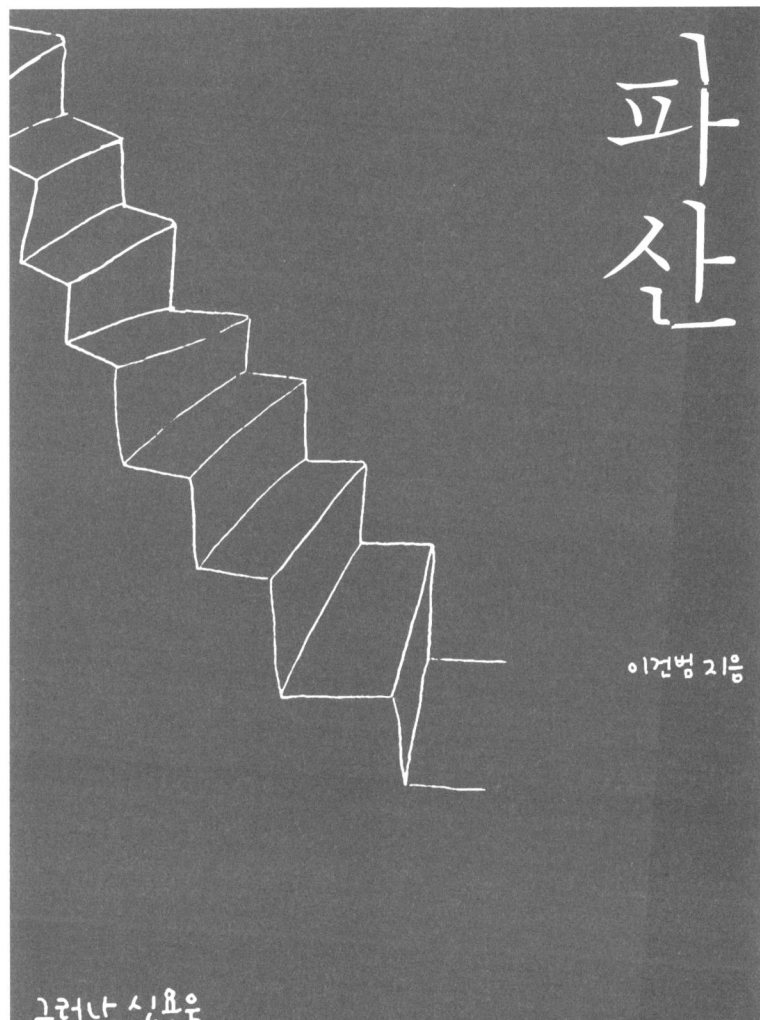

파산

이건범 지음

그러나 신용은
은행이 평가하는게 아니다

피어나

추천사

임정욱
스타트업 얼라이언스 센터장·전. 미국 라이코스 사장

"경영자라면 곱씹어가면서 읽어볼 만한…… 그리고 장밋빛 성공담에만 도취하기 쉬운 이 땅의 스타트업 창업자들에게"

스타트업 열풍 속에 매일같이 언론에 매력적인 창업스토리가 넘쳐나는 요즘이다. 매출이나 이익을 내기도 전에 거액의 투자를 받아 이미 대박을 터뜨린 듯한 분위기의 스타트업도 많다. 그리고 이런 화려함 이면에는 허술한 사업계획과 지나친 욕심으로 무모하게 사업을 확장하다가 쥐도 새도 모르게 사라지는 기업도 흔하다. 하지만 누구도 이런 어두운 이야기는 터놓고 말하려 하지 않는다.

이건범 사장은 90년대 중반 아리수미디어를 창업해 10여 년간 직원 120명 매출 1백억 원대의 유망한 벤처기업으로 키워낸 사람이다. 나는 그가 창업한 지 3년이 넘었을 때 그를 인터뷰한 적이 있다. 다듬어지지 않은 건강한 야성과 패기를 뿜어내던 그와 그의 동료들은 참으로 인상적이었다. 내 아이도 아리수미디어가 만든 콘텐츠를 좋아했기에 나의 기대 역시 남달랐다. 그렇듯 한때 성공한 사업가로 언론의 주목을 받기도 했던 그가 2006년 고통스러운 파산절차를 거치고 신용불량자로 전락했다. 그는 이 실패담을 생생하고 솔직하게, 게다가 유머러스한 글로 풀어낸다.

실패는 누구나 겪을 수밖에 없는 것이기 때문에 성공담보다는 실패담에서 더 배울 것이 많다고 나는 생각한다. 그런 의미에서 이 책은 경영자라면 곱씹어가면서 읽어볼 만한 부분이 많다. 장밋빛 성공담에만 도취하기 쉬운 이 땅의 스타트업 창업자들에게 필독을 권한다.

이진순

희망제작소 부소장·전. 올드 도미니언 대학 커뮤니케이션학과 교수

"주5일 근무제를 선도적으로 도입하였던 그가 어떻게 자신도 모르는 새 악덕 기업주로 전락하고, 부채에 허덕이는 신용불량자가 되었는지 잔인할 만큼 냉정하게 기술한다."

세월호가 뒤집어져 꽃 같은 아이들을 품고 가라앉았을 때 곧바

로 깨달았어야 했다. 우리가 자랑스레 떠벌여온 과거의 성취, 그 뒤에 감추어진 참담한 실패의 기억을 꼼꼼히 되씹어볼 때라는 걸. 실패를 딛고 성공한 이들의 드라마는 차고 넘친다. 그 득의양양한 오만 앞에 실패는 성공의 영광을 빛내주는 그림자로만 존재할 뿐, 엄밀하고 진지하게 해부되지 않는다. 이건범의 〈파산〉은 기억 너머로 봉인해 두었던 우리 삶의 이면을 날카롭게 헤집는다.

불의한 권력을 전복하겠다던 젊은 날의 다짐을 뒤로 한 채 힘의 논리에 편승하고, 성과 만능주의와 소영웅주의에 눈이 멀어 벤처 열풍의 광기에 휘둘렸던 잘못을 그는 속속들이 반추하고 기록한다. 이건범은 불운한 시대를 탓하거나 자신의 억울함을 호소하지 않는다. 〈21세기 신인간기업선언〉을 하고 주5일 근무제를 선도적으로 도입하였던 그가 어떻게 자신도 모르는 새 악덕 기업주로 전락하고, 부채에 허덕이는 신용불량자가 되었는지 잔인할 만큼 냉정하게 기술한다. 이건범의 〈파산〉은 그리하여 우리 세대 모두의 반성문이 된다.

한 가지 희망이 있다면, 우리가 성공이라 여겼던 것이 성공이 아니었듯, 우리가 실패라 여겼던 것이 실패만은 아니란 점이다. 파산과 처참한 몰락 뒤에 다시 유능한 출판기획자로, 복지운동가로, 한글문화운동의 대표 기수로 그가 일어나는 과정은 그래서 더욱 값지고 소중하다. 화려하진 않아도 더 단단하고 튼실해진 그의 재기는, 실패가 가르쳐 준 성찰과 지혜에서 출발한다. 파산과 몰락의 고통 속에서 단련된 그의 낙관주의는 새로운 희망의 불씨다. 그 불씨를 함께 품어나가고 싶다.

서문

나는 기억하기 위해 쓴다

아이는 어른의 거울이다

파산하고 일 년 뒤던가. 망한 소프트웨어 회사 사장의 집답게 우리 집에는 컴퓨터가 넉 대나 있었다. 아마도 피시방을 대신할 공간으로 아이들에게 인기가 높았을 거다. 어느 날 바깥에 나갔다가 일찍 들어와 누워 있자니 현관문 열리는 소리가 나면서 중학교 1학년인 아들 녀석이 친구 너덧을 끌고 오는 게 아닌가. 내가 집에 있으리라는 생각은 하지 못했는지. 대낮에 집에 있는 민망함을 감추면서 반가운 말투로 놈들을 맞이하자 신발을 벗던 아들 녀석이 현관문을 열고 들어오는 친구들에게 돌아서며 말한다.

"우리 아빠."

아이들이 흠칫하는 기색이었다. 그리고 바로 녀석의 말이 이어졌다.

"백수~"

함께 온 아이들이 모두 웃었다. 부끄러움이 없었겠냐만 녀석도 날 닮아 그런지 뜻하지 않게 닥친 어색한 상황을 웃음으로 싸 바르는 재주가 있는 것 같았다. 내가 파산한 뒤 우리 작은 월세 아파트 분위기는 대체로 이랬다. 그리 칙칙하지는 않았다. 오징어찌개를 끓여 그놈들과 맛있게 점심 먹던 광경이 떠오른다. 아빠를 가장 존경하더라고 선생님들이 말할 때마다 난 속으로 웃었다. '책을 안 읽으니까 아는 사람이 별로 없어서 아빠를 대는 거겠지.' 그 아들 녀석이 다 자라 대학에 가고 군 복무를 시작했다. 예민한 시기를 잘 넘겨준 아들에게 늘 고맙다. 녀석이 내 삶을 비춰보는 거울이었기에 내가 파산의 늪에서 허우적거리지 않았을 거다.

386 출신 벤처기업가?

나는 민주화운동으로 2년 4개월 넘게 옥살이를 하다 서른 살이던 1993년 3월 초에 특사로 풀려났다. 친구 회사를 잠깐 다니다 1994년 8월에 놀이학습 소프트웨어를 만들고 유통하는 주식회사 아리수미디어를 세워 2006년까지 12년 동안 경영했다. 소박하게 시작한 사업은 비교적 운이 좋았던 덕에 크고 작은 위기를 넘겨가며 성장했다. 나는 경쟁력을 갖추고 있으면서도 자유와 우애 넘치는 공동체로 우리 회사를 만들고 싶었다. 그게 내가 사업을 시작한 목표였다. 매출 1백억 원에 가장 많을 때 직원은 120명. 주위에서는 나를 386 출신 벤처기업가라고 불렀지만 내 사업 방식이 벤처 자본의 눈으로 볼 때 모험적이지는 않았고, 나 역시 그런 딱지나 사업 방식을 그다지 좋아하지 않았다.

그런데 외환위기 이후 세상이 너무나도 빠르게 변해갔다. 한쪽에서는 도산이 줄을 잇는데 다른 한쪽에서는 '묻지마' 벤처 투자 불길이 일었다. 자고 나면 업계의 지도가 달라져 있었다. 그 빠른 변화 속도에 조바심이 난 탓인지 벤처 열풍 막바지인 2001년부터 나도 그 급류에 황급히 올라탔다. 헛발을 디뎠을까, 회사는 곧 중심을 잃고 곤두박질쳤다. 폭포의 낭떠러지를 얼마 남겨두지 않은 급류에 떨어진 느낌이 들었다. 아무리 버둥대도 120여 명의 직원이 다시 안전하게 살아가는 공간으로 회사를 되살리기란 쉽지 않았다. 결국, 지칠 대로 지친 나는 결단을 내리고 회사 문을 닫았다. 다행히 이런저런 방식으로 직원들을 모두 구조한 뒤. 50억 원의 연대보증 채무를 안고 파산자, 신용불량자가 되어 폭포 저 밑으로 떨어진 것이다.

실패에서 배운다 함은

순탄하게 커 나가던 우리 회사가 왜 망하게 되었는지, 내 욕심은 어떻게 불거졌는지, 우리를 광기로 몰아넣은 그 시대의 참모습은 어땠는지, 파산을 앞두고 내가 싸안았던 고민과 지켰던 원칙은 무엇이었는지, 몇 년의 파산자, 신불자 생활을 거쳐 오늘 내 나름의 자리를 찾게 한 힘은 어디에서 왔는지 나는 이 책에 과장 없이 적었다. 이 재구성 작업이 절대 쉽지는 않았다.

실패의 기록은 쓰기 어렵다. 성공의 기록은 성공한 현재가 있기 때문에 구성이 쉽지만, 아무것도 남아 있지 않은 물거품을 원래 모양대로 재구성하기란 보통 일이 아니다. 더구나 기록을 남겨야 할 사람의 마음이 갈가리 찢긴 상태일 테니 더더욱 진도 빼기가 어렵다. 그런 이유로 실패를 기록하는 사람이 드물고, 그래서 실패의 기록을 찾아보기도 쉽지 않다. 무엇이든 세력을 이루지 못하면 사람들의 눈을 끌지 못하는 법이니, 실패의 기록이 많이 나오지 않는 한 실패를 다룬 책은 잘 안 팔릴 것이다. 그래서 또한 사람들은 실패를 기록하지 않는다.

성공하는 사람이 극소수고 실패하는 사람은 부지기수지만, 위와 같은 까닭으로 사람들은 그런 실패의 경험으로부터 배울 기회를 잡기 어렵다. 기록조차 찾기 어려운 것이다. 그래서 실패나 파산, 이런 것은 자기와 무관한 것, 마치 장애인은 이 세상에 따로 있는 특이한 종족이라고 여기면서 꺼리듯이 실패나 파산을 혐오하고 외면한다. 하지만 사업이든 뭐든 간에 성공한 남의 이야기에서 배울 건 그다지 많지 않다. 많은 경우에 성공은 운과 이어져 있기 때문이다. 박지성과 김연아의 노력을 깎아내릴 생각은 없지만, 그들이 50년 전에 태어났다고 가정해보라. 과연 그들이 세계를 누비는 스타가 될 환경이었겠는가? 그러나 성공담에서 이런 사회적인, 역사적인 운은 대개 중요하게 취급되지 않고 그들의 인간 승리만이 비춰진다. 반면 실패담은 당신도 가진 버릇이나 습관, 사고방식이 문제임을 잘 드러내 준다. 또한, 그것이 누구에게나 일반적인 문제라는 점을 일깨워 우리의 시야를 한층 높은 수준으로 끌어 올린다. 이 책은 그와 같은 색다른 경험을 제공할 것이다.

기억의 생명력은 기록에서 온다

내가 이 책을 쓸 수 있었던 데에는 과거의 기록이 꽤 큰 도움이 되었다. 사업하던 12년 동안 나는 회사 내부의 조직 문제나 정책 등에 관해 이런저런 글을 자주 썼다. 2001년 여름에는 그때까지 썼던 글 가운데 손에 잡히는 것들을 모아 책으로 묶어냈다. 〈나는 기억하기 위해 쓴다〉가 비매품이었던 그 책의 제목이었다. 그 책 서문에는 이런 말이 있다.

"나는 정말 나 스스로를 기억하고 싶다. 내 사고와 환경의 제한된 폭 속에서 이리저리 머리를 굴리며 생존하고자, 그리고 생존 속에서 내 삶의 지표를 잃지 않고자 노력했던 그 시간의 부끄러움을 낱낱이 기억하고 싶다. 그러나 나 역시도 누구들처럼 나에게 유리한 것들만을 기억하곤 한다. '내가 과연 그런 말을 했었던가…….' 이런 식의 뒤통수치기와 발뺌에서나 스스로를 채찍질할 과거의 나를 항상 기억하고 싶다. 그리고 과거의 나를 알고 있는 사람들이 당대의 나를 기억해주길 바라며, 그들로부터 언제든 과거의 나에 대해 듣고 싶다. 내가 어떠한 역사의 궤적을 그리며 살아가는지 잊고 싶지 않은 것이다. 오직 이런 바람으로 내 부끄러운 역사를 아무런 가감 없이 기록으로 남기려 한다."(2001년 7월 25일)

이 글을 보면, 당시까지는 사업에 성공하리라는 기대가 꽤 컸었나 보다. 돈 많이 벌고 힘도 세진 뒤에 혹시나 내가 변질하지는 않을까, 즉 착하고 모범적인 대표자에서 악독한 자본가로 변하지는 않을까 걱정하는 눈치다. 그러지 않기 위해 (성공한) 미래의 나를 채찍질할 과거의 나를 기억하겠노라고 기록을 묶었네. 게다가 나뿐만 아니라 남들도 역시 그때의 내 모습을 기억해주기 바라는 마음까지 담아서. 참 주제넘은 걱정이었다.

 기대와는 정반대로 나는 2006년 초에 말 그대로 쫄딱 망했다. 그리고 신불자로 칠 년을 지냈다. 난 정말 그 기억을 떠올리고 싶지 않았다. 그나마 행복했던 기억은 손가락 사이로 빠져나가 하나 둘 희미해지고, 슬픈 고통의 기억은 쉽게 지워지지 않았다. 잊으려 할 때 먼저 잊히는 건 대개 소중하고 좋은 기억들이다. 책 쓰는 일을 시작하고 삶에 새로운 욕구를 가지게 되면서야 잊고 싶었던 과거를 복원하고픈 마음이 일었다. 내가 왜 실패했는지 적나라하게 보여줌으로써 우리 모두에게 공부가 될 거라고 기대하며.

 상황은 거꾸로 흘렀지만, 당시의 기록은 세월이 흐른 뒤에 내가 나를 돌아보는 데에 매우 큰 도움이 되었다. 고통스러운 기억을 재구성하면서 뜻밖에도 내가 잊었던 행복한 순간의 기억을 일부 살려냈다. 행운이다. 글 쓰는 일이 이래서 좋다. 기억을 위해서는 확실히 기록이 중요하다. 세월호 참사와 같은 국민의 비극을 잊지 않겠노라고 많은 사람들이 다짐하지만, 그 기억들이 자신의 기록으로 남지 않으면 기억을 바래게 하는 시간의 무게를 당해낼 재간은 없다. 이럴 때 사람들은 자기에게 유리한 것만 기억한다. 이 책은 내가 30대에 사업을 하면서 만난 고민과 40대에 들어서 파산하고 그로부터 서서히 벗어난 20년의 세월을 기억하게 해줄 또 하나의 기록이기도 하다. 그 속에서 내가 생애의 목표를 어떻게 달리 보기 시작했는지 잊지 않게 해줄 증거다. 다른 한편으로 내 개인을 넘어서 1990년대 중반부터 2000년대 중반까지 우리 사회의 한 단면을 볼 수 있는 기록이기도 할 것이다.

힘의 논리와 비교의 논리

파산의 재구성 과정은 쉽지 않았다. 정말 힘들고 안타까웠던 순간들과 다시 직면해야 했고, 부끄러운 일도 한둘이 아니었다. 그뿐이랴. 재구성을 완결하기 위해서는 내가 왜 망했는지를 정확하게 찾아내야 했다. 뭘까? 한동안 고민하고 분석했다. 난 잠정적으로 외환위기 직후 너무나도 강고해진 성과 만능주의의 광기에 휘말렸던 나의 혼란을 원인으로 지목한다. 사회 개혁가가 될 건지 자본가로 성공할 건지 오락가락하던 나의 혼란.

 난 이 책에서 '힘의 논리'에 사로잡혀 매우 혼란스럽게 나를 파괴해가던 내 모습을 돌아본다. 거대한 힘을 추종하면 사람은 자기가 하나의 힘이라는 사실을 망각한다. 그래서 거대한 힘이 요구하는 논리를 비판 없이 받아들이고 힘을 얻기 위한 모든 수단을 정당화한다. 힘센 자가 살아남는 게 당연하다거나 힘센 자가 정의라는 논리를 스스로 갖게 되는 것이다.

　나는 힘을 쌓아 내가 젊은 시절 꿈꾸던 좋은 사회를 만드는 데에 영향력을 발휘하고 싶었다. 이 생각이 나쁘다고 말할 수는 없다. 그런데 그 힘을 축적하는 과정이 힘의 노예로 전락하는 과정으로 바뀔 수도 있음을 몰랐다. 어째서 그럴까? 체제나 기성 권력이라는 거대한 힘을 그 자체로 비판하고 싸우려 하지 않으면서 그런 거대한 힘을 키우겠다든가 그 거대한 힘의 주인이 되어 힘을 선량하게 사용하겠다든가 생각하면 사람은 한편으로 남몰래 거대한 힘의 탈취나 전복을 꿈꾸면서 다른 한편으로는 그 거대한 힘과 명분 있게 타협하려고 한다. 이런 분열된 인격은 힘의 노예가 되기에 아주 적절한 먹잇감이다. 내가 어떻게 먹잇감이 되었는지 한번 꼼꼼하게 짚어보는 일은 독자로서 당신이 져야 할 의무다.

　그렇다면 대안은 무엇인가? 나의 길, 당신의 길, 자기 길을 가라. 자기 땀이 쌓은 힘의 크기와 세기를 믿어라. 비록 그 힘이 거대하지는 않을지라도 멋지다는 점을 의심하지 마라.

　나는 또한 이 책에서 '실패'나 '파산'과 같은 말을 무슨 저주받은 운명의 낙인으로 여기는 세태에 대해서도 정면으로 문제를 제기하면서 새로운 관점을 제시하였다. 그런 말들이 왜 나오는지 내 경험 속에서 해부해보니 속이 좀 들여다보였다. 우리는 남과 나를 비교하는 말, 특히 잘 나가는 사람이나 대기업 같은 강자와 나를 비교하는 말들에 대해 늘 의심과 경계를 늦춰서는 안 된다. 그들은 그런 비교의 언사를 늘어놓음으로써 이익을 얻는 자들일 공산이 높다. 엄마가 아이에게 엄친아 이야기를 할 때 기대하는 게 무엇이겠는가?

독자와 주위에 하는 말

나는 감히 이 책이 어떤 사람에게는 위안을, 어떤 사람에게는 용기를 주기 바라며, 또 어떤 사람에게는 타산지석이기를 바란다. 그렇지만 타산지석, 즉 남의 경험을 보고 무언가를 배운다는 게 얼마나 어려운지는 나도 잘 안다. 그러니 이 책에서 읽은 게 현실에서 그다지 큰 도움이 되지 않는다고 너무 조급하게 책장을 넘기지는 마시길. 혹시나 당신이 내 파산 시점처럼 어려움에 부닥쳤을 때 이 책에서 약간의 위안과 용기만 얻는다면 난 글쓴이로서 몹시 만족할 것이다.

　매우 어려운 세상이다. 심각한 양극화에 청년 실업, 노인 빈곤, 시계보다 더 바쁜 일상, 날로 천박해지는 사회……. 정치에서도 희망을 발견하기 어렵다. 87년 민주화 이후에 상승하던 국운이 언제부턴가 꽤 오래 내리막길을 걸었다. 더 있을지 모르지만, 이젠 바닥까지 왔다. 새로 시작하자. 과거의 틀과는 다른 눈으로 세상을 보자. 자유로운 개인과 공동체의 연대가 조화를 이루는 세상을 향해, 그것이 최대의 목표임을 분명히 하고 먼 길 떠나자. 우리 길을 가자. 그게 내가 파산에서 벗어난 방법이었다. 난 당신이 직접 나서서 그런 희망을 만들어야 한다고 말한다.

내 파산에도 아랑곳하지 않고 웃으며 믿고 살아준 아내, 내 삶의 거울인 아들, 평생 자식 걱정하셨을 어머니와 이제는 하늘나라로 가신 아버지에게 사랑과 고마움을 담아 이 책을 바친다. 청춘을 함께 했던 아리수미디어 직원들 모두에게도 고맙고, 특히 좌용식과 노경훈에게 더더욱 그러하다. 사업할 때, 파산할 때, 새로 일어설 때 나에게 힘이 되어 준 많은 친구와 선후배들에게도 고마움을 밝힌다. 좋은 날이 올 것이다.

2014년 11월

차례

추천사 — 4
서문 나는 기억하기 위해 쓴다 — 9

1 화려한 도시를 그리며

- 내 생애 첫 주례사   25
- 돈 안 드는 사업은 돈이 안 된다   36
- 반면교사를 얻다   48
- 돈은 사람을 따라 온다   58
- 다름을 인정할 때 대화가 된다   76

2 때로 악마는 열정으로 유혹한다

- 생존의 그늘   99
- 처음 된 자 나중 된다   118
- 돈이 시키는 대로 일하면   135
- '자본가'는 타락하지 않으면 몰락한다   151

3 파산

- 우리의 발목을 잡는 것들   165
- 망하는 데에도 준비가 필요하다   183
- 신용은 은행이 평가하는 게 아니다   195
- 바닥까지 간다는 것   207

4 잃는 게 있으면 얻는 게 있다

- 평생 돈 걱정 안 하고 살 이름   225
- 잃는 게 있으면 얻는 게 있다   234
- 나는 왜 망했을까?   244
- 우리는 어떻게 새로 일어서는가?   259
- 어른에게야말로 꿈이 필요하다   271

후기 — 282

화려한 도시를 그리며 1

내 생애 첫 주례사

2005년 10월 25일은 토요일이었다. 유리창으로 쏟아져 들어오는 따가운 가을 햇살을 받으며 난 아내가 운전하는 차의 조수석에 앉아 수원 월드컵경기장으로 향했다. 주위에 아직 장가를 가지 않은 친구가 두엇 있을 정도로 마흔둘이라는 내 나이에 그다지 어울리지 않는 주례를 서기 위해. 이런저런 걱정 때문인지 창을 뚫고 들어오는 가을 햇살이 꽤 거추장스러웠다.

신랑은 내가 운영하는 회사에서 5년 넘게 근무한 스물아홉 먹은 친구였다. 서양화를 전공했는데, 면접을 보던 날 놈은 반바지에 샌들을 신고 왔었다. 그의 학과 선배로부터 워낙에 그림 잘 그린다는 추천을 받았던 터라 난 그저 이 친구의 됨됨이만 살폈다. 복장처럼 자유분방하지만 적절한 진지함도 갖추고 있어 보여 난 면접 자리에서 채용하기로 바로 결정했다. 출근 뒤에 겪어보니 자기 주관이 뚜렷하고 유쾌함과 겸손함도 두루 갖춘 훌륭한 청년이었다. 그는 곧 우리 회사의 대표적인 콘텐츠를 만드는 데에 주력 공격수 몫을 맡게 되었다. 언젠가 둘이 술을 마시던 자리에서 나는 그에게 회사에서 학비를 대줄 테니 프랑스로 유학을 다녀오라고 권한 적도 있다. 그만큼 아끼는 친구였다.

처음 내게 주례를 부탁했을 때 난 녀석이 농담하는 줄 알았다. 서울대 미대 출신이라 훌륭한 은사님도 많을 터였고, 신부도 대기업 연구소에 근무하고 있어서 얼마든지 하객들에게 그럴듯한 주례를 모실 수 있는 처지였으니 말이다. 그리고 회사의 사장이라고는 해도 난 겨우 마흔두 살이었다. 마흔두 살에 주례라니. 게다가 그때까지만 해도 난 비교적 동안이어서 마흔두 살이라는 내 나이만큼도 들어 보이지 않아 이래저래 어린 사람 취급을 당하는 경우가 많았다. 실제 결혼식 주례를 보러 갔을 때도 예식장 직원이 사회를 맡기로 한 신랑 친구를 주례로 착각하고 나에게 예식 사회 진행 요령을 설명하는 바람에 사회자와 내가 모두 민망한 얼굴로 웃었을 정도였다. 신랑 친구는 머리가 좀 벗겨져서 액면가로는 나보다도 너덧 살 많아 보였다.

처음 주례 이야기가 나오고 3주쯤 흐른 뒤 이 친구가 또 주례 이야기를 꺼냈다. 웃자고 하는 말이 아닌 것 같아 나도 정색하고 진심인지 물었다. 녀석은 진심이라며 그 이유를 말했다. 내가 살아가는 모습이 보기 좋단다. 난 약간 망설이다 주례를 서기로 승낙했다. 여러 가지 걱정이 있었지만, 마음으로 아끼는 후배가 내 삶을 흠모한다니 마구 물리칠 일만도 아니었다. 난 원래 어떤 일에서든 두 번 세 번 뒤로 빼는 성미가 아니다.

  사회자와 결혼식 절차를 확인하고 예식이 시작되기 전 10분 동안 나는 초조하게 혼인 문답과 성혼선언문의 문안을 외워야 했다. 미리 인터넷에서 본 것도 있었지만, 결혼식장마다 그 문안이 조금씩 달랐다. 1급 시각장애인인 나로서는 예식장 담당자가 건네준 문서를 읽을 수 없는 처지였으니, 자칫 신혼부부의 역사에 남을 문서와 내 말이 서로 일치하지 않을 위험이 있었다. 짧은 시간에 암기력을 최대한으로 발휘해야 했다. 일전에 투자유치를 위한 사업제안을 설명할 때는 무려 1시간짜리를 외워서 했던 적도 있지만, 그건 내가 만든 제안서였기에 그리 어렵지 않았고 숫자 외에 글자 하나하나가 중요하지는 않았다. 하지만 그때와는 경우가 다르다.

  마침내 신랑 신부가 입장하여 내 앞에 섰다. 나는 보이지도 않는 문서를 손에 들고는 기억력을 총동원하여 혼인 문답과 성혼선언을 외워가며 식을 이끌었다.

  "이로써 두 사람의 결혼이 원만히 이루어졌음을 선언합니다."

  성혼선언문 낭독을 마치는 내 얼굴이 왜 그리도 의기양양이었는지 사람들은 잘 몰랐겠지만, 한 글자도 틀리지 않고 문답과 성혼선언을 끝내자 주례를 다 본 느낌이 들었다. 사실 내게 가장 큰 부담은 이 문장들을 순식간에 외우는 일이었으니. 이제 주례사만 간단히 쳐주면 된다.

〜

　결혼식 3주 전에 신랑과 신부가 날 찾아왔었다. 회사 근처의 어느 작은 술집에서 소주잔을 기울이며 난 내가 결혼하게 된 과정과 나의 주례 선생님에 얽힌 이야기를 들려줬다. 1988년 9월 말에 나는 도둑결혼 치르듯 결혼식을 올렸다. 내 나이 스물다섯, 아내는 스물넷. 지금은 결혼하는 나이가 웬만하면 서른을 넘지만, 그 당시에도 우리 나이는 결혼하기에 꽤 이른 편이었다. 왜 그렇게 일찍 결혼했냐고 지금까지도 많은 사람이 궁금해 하는데, 그건 우리가 '사고'를 쳐서도 아니었고 죽고 못 살 정도로 사랑해서도 아니었다.

　시국 사건으로 구속되어 무기정학을 당했다가 복학한 나는 동기들보다 1년 반 정도 늦은 1988년 여름에야 겨우 졸업을 하게 되었다. 복학한 뒤 87년 중반부터 다시 지하활동을 시작한 나는 경찰의 일상적인 감시망에서 벗어나기 위해 부모님 댁에서 나와 떠돌이 생활을 하고 있었다. 도청을 염려해 계속 위치를 바꿔가며 부모님 댁에 전화를 드리곤 했는데, 88년 8월 중순 어느 날부터 아무도 전화를 받지 않기를 사흘이 지났다. 겨우 연락이 닿은 동생에게 들은 소식은 청천벽력이었다. 아버지께서 위암으로 큰 수술을 받으셨고, 결과를 낙관하기 어렵다는 게 아닌가.

　고심하던 나는 혹시 검거되더라도 다른 이에게 불똥이 튀지 않도록 주변을 정리하고 당시 직장에 다니던 지금의 아내를 병원 입구에 남겨둔 채 입원실로 향했다. 입원실에는 수술을 받고 코에 호스를 낀 채 아무 말도 하시지 못하는 아버지 혼자 누워 계셨다. 괜찮으시냐는 내 물음에 아버지는 그저 눈만 껌뻑거리셨다. 마침 수술을 집도한 의사와 형이 함께 입원실로 들어와 대강의 수술 규모를 들을 수 있었다. 위암 3기에서 위를 90% 정도 자르고 식도와 십이지장을 연결했으며, 5년 생존율이 그리 높지 않다는 내용이었다.

이게 내 탓인가 하는 회한이 밀려왔다. 공무원이신 아버지 속을 엔간히도 썩인 불효자였으니. 어쨌든 오래 머무르긴 곤란하다 싶어 일단 입원실을 나선 나는 병원 입구에서 어머니와 딱 마주쳤다. 그렇잖아도 어머니가 안 계셔서 어디 가셨냐고 물었으나 형도 잘 모르는 눈치였다. 사고뭉치 아들을 만난 어머니께선 반색하시며 나를 병원의 화단 옆으로 끌고 가셨다.

"어디 갔다 오세요?"

어머니께서는 아주 짧게 답하셨다.

"아버지 묏자리 보고 왔다."

한순간 정적이 흘렀다. 난 그저 내 손가락 관절 마디를 꺾으며 시커먼 밤하늘만 보고 있었다. 어머니께서 말을 이으셨다.

"아버지 살아 계신 동안에 결혼해라. 곧 올림픽 기간이니 경찰들 감시도 허술해지지 않겠냐? 저쪽 집에 말씀드리고 날짜 잡아라."

아주 단호하게 말씀하신 뒤 어머니는 급히 병원으로 들어가셨다. 난 이 상황을 병원 바깥에서 기다리던 지금의 아내에게 전하고 동의를 구했다. 우리의 결혼식은 이렇게 결정되어 한 달 만에 일사천리로 진행되었다. 예식장 잡기도 만만치 않아서 당시로써는 파격적으로 평일인 금요일 낮에 결혼식을 올렸다. 우당탕 결혼을 준비하던 그 속도감의 관성 때문이었을까, 어떻게 결혼식이 진행되었는지, 주례 선생님께서 무슨 말씀을 하셨는지 하나도 기억나는 게 없을 정도였다. 부조금 낼 형편이 아니던 재학생 후배들이 결혼식 공식 피로연이 끝난 뒤에도 백여 명 넘게 남아 뒤풀이를 하며 당시 관습대로 날 매달곤 발바닥을 작살냈다. 정말 소꿉장난 같고 도깨비놀음 같은 결혼식이었다.

2013년으로 결혼 25주년. 우리 둘은 몇 차례나 그 성급했던 결혼 강행을 후회했다. 당시 쉰다섯이셨던 아버지는 25년을 더 사셨다. 수술 6년 뒤부터 아버지께선 수술을 집도했던 의사 선생님과 술친구가 되었을 정도로 정상인의 체력을 회복하셨고, 팔팔한 나이의 자식들보다도 더 건강하게 지내셨다. 집에서 자식들과 함께 제사를 모시고 온 가족이 빙 둘러앉아 제사 음식을 안주 삼아 술을 마실라치면 젊은 아들들이 아버지의 술 실력을 당해내기가 어려울 정도였다. 그럴 때마다 우리 부부는 안도감으로 웃으면서 우리의 성급했던 결정을 다시 후회했다.

후회. 우리가 사랑 없는 결혼을 억지로 한 것도 아니요, 아버지께서 회복될 줄 모르고 무슨 조건부 거래를 한 듯하여 원통하다는 뜻도 아니다. 우리의 결혼이 아버지의 건강 회복에 얼마나 큰 도움이 되었을지는 모르지만, 그 어린 나이에 덜컥 결혼했으니 가보지 못한 길에 대한 아쉬움이 큰 건 어찌할 수 없는 일 아니겠는가. 캠퍼스 커플이라고는 해도 늘 학생운동에 바빴던 나 때문에 우리는 연애다운 연애 한 번 제대로 해보지 못한 서글픈 청춘이었다. 그래도 천추의 한을 남길 수는 없는 노릇이었고, 나로서는 당시에 결혼하지 않았다면 오늘날과 같은 가정을 꾸리기도 어려웠을 테니 그 번개 결혼식이 참 다행이었다고 위안으로 삼는다. 게다가 아버지께서 건강하게 오래 사셨으니 더 말할 나위가 있으랴.

나의 결혼식 주례는 대학 은사님이신 김진균 교수님께서 맡아주셨다. 김진균 교수님은 2004년 2월에 67세의 아까운 나이로 세상을 뜨셨다. 내가 주례를 보기 1년 반 전의 일이다. 서울대 사회학과 교수로 재직하던 1980년 7월, 전두환 폭도에게 강제로 해직된 선생님은 수입 학문의 쳇바퀴를 넘어서는 한국적인 사회학을 정립하고자, 민중과 함께하는 실천적인 지식을 만들어내고자 해직기간 동안 더욱 애쓰셨다. 그리고 전국의 해직 교수를 모아 해직교수협의회를 만들고 민주화 투쟁의 하나로 복직투쟁에 앞장서셨다. 1984년 복직 뒤 1989년부터 민주화를 위한 전국교수협의회 공동의장, 민주노총의 전신으로 1990년에 설립된 전노협 고문 겸 후원회장 등을 맡아 교육, 학술, 인권, 노동 등 사회운동 전반을 아우르며 한국의 진보 지식인 대열을 이끄신 분이다.

김진균 교수님은 1984년 복직된 이래 어떤 교수보다도 제자들의 결혼식 주례를 많이 선 것으로 유명하다. 제자들과 벽이 없고 온화한 성품으로 그들을 아끼면서도 실천적 지식인으로서 본보기가 되었기 때문이리라. 선생님은 직접 손으로 쓴 주례사를 들고 와 읽으셨는데, 나중에 댁에 인사를 갔더니 그간 그렇게 주례를 섰던 모든 주례사를 보관하고 계셨다. 당사자들이 찾아오면 이를 복사해 나눠주신다고 했다. 가끔 교수님께 인사를 드리러 가곤 했지만, 대학 시절 공부에 전념할 처지가 아니었던 나로서는 김 교수님의 학식이나 사회활동에 그리 밝지 않았고, 졸업 후에는 사업에 바쁜 탓에 그저 황당한 결혼식의 주례를 서주신 고마운 선생님 정도로만 기억하는 수준이었다. 한번은 선생님께서 만든 "진보네트워크"라는 단체에서 시민단체나 노동조합 실무자들을 위한 정보통신 소양 교육을 하려는데 소프트웨어가 없어 애를 태우고 있다는 소식을 듣고 대학 동기들과 급히 돈을 모아 기부한 정도가 선생님 하시는 활동에 힘을 보탠 전부다.

  2004년 2월, 김진균 교수님의 영결식이 치러진 날은 유난히도 추웠다. 나와 아내는 서울대병원에서 출발한 운구 행렬을 따라 혜화동 로터리를 지나 마로니에 공원으로 들어갔다. 콧등을 시큰거리게 하는 추모사가 이어졌다. 2000년부터 대장암으로 고생하시다 잠시 몸 상태가 좋아졌으나 명동성당에서 농성 중이던 노동자들과 함께하는 등 당신을 필요로 하는 모든 곳에 망설이지 않고 다니시다 다시 건강이 나빠져 결국 내가 소식을 접한 지 한 달 만에 돌아가신 것이었다. 돌아가시기 전 해에 회사 일이 너무 황망해 찾아뵙지 못한 게 한스러웠다.

  날씨는 상여 행렬의 슬픈 마음조차 얼릴 정도로 추웠다. 그 추위에 경망스럽게 발을 동동 구르고 있는데, 어느 분의 추모사 도중에 선생님의 '주례'에 얽힌 이야기가 나오는 것 같아 나는 귀를 세웠다. 어느 교수보다도 빈번하게 결혼식 주례를 보셨던 선생님. 그렇게 받은 주례 답례비를 모아 해고 노동자와 수배된 노동자, 여건이 어려운 노조, 사회운동단체 등에 남모르게 지원했다는 회고가 흘렀다. 순간, 망치로 뒤통수를 한 대 맞은 듯 멍했다. 동동거리던 발은 내 명령 없이 멈췄고, 주체할 수 없는 눈물과 콧물이 터져 나왔다. 정치하시려나 왜 그리 주례를 많이 보시지 하고 농담 삼아 친구들과 이야기를 주고받던 어느 동문 모임에서의 한심한 장면이 내 기억 속에 흘러갔다. 하염없이 울었다. 어리숙한 제자가 그저 당위감으로 존경하던 것과는 비교할 수도 없을 만큼 선생님은 큰 분이셨다. 선생님은 우리 부부에게도 그 주례사를 복사해 주셨던가? 그랬다면 그 주례사는 지금 어디에 있을까? 무슨 말씀을 우리에게 남겨 주셨을까?

∽

  일순간 그 기억을 떠올리며 나는 마음을 가다듬고 딱 5분 동안 아주 짧게 주례사를 풀었다.
  "두 사람은 하나가 되기 위해 오늘 이 자리에 섰습니다. 그러나 두 사람은 접했던 풍속이나 해온 일이나 가정환경이 모두 다릅니다. 즉, 서로 다른 사람임을 인정하고 살아야 합니다. 다름 속에서 하나가 되는 삶을 꾸리고자 하는 것이 바로 결혼 생활입니다."

난 그들에게 서로의 마음을 활짝 터놓고 살아가길, 자신의 고통을 감추며 잘못을 고집하려 들지 말길 바라는 말을 이어갔다.

"와신상담이라는 말대로 사람은 고통을 에너지로 삼을 때가 있습니다. 그러나 그 고통 속에서도 한 가닥 웃음을 찾으려 노력하길 권합니다."

난 각자에게 굳어진 습관과 생각을 가볍게 넘나들 수 있어야 고통 속에서도 서로 웃음을 찾는 힘이 생기고, 그 힘이 두 사람을 가장 강하게 묶어 주리라는 이야기를 이어갔다. 5분 동안의 짧은 주례는 막힘없이 끝났다. 여느 예식장에서 흔히 들리던 갓난아기의 울음소리도 없었고 장내는 제법 주례사에 집중한 듯 차분했다. 양가 부모님과 하객들 모두 늘어지지 않는 짧은 주례사를 반기는 눈치였다.

이렇게 내 인생의 첫 주례는 성공적으로 끝났지만, 양가 부모님께 인사를 하고 그 자리를 떠나는 내 마음은 착잡했다. 사실, 눈 때문에 불편하다거나 주례 서기엔 너무 젊다는 까닭만으로 이 친구의 부탁에 망설인 건 아니었다. 내가 아끼는 후배였으므로 비록 불편하더라도 나로서는 즐겁고 보람 있는 일일 터였다. 문제는 회사 사정이었다. 처음 주례를 부탁받았을 당시에 나는 회사를 더는 지탱할 수 없을지도 모른다는 생각을 하던 참이었다. 12년의 땀과 눈물이 묻어 있는 회사의 문을 닫아야 하는 상황에서 인생의 새

길을 출발하는 청춘들 앞에 내가 설 자격이 있겠냐는 부끄러움이 내 발목을 잡았었다. 김진균 교수님처럼 이름과 덕망을 내세울 형편은 아닐지라도 웬만한 수준은 되어야 주례로서 마땅한데, 곧 파산하여 사회의 저 밑바닥으로 떨어질 사람이 주례를 섰다면 그 신혼부부의 앞길은 어떤 빛깔이겠는가. 나를 얕잡아 볼 시선은 그렇다 치더라도 그들에게야 무슨 죄가 있으랴.

신랑 신부와 셋이 기념사진을 찍을 때 난 표정을 어찌 지어야 할지 참으로 난감했다. 주례를 서던 그 날은 회사 문을 닫기 위해 착착 차례를 밟고 있던 시점이었다. 내 눈으로 내 표정을 볼 수 없음에도 내가 지었을 그 어색한 웃음은 내 부끄러움의 고백처럼 또렷이 기억에 저장되었다. 주례를 마치고 집으로 돌아오는 차 안에서 나는 다시 한 번 결심의 끈을 질끈 동여맸다.

'그래, 저 젊은 신랑 신부에게도 그렇고, 나를 아는 모든 이에게 결코 파렴치한 인간으로 남지 말자.'

점점 더 또렷해지는 기념사진 속의 내 어색한 얼굴에 대비되듯 차창 밖의 희미한 풍경들이 지난 12년의 기억과 함께 밀려와 스쳐 지나간다.

돈 안 드는 사업은 돈이 안 된다

나는 1988년 당시로써도 이른 나이인 스물다섯 살에 결혼했지만 그건 말짱 헛수고에 지나지 않았다. 일찍 일어나는 새가 반드시 벌레를 먼저 잡는 건 아닌가 보다. 난 결혼 뒤에도 대학 시절부터 이어 온 반정부 민주화운동을 하느라 곧 집을 떠나 도피 생활에 들어가야 했다. 그러다 1990년 10월 말에 경찰의 미행에 걸린 동료들과 함께 잡혔고, 국가보안법 위반 혐의로 구속되어 징역 3년 형을 선고받았다. 북한에 호감을 전혀 갖고 있지 않았음에도, 검찰과 재판부는 나의 모든 민주화운동을 북한 '찬양' 활동으로 규정하고 판결을 내렸다. 난 2년 4개월의 감옥살이 끝에 1993년 3월에야 다시 세상으로 나왔다. 내 나이 서른이었다. 결혼생활 5년이 거의 껍데기나 다름없이 흐른 셈이다.

징역을 나올 무렵 난 정치나 사회운동에 더 이상은 발을 들여놓지 않기로 마음먹었고, 대신 사업을 하겠다는 생각을 품고 있었다. 동유럽과 소련 사회주의의 붕괴는 내가 '폭력혁명을 통한 사회주의의 실현'이라는 레닌의 고전적인 명제로부터 등을 돌리게 된 하나의 계기였다. 그러나 더욱 근본적으로는 내가 수감 이전부터 갖고 있던 고민, 즉 '인간 내면의 실체'에 대해 나름대로 어떤 잠정적인 결론을 내렸기 때문이었다. 내 고민은 이랬다.

지금 돌아봐도 우리 386세대가 숙명처럼 받아들였던 1980년대의 학생운동이나 노동운동 등 사회운동은 그 바탕에 '우애'라는 매우 고귀한 가치를 깔고 있었다. 친구의 어려움을 모른 체 않는 게 인간다운 자세라 배웠기에 우리는 경찰의 곤봉에 두드려 맞는 친구를 구하려다 대신 잡혀갔고, 악덕 기업주의 야비한 착취에 눈물 삼키며 싸우는 노동자들의 친구가 되어 경찰과 기업주에게 화염병을 던졌다. 노동자, 농민, 도시빈민 등 우리의 벗들이 신음하고 눈물 흘리는 세상에서 지식인의 기득권을 누리며 산다는 건 우애를 저버리는, 참으로 염치없는 짓 같았다. 우리 386세대는 일반적으로 그런 정서를 가지고 있었다. 그것은 폭도 전두환이 야만적인 살육을 저지르고 정권을 장악하여 갖은 악행을 일삼는 현실 때문에 더욱 정당한 가치로 자리 잡았다. 하지만 자신의 미래를 송두리째 걸고 싸우는 일이 왜 겁나지 않았겠는가. 그래서 나서지 못하는 이는 괴로웠고, 나서는 이들도 늘 일말의 두려움을 느끼면서 고민의 짐을 내려놓지 못했다. 많은 사람이 자신의 비겁을 한탄하며 울었고, 지나친 부담에 자의 반 타의 반으로 운동에서 등을 돌려야 하는 사람도 숱했다.

그런데 어느 정도 보장된 미래를 희생하며 용기 있게 나설 것을 시대가 강요한 탓인지 그 부작용으로 우리 내부에서는 비뚤어진 심성이 나타나기도 했다. 물론 고귀한 이상에서 출발한 운동이었더라도 그 안에서 헌신하는 서로의 열정이 같은 온도와 같은 진원지, 같은 각도를 갖고 있지는 않았다. 살아온 경험이나 성격이 다르니 차이가 나는 것이 얼마나 자연스러운 일이겠는가. 하지만 너그럽게 봐줄 수만은 없는 일도 제법 많았다. 지나친 분노와 그에 버금가는 특권의식, 아집과 구분하기 어려운 절절한 비타협성, 유연성이라는 이름 아래 일어나는 권위주의나 가부장제의 답습, 내부 민주주의를 무시하는 영웅주의, 그리고 가장 부끄러운 짓인 맹신과 맹종. 참으로 견디기 어려운 장면이 많았다. 그런 행동이 '운동'이라는 도덕적 대열의 틀 안에 있다는 이유만으로 용서되어야 하고, 그렇게 마음 넓게 용서한 우리를 비웃기라도 하듯 그들은 변절하여 우리의 대의를 욕보이기 일쑤였다. 운동권 사람들만의 문제도 아니었다. 비록 자신이 피 흘려 얻은 민주주의와 자유는 아닐지라도 그 틈에 자신의 권리를 더 확보하였다면 이전에 남이 흘린 피에 고마워하며 뒷사람들에게도 그 공간을 나눠줘야 하건만, 그런 모습도 잘 보이지 않았다. 세상을 보는 눈도 흑백 두 가지만으로 나뉠 때가 많았다. 한마디로 막돼먹은 사람들이 너무 많아 보이던 시대였다. 이런 사람들을 믿고 의리의 정치, 정의의 정치를 할 수 있단 말인가?

나는 그럴 자신이 없었다. 정치는 사람들의 운명을 결정하는 출발점이자 마지막 행위인지라 더더욱 격렬하고 살벌한 세계다. 다른 생활 영역에서 눈감아줄 수 있는 행태조차 정치 영역에서는 주머니 속의 송곳처럼 뾰족하게 튀어나오는 독성이 있다. 그러니 정제되지 않은 영혼들이 무한 투쟁을 벌이는 곳이라면 민주주의의 공간일지라도 '다수'라는 힘의 논리만이 득세할지도 모른다. 아니 서투른 민주주의라서 더 그럴 수도 있다. 그렇다면 정치 이전의 영역, 또는 정치 이외의 영역에서, 아니 정치 영역과 함께 그 바깥의 영역에서도 사람이 바뀌어야 하지 않을까? 문제는 사람이다. 그럼, 그 방법은 무엇일까? 이것이 나의 고민이었다.

나는 감옥 안에서 사람의 내면세계는 어떻게 변하며 사람과 사람이 어떻게 소통하고 힘을 모아 나갈 수 있는가, 우리 사회에서 그런 관계에 가장 결핍된 정신은 무엇인가를 스스로에게 묻고 또 물었다. 의도적인 고민이었다기보다는 어쩔 수 없는 고민이었다. 내가 누구를 믿고 무엇에 의지하며 어떤 일을 할 것인가 하는 모든 결정은 바로 사람의 실체를 어떻게 보느냐에 달려 있었기 때문이다. 다시 사회운동이나 정치에 헌신하려면 사람을, 우리 사회에서 숨 쉬며 살아가는 사람을 그런 일에 합당한 실체로 받아들이고 믿어야 내 미래의 활동에 확신이 설 것 같았다. 이젠 젊은 혈기로만 나서도 다들 눈감아주는 대학생이 아니지 않은가. 세상을 바꿔야 한다고 믿었지만, 함께 숨 쉬고 있는 사람에 대한 성찰 없이 꿈꾸고 그리는 혁명을 더는 상상하기가 싫었다.

고민 속에서 난 모든 사람이 다르다는 단순한 진리와 함께 사람의 내면세계가 매우 모순적이라는 점을 깨달았다. 이기심과 이타심, 개체성과 사회성, 경쟁심과 협동심, 독창성과 평범함 등의 대립항이 한 인간의 내면에서 때론 몹시 격렬하게 긴장하며 싸우고, 때론 언제 그랬냐는 듯이 평온을 유지하는 양태를 오락가락한다. 사람들은 그렇게 살아가는 것 같았다. 박완서, 조정래, 황석영, 이문열, 스탕달, 로맹 롤랑, 톨스토이 등 많은 소설가가 감옥 안의 내게 일관되게 가르쳐준 사실이었다. 허구에 지나지 않는 소설에 너무 큰 의미를 부여하는 것 아니냐는 반론도 있을 수 있지만, 소설은 가끔 현실보다 더 현실 같은 생생함을 준다. 이야기에 등장하는 인물에게 작가는 마치 창조주와 같은 권능으로 사람의 전형적인 방황을 그려 넣으니 말이다. 그런 모순덩어리 인간들이 사회를 이루고는 한 개인의 내면보다 더 복잡하고 확장된 갈등과 협력의 체계를 구축하고 살아간다. 그러니 늘 현실은 내가 가지고 있던 도식보다 복잡했나 보다.

거기에다 한국 사회는 식민지와 전쟁, 독재로 이어지는 현대사 속에서 자기 마음의 명령에 따라 살아가는 개인을 만드는 일조차 허용하지 않았으니, 사회에서 벌어지는 그 갈등은 매우 폭력적이며, 그 협동 또한 매우 획일적일 수밖에 없었다. 서로 다르지만 서로의 존재를 인정하는 사람들, 그리고 고정관념이나 남에게 구속받지 않으면서 자유롭게 자기 생각과 감성을 펼칠 줄 아는 사람들이 많이 나와야 할 것 같았다. 이런 사람들이 민주적으로 토의하여 비록 더디더라도 공동체 성원 전체에게 가장 좋은 방향으로 사회 현안을 결정하는 구조가 자리 잡아야 정치 또한 제대로 작동할 것이다.

그럼 그런 모순덩어리 인간을 변하게 하는 힘은 무엇인가? 깨달음과 변화의 주체는 자기 자신이다. 이것은 모든 소설이 일관되게 가르쳐준 또 하나의 진리였다. 나도 예전부터 이런 생각을 하기는 했지만, '혁명'이라는 목적을 달성하기 위해서는 평범한 민초들의 사사롭고 지루한 깨달음의 과정을 지켜볼 인내심이 약했다. 기다릴 수 없을 때에 사람은 똑같은 결과를 가져올 두 방향으로 튀게 마련이다. 남에게 강요하든가 아니면 남을 철저히 무시하든가. 목적을 앞당기려는 그 모든 조바심은 사람을 늘 스펀지 같은 주입교육의 대상으로 보거나 야만 상태의 미개인으로 보게 한다. 잘난 사람들이 흔히 빠지는 엘리트주의라는 게 다 이런 인내심 부족에서 오는 것이리라. 내가 그들을 가르치려 든다면 그건 그저 '교육'이라는 완장을 차고 갈 때에나 가능하겠지만, 누구에게 배운 것만으로 깨달음을 얻는 자가 어디에 있으랴.

깨달음이란 깨달을 수 있을 만큼의 체험과 고민이 정신을 디밀어 올려 기존의 관념 위로 솟구치게 만들 때 일어난다. 그릇을 넘치게 하는 한 방울의 물이 있을 때 깨달음이라는 변화가 나타나지만, 그 변화는 그릇을 채워온 수많은 물방울이 없다면 일어날 수 없다. 난 누구에게는 그릇을 채워가는 한 방울, 누구에게는 그릇을 넘치게 하는 그 한 방울의 물을 만들어야겠다고 마음먹었고, 그 방식도 이 사회에서 가장 익숙한 길, 즉 사람들이 편하게 받아들일 수 있는 길을 따라가며 해야겠다고 생각했다. 사람들이 사는 방식대로 함께 살면서 함께 깨달음의 수위를 높이고, 언젠가는 너무나도 자연스럽게 서로 세상이 바뀌어야 함을 확인하며 손잡는 날을 만들자. 나에게 그 방법은 정치 분야가 아니라 내가 속한 분야에서 민주주의를 넓고 깊게 발전시키려는 건강한 시민의식을 뿌리내리면서, 사람들의 영혼에 무언가 도움이 될 한 방울의 물을 만드는 일이었다. 그리고 그 형식은 누구에게나 익숙한 사회생활인 기업 활동이었고, 취업보다는 새로운 기업의 창조, 즉 창업이었다.

지금으로 따지자면 대중문화 콘텐츠 사업이 당시 내가 구상했던 영역이었다. 대학에 와서 학생운동의 엄숙하고 진지한 분위기 때문에 억누르고 숨겨두었던 어린 시절의 날라리 근성이 정신만은 자유로웠던 감옥 안에서 비어져 나왔을 거다. 일단 잡지를 만들고 새로운 문화공간을 만들고 하는 식으로 어설프게나마 구상했다. 다루는 분야는 내 관심사보다 좁지만 〈씨네21〉이 내가 구상했던 잡지와 비슷하고 홍대 근처의 상상마당 같은 곳이 내가 구상했던 문화공간과 제법 비슷한 곳이다. 한 걸음 앞서 가면서도 사람 마음에 따뜻하고 깊숙이 다가가는 대중문화, 무언가 자기를 돌아보고 주위를 둘러보도록 졸린 눈을 뜨게 만드는 대중문화, 대중이 스스로 만들어가기도 하는 대중문화. 이런 밭을 일구는 데에

곡괭이 노릇을 할 매체를 만들고 그 비슷한 느낌을 좋아하는 문화예술인과 대중이 함께 만나는 문화 공간을 만드는 게 어렴풋한 내 꿈으로 싹텄다.

그렇지만 난 이런 일에 얼마나 많은 자본과 숙련된 인력과 경영능력이 요구되는지 하나도 모르던 풋내기였다. 출소 뒤 며칠 동안 비슷한 분야에 종사하는 선배들을 만나 이런저런 이야기를 들으면서 난 좌절했다. 내가 책임질 수 없는 큰돈이 필요했고, 그나마도 순식간에 까먹을 위험이 너무 컸다. 끝도 없던 상상의 나래는 감옥 안에서나 자유롭게 펼칠 수 있는 것들이었다. 일단 꿈을 접어둔 채 된장찌개 끓여놓고 마누라 퇴근을 기다리는 서른 살 백수 전과자의 느슨하면서도 초조한 나날이 이어졌다.

몇 달 뒤 고등학교 동창 녀석이 전화를 걸어왔다. 이 친구는 내가 전주교도소에서 출소하기 직전에 한 번 면회를 왔었다. 당시로서는 좀 의외였다. 고등학교 졸업 뒤로 10년 동안 서로 연락을 못 하고 살았는데 불쑥 면회를 왔으니. 친구의 사무실은 용산전자상가 근처 오피스텔 건물에 있었다. 사무실은 단출했고, 내가 잘 모르는 컴퓨터 부품들이 여기저기 쌓여 있었다. 그는 내게 컴퓨터 통신을 이용한 쇼핑과 콘텐츠 서비스에 관해 설명하면서 그 화면을 보여주려고 애썼으나, 정체 모를 통신장애 때문에 수월치 않았다. 당시까지만 해도 피시통신은 오로지 글자 기반으로만 이루어지고 있었다. 그런데 비록 속도는 느리지만 그림이나 사진 등이 들어간 화상 서비스를 하고 있다는 말에 난 솔깃했다. 종이 잡지 대신 이런 컴퓨터 통신을 활용해 대중문화 콘텐츠 사업을 추진할 수 있지 않을라나……. 친구 녀석은 통신의 발달에 따라 대부분의 통신판매와 콘텐츠 서비스가 디지털 온라인 영역으로 몰릴 것이라는 점, 그것이 기존 아날로그 사업과 달리 저비용 고효율 구조라는 점, 자기 회사가 그런 산업의 선두주자라는 점을 애써 강조했다. 그는 내게 자기 회사에 합류하라는 제안을 하려던 참이었다.

고등학교 때에는 짝도 하고 같은 문예반 동아리 활동을 하며 제법 친하게 지냈던 친구였으므로 그의 제안을 딱 잘라 거절할 이유는 없었다. 내가 결국 그 회사의 통신 서비스를 제대로 구경한 건 대전에서 열리고 있던 엑스포 한국통신관에서의 일이다. 전국에 1만 대의 전용 전화선과 모뎀을 설치하여 종합정보통신망(ISDN)에서 글자와 사진이 통합된 쇼핑몰과 콘텐츠를 시범 서비스하고 있었다. 난 한국통신관에서 그 광경을 본 순간 무릎을 탁 쳤다. '그래, 바로 이거다.' 내가 꿈꿨던 대중문화 잡지 사업과 비교하면 훨씬 위험이 낮은 반면 사회적 영향력은 더 클 것 같았다. 게다가 투자 금액도 만만해 보였다. 나는 대전에서 올라오자마자 그 친구의 제안을 수락했다. 내가 징역 사는 동안 아내와 부모님께서 마련한 아파트를 전세로 내놓고 그보다 싼 다세대주택에 세 들어 살면서 회사에 투자도 했다. 길을 찾은 셈이었다.

그런데 출근 이틀 뒤 이상한 일이 벌어졌다. 경상도 주요 도시의 컴퓨터 조립 판매 업체들을 샅샅이 뒤져가며 우리 회사가 조립하여 만들어낼 컴퓨터의 대리점 희망업체를 모아오라는 임무를 받은 것이다. 종합정보통신망 서비스에 관해서는 많은 이야기를 듣고 나누었지만, 컴퓨터 판매 사업을 한다는 이야기는 내 머릿속에 뚜렷하게 남아 있지 않았는데 말이다. '용산상가에 널린 게 컴퓨터 조립업체인데, 굳이 내가 그런 일을 하려고 투자까지 하면서 들어온 건가? 이건 뭐지?' 회사 돌아가는 내막을 잘 모르는 처지였던지라 나는 궁금증을 억누르고 출장 짐을 꾸렸다. 대구, 구미, 안동, 진주, 마산, 창원, 부산, 울산, 경주, 포항으로 이어진 출장길은 컴퓨터 조립상가를 돌면서 우리 대리점이 될 만한 유력업체를 찾아가 대략 10~20분 정도 우리 컴퓨터의 사양과 장점을 설명하는 식이었고, 거의 같은 대화의 반복이었다.

컴퓨터를 전혀 모르던 나도 출장 막바지엔 레퍼토리를 다 외웠는지라 포항의 어느 업체에는 내가 혼자 들어가 설명을 해보기로 했다. 주차하기 아주 까다로운 곳이어서 함께 출장 간 김뭐 과장은 차를 지키고 있었다. 문을 밀고 들어가니 원래 전화를 받았던 사장은 자리에 없고 그 누나라는 여자가 나를 맞았다. 곧 올 거라는 이야기와는 달리 사장이 돌아오지 않아 나는 그 누나라는 분과 이야기를 풀어갔다. 그런데 이게 처음부터 뭔가 꼬이기 시작하는 거다. 대화하는 양쪽이 모두 선수라면 이야기는 잘 통한다. 마찬가지로 서로 대강 알면 대강 이야기해도 대강 알아듣게 마련이다.

그런데 나도 잘 모르는 데다가 사장 누님이라는 분도 나보다는 조금 낫지만 내가 암기해서 늘어놓는 말을 이해하기엔 공력이 부족한 듯했다. 그러니 자꾸 초보적인 질문이 튀어나올밖에. 누구나 겪어보았겠지만, 어린아이들의 질문이 그렇듯 초보적인 질문은 대개 매우 원론적이라 대답이 쉽지 않다. 더구나 난 이 분야의 풋내기이니. 지난 4일간 들어보지 못한 초보적인 질문들 앞에서 나는 무척 곤혹스러운 상황으로 몰렸다. 어쩔 수 없이 난 불법 주정차 공간에 세워둔 자동차를 핑계 대며 황급히 문을 나서야 했다. 사장님 돌아오시면 꼭 전화 달라는 부탁을 남긴 채. 그렇게 내 첫 시장진입은 처참한 실패로 끝났다.

사실 난 친구가 컴퓨터 부품 통신판매의 연장선에서 컴퓨터 조립 사업을 추진하는 것 정도로 추측했으나, 나중에 보니 내 친구는 애플 컴퓨터의 스티브 잡스 같은 이에게서 자기의 미래 모습을 찾고 있었다. 그래서 독립적인 상표를 붙인 컴퓨터 유통사업을 시작한 것이었다. 모르긴 몰라도 내게 부탁한 얼마의 투자금 역시 이 컴퓨터 사업에 들어갈 자금이 부족해서였으리라. 그래도 회사가 시작한 일이 잘되어야 그 돈으로 콘텐츠 서비스 사업도 추진할 수 있으리라고 달래면서 나는 판매 촉진 일에 최선을 다했다. 컴퓨터 광고 제작, 잡지 기사화, 대리점 교육 자료 작성, 그리고 매일 몇십 대의 모니터와 부품 상자를 함께 나르면서.

그런데 아시는가? "돈이 안 들어가는 사업은 돈이 안 된다." 내가 이것을 깨달은 건 이 회사에 출근하고 두 달가량이 흐른 뒤였다. 콘텐츠 서비스에 너무 무관심하기에 이쪽 사업은 언제쯤 주요하게 진행하면 되느냐고 물었더니, 그제야 사장은 내게 회사의 방침을 소상하게, 아니 솔직하게 알려주었다. 헐! 이런, 종합정보통신망 서비스는 매우 장기적인 가능성을 살피며 그저 회사의 '뼈대'를 잡는 홍보수단에 지나지 않는 분야였다. 아, 그러나 어쩌랴, 이미 돈도 좀 묻었고, 사람들과도 친해졌으니……. 애초에 내가 너무 순진했던 탓에 그저 내 하고 싶은 일에만 눈길이 갔던 것이다. 사회생활 출발이 이랬는지라 난 지금까지도 돈 안 들어가는데 돈 된다고 말하면 그건 다 사기라고 여긴다. 이것이 사업에 관한 나의 첫 깨달음이었다.

반면교사를 얻다

　　아버지께서는 내 결혼 뒤로 25년을 더 사시고 2013년 8월에 돌아가셨다. 대장암이 걸린 사실을 모른 채로 말년을 보내시다 1년 시한부 선고를 받았지만, 꽤 의지가 강하셨던 덕에 1년을 더 살면서 우리 아이가 대학에 들어가는 모습까지 모두 보셨다. 내 나이 쉰을 넘기니 주변에 초상이 더욱 잦다. 아버지가 돌아가시기 석 달 전쯤에 어떤 부고 문자를 받았는데, 첫 직장의 사장이었던 고교 동창의 아버지께서 돌아가셨다는 내용이었다. 그 친구와 마지막으로 말을 섞었던 게 언제였나 싶을 정도로 오랫동안 우리는 서먹하게 보냈었다. 그 서먹함 때문에 약간 망설였지만, 병석에 누워 계신 아버지를 떠올리니 남의 일 같지 않았다. 조문을 마치고 마주 앉아 시답잖게 요즘 사는 이야기를 나누다 빨리 일어서야겠다 싶었다. 사람이 변하기 어려운 법이라더니, 그는 풍상을 겪어 좀 차분해진 느낌은 있어도 예전과 크게 다르지 않아

보였다. 그때 마침 그의 아내가 와서 인사를 나누는 참에, 이 친구가 그런 말을 꺼냈다. 자기가 예전에 친구들에게 잘못한 일이 많았노라고, 미안하다고. 참 뜻밖이었다. 꽤 오랫동안 그는 나의 술 안줏거리였는데…….

∽

나의 첫 회사생활은 그리 오래가지 않았다. 9개월을 다니고 나서 난 그 회사를 떠났다. 단지 내 인내심이 부족해서는 아니었다. 일하는 사람들 사이의 관계 문제였다. 이 과정에서 나는 뒤에 회사 운영에 필요한 원칙 대부분을 얼기설기 세우게 되었다. 나에게 그런 깨달음을 준 이는 바로 내 친구인 사장이었다. 확실히 어떤 방식으로든 친구는 도움이 된다.

난 처음 하는 사회 일이었지만, 회사의 매출을 높이기 위해 열심히 일했다. 충청도와 전라도 쪽으로도 출장을 다니며 컴퓨터 대리점을 모았고, 이런저런 일로 눈코 뜰 새 없이 두어 달을 보냈다. 그러던 어느 날, 사장이 나를 가까이 부르더니 시디롬 타이틀이라는 물건을 보여줬다. 대학 선배에게서 빌려왔다며. 지금이야 이미 구시대의 유물이 되어버린 미디어지만, 하드 디스크 1메가바이트에 1만 원가량 하던, 즉 20메가바이트짜리 하드디스크가 20만 원이나 하던 시절에 640메가바이트의 저장용량을 자랑하는 시디롬의 출현은 가히 혁명이었다.

외국에서 들여온 시디롬 타이틀에는 내가 종합정보통신망 서비스에서 봤던 것과는 비교도 되지 않을 만큼의 내용이 동영상과 사진, 애니메이션, 음악 및 음향과 함께 어우러져 있었고, 속도 역시 통신과는 비교할 수 없을 만큼 빨랐다. 게다가 일방적이지 않고 상호작용 기능까지. 이런 콘텐츠가 언젠가는 통신으로도 유통될 날이 오리라는 직감이 나를 전율케 했다. 다섯 명의 직원 가운데 내가 유일하게 문과 출신이었고, 콘텐츠에 관심이 있었는지라 자연스레 시디롬 타이틀 유통 사업을 맡게 되었다.

세금계산서니 부가가치세니 하는 상품 거래의 기초도 잘 모르던 처지였지만 문제는 그런 게 아니었다. 의욕에 비해 이 분야에 대한 식견이나 경험이 전혀 없어서 수업료를 내지 않을 수 없는 형편이었다. 게다가 사장의 선배라는 시디롬 수입업체 대표가 내보였던 '선두주자'의 자신감과는 달리 시장에는 이미 시디롬 타이틀 전문 유통업체가 서너 곳 있었고, 십여 곳의 국내 개발사에서도 여러 제품이 나오고 있었다. 시장은 생각보다 치열하고 생각보다 허술했다. 컴퓨터나 시디롬 드라이브에 덤(번들)으로 들어가는 물건들이 흘러나와 시장의 가격체계는 엉망이었다. 그럴듯한 상자로 포장한 제품이 10만 원에 팔리고 있는데 그 옆집에서는 컴퓨터에 덤으로 집어넣은 시디롬 타이틀을 끄집어내서 1만 원에 파는 식이었다.

시디롬 타이틀에 관심이 쏠리기 시작하면서 수입유통업체들도 속속 늘어나던 때였는데, 시장을 돌아다니면서 유통 체계를 파악하다 보니 우리 회사가 사장의 선배에게서 받는 수입품의 단가는 그리 좋은 편이 아니었다. 무역 업무도 잘 모르고 시장 상황에도 밝지 않았던 우리는 고전을 피하기 어려웠다. 가장 큰 문제는 우리가 제품을 선별하는 안목이 그리 높지 않았다는 점이다. 특히 사장이 좋다고 강력히 추천하는 제품들일수록 시장 반응이 시들했다.

처음 기획한 꾸러미 상품은 도소매상들이 우리 회사의 개업 턱으로 받아줘서 그럭저럭 소화할 수 있었다. 그런데 우리가 5장의 시디롬 타이틀을 하나의 꾸러미로 묶은 첫 상품을 정가 9만 원에 낸 지 2주도 지나지 않아 10장을 줄줄이 사탕처럼 비닐로 포장한 꾸러미가 수입되어 7만 원에 팔리기 시작했다. 우리 것은 5장에 9만 원, 그건 10장에 7만 원이니 일단 가격에서 비교가 되지 않았다. 모두 컴퓨터에 덤으로 끼워주는 것들을 묶은 '텐 팩'이라는 꾸러미였는데, 그나마 우리 상품과 2장이나 겹치는 바람에 우리 꾸러미의 매력은 바닥으로 떨어졌다. 제품 선택부터 사용안내서 만들고 포장 상자 만들고 광고 만들어 4개월 만에 겨우 내놓았는데……. 물건을 수입해준 그 선배 양반도 당황하는 기색이었지만, 그렇다고 받은 상품 대금을 토해내지는 않았다. 공항에서 통관하여 우리 사무실에 제품을 운반해놓던 날 바로 현금 달라던 때만 해도 그 모든 제품의 아시아 총판이라고 기세등등하게 자신을 내세우던 양반이.

용산전자상가 매장에 나가 추가 구매를 유도하려던 나는 유리창 너머에 진열되어 있는 우리 상품이 거의 줄지 않았음을 곧 눈치챘다. 서너 곳의 매장을 방문해 이야기를 나누다 보니 다들 사정이 비슷했다. 노골적으로 반품을 요구하지는 않았지만 그런 인상을 풍기는 업체도 있었다. 사정이 뻔할 다른 매장을 방문할 엄두가 나지 않았다. 책임을 진 첫 일인지라 참으로 난감했다. 이렇게 물을 먹다니……. 반품 요구가 들어올 판인데, 내 친구인 우리 사장의 팍팍한 성미, 절대 손해 보지 않으려는 성격을 떠올리니 더 난감해졌다. 사업이란 게 원래 그렇게 하는 건지는 모르겠으나, 이 친구는 거래를 끊으며 뒤로 욕을 먹는 한이 있어도 결코 손해를 보지 않으려 악착을 떠는 성품을 갖고 있었다. 달면 마구 웃으면서 삼키고 쓰면 얼굴이 벌게지면서 확 뱉는 성격이라고나 할까. 물론 자기가 직접 나서서 그렇게 악착을 떠는 게 아니라 직원들을 그렇게 몰아붙이는 통에 직원들은 더 힘들어했다. 상품을 수입해준 자기 선배와도 그리 친한 척을 하더니 막상 수입물품이 사무실에 도착하던 날은 물품 대금의 결제를 두 번으로 나눠서 하자는 이야기를 나한테 넘겨버리고 자리를 피했다. 모든 결정은 자신이 나서서 했건만. 매우 불쾌해 하던 그 선배 양반에게 대신 내가 머리를 조아려가며 여기까지 왔는데, 이렇게 낭패를 볼 줄이야.

갈 곳이 없었다. 하릴없이 용산 관광버스터미널 1층 플라스틱 의자에 앉아 이 궁리 저 궁리 하던 나는 전날 마신 술 탓인지 설핏 잠이 들었다가 화들짝 놀라서 깼다. 이러다가 아는 사람 눈에 띄기라도 하면 체면이 뭐란 말인가. 마땅히 쉴 곳을 찾던 나는 그 건물 지하 1층에 있던 사우나 입구 계단 옆에 바람이 잘 통하는 공간을 찾아냈다. 가방에 있던 신문지를 꺼내 펼치고 거기 누워 대책을 생각하다 보니 내 꼴이 참 서글프고 한심해졌다. 이른바 '일류

대' 졸업하고 수많은 후배를 이끌던 '수괴급' 운동권 출신이 비닐봉지에 상품 담아 들고 여기저기 팔러 다니는 꼴이라니, 게다가 갈 곳도 없는 처지라……. 젠장. 내가 이즈음 노래방에 가서 가장 자주 부른 노래는 조용필의 〈꿈〉이었다.

> 화려한 도시를 그리며 찾아왔네.
> 그곳은 춥고도 험한 곳.
> 빌딩 숲을 헤매다 초라한 문턱에서
> 뜨거운 눈물을 먹는다.
> 머나먼 길을 찾아 여기에, 꿈을 찾아 여기에
> 괴롭고도 험한 이 길을 왔는데,
> 이 세상 어디가 숲인지 어디가 늪인지 그 누구도 말을 않네.

절치부심한 나는 사장과 함께 새로운 수입선을 찾아냈다. 그래, 가격에는 가격으로 맞대응해보자, 우리를 물 먹인 그 '텐 팩'을 남들보다 훨씬 싸게 수입하여 시장에 풀면서 유통력을 쌓자, 그런 의도였다. 이런 계획이 어느 정도 성공에 접어드는가 하는 순간, 더 황당한 사태가 벌어졌다. 그 텐 팩 꾸러미가 시장에 처음 풀렸던 때의 공급 가격보다 훨씬 싸게 우리가 시장 여기저기에 텐 팩을 쫙 풀고 추가 주문을 기다리는데, 일주일이 지났을 무렵에 어떤 소매업체가 자기 매장에서 우리의 수입 원가와 맞먹는 25,000원에 소비자 판매를 하기 시작했다. 우리가 25,000원에 받아 35,000원 정도에 매장으로 넘기면 거기서 다시 45,000~50,000원 정도에 파는 게 시장 유통의 상식인데 말이다. 자기 매장을 소비자들에게 알리기 위해 벌인 일이었다. 우리에게 같은 물건을 사간 업체 가운데 이미 다 팔아치운 곳이야 아무 문제가 없었지만, 대량으로 구매하느라 물건을 좀 늦게 받은 어느 유통사에서 강력한 항의가 들어왔다. 자기네도 25,000원에 소비자에게 팔 수 있게 공급 가격을 맞춰주든지 반품을 받든지 선택하라는 것이었다. 아, 두 번째로 물을 먹은 셈이다. 그들의 말투는 귀에 거슬렸지만 그 요구는 부당하지 않았다. 우리의 무능 또는 시장의 혼란 때문에 아무 이유 없이 피해를 볼 처지에 놓인 구매 담당자가 능히 보일 수 있는 태도였다. 하지만 친구인 우리 사장의 입장은 단호했다. 손해 볼 수 없으니 반품이든 공급가 인하든 안 된다고.

사실 내 생각으로는 이런 상황이 우리 회사의 경쟁력 수준이었다. 처지를 바꿔 내가 상대방 회사 직원이라 해도 매우 당연히 요구할 만한 사안이었다. 우리가 첫 꾸러미를 냈을 때 그놈의 텐 팩 때문에 물 먹고 수입 대행사 사장에게 항의하던 사정과 무엇이 다르겠는가. 갑자기 바람이 불어 수입업체가 난립한 상황에서 이런 위험을 모두 피해갈 수는 없는 노릇이다. 그런 위험을 피하려면 사업 전략을 바꿔야 할 일이었고. 내가 이렇게 물렁한 태도를 보이니 사장은 나와 지방 출장을 다니던 김뭐 과장을 흥정판에 보조 공격수로 함께 보냈다. 김뭐 과장은 하드웨어 유통 분야에서 잔뼈가 굵은 친구다. 앞으로 남고 뒤로 까지는 컴퓨터 유통의 어려움 때문에 회사는 그 중점을 슬슬 시디롬 타이틀 유통 분야로 옮기고 있었고, 컴퓨터 영업을 맡고 있던 김뭐 과장도 그즈음엔 시디롬 타이틀 유통에서 역할을 찾고 있었다.

김뭐 과장은 아주 뚝심 있게 방어해갔다. 세 시간에 걸친 마라톤 회의 내내 그는 상대방에게 사정을 설명하고 이번 한 번은 먹어달라는 읍소를 거듭했다. 옆에 앉아 있던 내가 듣기에도 김뭐 과장의 이야기는 그다지 설득력이 없었다. 그런데 "서로 똥 밟은 걸로 합시다."하는 상대 직원의 험악한 막말에도 무작정 이어지는 그의 읍소에 결국은 상대 직원도 손을 들었다. 애초 공급했던 가격보다 약간 싸게 가격을 조정하고 우리는 밀당을 마쳤다. 나로선 예상치 못한 결과였다. 세상일이 이렇게도 풀린다는 걸 처음 알았다고나 할까. 이런 결과를 우리 사장은 너무도 당연하게 받아들였다. 난 그 결과가 다행이긴 해도 당연하다고 받아들일 수는 없었는데…….

∽

당장 곤혹스러운 처지는 넘겼지만, 날이 갈수록 친구인 사장과 나의 거리는 멀어졌다. 물론 그건 나에게만 해당하는 일은 아니었다. 그는 이상한 방식으로 사람을 배제하는 습성을 갖고 있었다. 뭔가 좀 성과를 내는 사람과는 손뼉을 쳐가며 아주 쾌활하게 농담을 주고받지만 그렇지 못한 사람에게는 말도 건네지 않는다. 회의 시간에도 자신의 주장과 다른 의견이 나오면 말문을 닫아 버리기 일쑤라 나 빼고는 의견을 밝히는 이도 별로 없게 되었다. 한번은 수입할 외국 시디롬 타이틀을 선정하려 사장과 함께 견본을 검토했다. 그런데 사장이 정말 재미없는 것들만 고르는 게 아닌가. 내가 시장 상황에 적당하지 않다고 하자 사장이 그날부터 이틀 정도는 말을 아예 한 마디도 안 하는 바람에 회사 전체가 썰렁했다. 다른 직원들은 사장에게 하고 싶은 말이 있으면 내게 대신 전해달라고 하기 일쑤였다. 이거야 원, 내가 무슨 통역사도 아니고…….

그래도 회사는 계속 굴러갔고, 나와 다른 직원들도 시디롬 타이틀 시장에 상당히 적응하며 조금씩 사세를 불려갔다. 내가 국내 개발사 중 매우 유망한 한 곳을 설득하여 총판 계약을 이끌어내었고, 사장은 미국 굴지의 미디어재벌 자회사와 국내 총판 계약을 성사시켰다. 물론 미국 회사의 제품 중에는 역시 소비자 눈을 끌 만한 제품이 없었지만, 그 이름값 때문에 충분히 언론의 주목을 받을 것 같았다. 나중에 시장에서 내려진 판정은 내가 계약을 끌어낸 국산 제품의 압도적 우세.

나와 김뭐 과장은 또 전국을 돌면서 대리점을 모집했고, 본격적으로 시디롬 타이틀의 전국 유통에 들어갔다. 6~7월 더위는 대단했다. 그 해는 아직도 여름 더위 기록으로 남아 있는 1994년이다. 그 더위에 우리는 부가가치를 높이기 위해 또다시 5장 꾸러미를 만들었다. 단가를 낮추려고 이번에는 종이상자 대신 그 5장을 통째로 비닐 포장하기로 했다. 하지만 그 방법을 몰랐다. 시디롬 복제뿐만 아니라 비닐 포장 공정조차 몰랐던 우리로서는 그 방법을 하나하나 탐색해가며 요령을 캐내야 했다. 여기저기 수소문해보니 어떤 종류의 비닐은 열을 가하면 오그라든다는 것이었다. 물어 물어 동대문 근처 방산시장에서 그런 소재의 비닐을 구해 와 사무실 밑 미용실에서 빌린 드라이기로 뜨거운 바람을 쐬대자 정말로 비닐이 오그라들며 비닐 포장이 완성되지 않는가. 진짜로 신기했다. 비닐을 잘라주면서 끝 부분을 막아주는 전기 절단기까지 구입하니 준비는 마친 셈. 시디롬 다섯 장을 비닐에 넣은 500개의 꾸러미를 만든 뒤 우리는 집에서 가져온 드라이기로 그 무더운 여름날에 비닐 포장을 해댔다. 모두 빤쓰만 입은 채 땀을 뻘뻘 흘리며. 정말 가내수공업이 따로 없었다.

그렇게 밤일을 마다치 않던 직원들은 어느 날 일시에 회사를 그만두어 버렸다. 야근 수당은 바라지도 않았지만, 지각한 사람들에게 벌점을 먹여 월급을 깎는 사태가 두 달 이어졌기 때문이다. 그 규정이 처음 시행된 6월엔 컴퓨터 기술부를 담당하던 장뭐 과장이 희생타가 되었다. 김뭐 과장은 그를 놀리며 "지각했다고 월급 깎이면 난 때려 치운다"고 떠벌였다. 그런데 7월엔 김뭐 과장이 그 대상자가 되었다. 집이 의정부였던 그는 잦은 야근 때문에 너덧 번 지각했었는데, 그것이 월급 삭감으로 이어진 것이다. 농담이었지만 그 전달에 워낙 큰소리를 쳤던 김뭐 과장은 결국 사표를 집어던졌다. 장뭐도 그의 뒤를 따라 사표를 냈다. 나 역시 더 이상 막내 왕자 같은 친구 녀석의 비위를 맞춰가며 일하기엔 스트레스가 심해 아무 대책 없이 그만두기로 결정했다. 그렇게 나의 첫 직장생활 9개월은 막을 내렸다. 회사엔 사장 혼자 남았다.

돈은 사람을 따라온다

1994년 8월 5일, 찌는 듯한 무더위 속에 난 '아리수미디어'라는 회사 법인을 설립하였다. 첫 직장을 그만둔 지 2주 뒤였다. 자본금 5천만 원에 인원은 날 포함해 다섯 명. 처음 시작하는 회사치고는 인원이 많다고 주변에서 걱정했지만, 이때는 무식에서 오는 용감함이 있었나 보다. '아리수'는 고구려 광개토대왕 시절 한강을 부르던 이름이다. 고등학생 때 처음 접한 뒤 언젠가 써먹으려고 기억해둔 낱말이었다. 지금이야 서울시 수돗물 이름을 '아리수'라고 지어놓아서 많은 사람이 아는 말이 되었지만, 당시에는 그 뜻을 아는 이가 거의 없었다. 어떤 업체 사장은 〈마징가제트〉라는 만화영화에 나오던 아수라 백작과 혼동하며 우리를 아수라미디어라고 부르기도 했다.

나이 서른한 살에 고작 9개월의 사회생활 경험만으로 창업한다면 누구나 좀 무모하다고 생각할 거다. 아니, 창업 그 자체가 위험한 일이므로, 부모님도 처음엔 반대하는 입장이셨다. 소기업으로 창업해서 번듯하게 성공하기란 지금이나 그때나 낙타가 바늘구멍을 지나는 것만큼이나 어려운 일이다. 하지만 서른 넘은 나이에 전과까지 딸린 처지로서는 어디 마땅히 취직하기도 어려웠고, 다른 무엇보다도 나는 내가 품은 꿈을 내 방식대로 펼치고 싶었다. 세상 사람들이 알지 못하는 땅을 개척하고 싶었고, 세상 사람들이 불가능하다고 여기는 그런 즐겁고 인간적인 회사를 내 손으로 만들어보고 싶었다.

당시 나는 몇 가지의 믿음을 갖고 있었다. 첫째, 착하게 살아가는 사람들도 기업 경영에서 성공할 수 있다. 둘째, 민주적 의사소통이 분명 업무 효율과 개인 능력을 높여줄 것이다. 셋째, 기업 가치와 개인 가치를 추구하며 열심히 일하다 보면 돈은 자연스레 따라온다. 이 세 가지야말로 내가 9개월의 짧은 직장 경험에서 구체화한 문제의식이었고 아리수를 통해 확인해 보고 싶은 믿음이었다. 아니, 믿음이라기보다는 소망이었다고 말해야 맞겠다.

'자유로운 인격체들의 민주적 결합'이 내가 직원들에게 내건 구호였다. 아마도 마르크스가 이상적인 공산주의 사회를 묘사하면서 했던 말일 거다. 그 해석이나 어원이 어떻든 간에 난 이 표현을 정말 좋아했다. 난 우리 사회에서 '자유로운 개인'의 출현이 매우 시급한 과제라고 생각했고, 이들이 민주적으로 소통하는 조직을 만들고 싶었다. 따라서 내가 제일 강조했던 두 가지는 과거의 모든 권위에 얽매이지 않는 자유로움과 활발하고 효율적인 의사소통이었다. 창업 이전 9개월의 짧은 직장 생활에서 반면교사였던 내 친구가 줬던 가르침의 핵심이다. 난 그가 하던 방식과 꼭 반대로만 하면 성공할 거라고 믿었다. 그래서 직원들의 자율성을 최대한 끌어올리기 위해 실질적인 결정권과 의견 개진권을 보장하는 방향으로 회사를 끌어갔다.

∼

 내가 처음 제시한 회사의 전망은 시디롬 같은 디지털 문화 콘텐츠를 기반으로 삼아 통신 네트워크를 거쳐 아날로그까지 포함하는 다양한 미디어 기반의 '복합 문화 기업'으로 가는 길이었다. 일단은 시디롬 타이틀에서 시작하여 곧 다가올 고속 통신 시대에 멀티미디어 콘텐츠 분야의 탄탄한 기업으로 발돋움한 뒤, 책이나 애니메이션, 영화, 음악 등의 분야별 콘텐츠를 다양한 미디어로 제작하고 서비스하는 기업을 만드는 게 나의 그림이었다. 20년 정도 해야 할 일이라고 생각했다. 그 출발 영역은 아동용 멀티미디어 콘텐츠. 시장성도 시장성이지만, 다른 누구보다도 자라나는 어린이들의 영혼을 고양시킬 한 방울의 물을 선사하고 싶은 마음이 간절했다. 비록 우리 어른들은 거친 땅에서 자랐지만, 아이들마저 그리 키울 수는 없지 않겠는가. 나중에 정한 아리수의 사훈은 "1. 어린이의 영혼을 고양시킬 콘텐츠를 만든다. 2. 자유로운 인격체들의 민주적 결합인 기업을 만든다. 3. 사회에 공헌하는 모범적인 기업을 만든다."였다.

처음부터 콘텐츠 개발로 시작하는 무모함은 피하기로 했다. 그 일이 얼마나 어려운지 짧은 기간이지만 비닐봉지에 바리바리 상품 담아 시장을 돌아다니면서 이미 간파했기 때문이었다. 개발로 먹고살기엔 시장이 너무 좁았다. 먼저 1단계로 독자적인 유통망을 만들고 유통 과정에서 마케팅 능력과 영업력을 확보하면서 2단계로 개발에 착수하여 개발과 유통을 병행한다는 전략을 취하기로 했다. 2단계 기반이 안정되면 3단계인 복합 문화 기업으로 간다.

유통은 품질 경쟁력과 가격 경쟁력이 무엇보다 우선이다. 품질 좋은 상품을 안정적이고 합리적인 가격에 꾸준히 공급할 수 있는 능력을 갖추기 위해 나는 양방향으로 망을 만들어갔다. 한쪽으로는 유망한 소규모 개발사들을 규합하여 그들이 서로 소통할 수 있는 자리를 만들고, 그들이 개발한 신제품의 총판을 맡아 시장에 공급하기 시작했다. 다른 한쪽으로는 전국적인 유통망을 만들기 위해 꾸준히 신규 대리점들을 개척했다. 대리점 관리를 위해 남는 게 별로 없는 남의 제품도 구해주는 심부름을 마다하지 않았다. 이런 노력은 채 2년도 가지 않아 선순환 구조를 가져왔다. 새로이 시디롬 제품을 개발한 곳에서는 가장 먼저 우리 회사 문을 두드리게 되었고, 시디롬 타이틀 판매에 손을 대는 전국의 1천여 곳의 도소매업체가 우리와 거래하게 되었다.

처음 회사를 세웠을 때만 해도 사무실 건물 1층의 한미은행에서는 법인카드조차 만들어주지 않았다. 지금으로써는 이해하기 어려운 일이겠지만, 그 당시만 해도 은행들은 신용을 몹시 따졌고 여신 관리에 매우 엄격한 편이었다. 은행의 담당 대리가 사장인 나와 상담을 하면서 존댓말인지 반말인지 구분하기 어렵게 반말을 섞어 쓰는 통에 지점장한테 난동을 피워야 할 정도로 우리 회사는 존재감이 없었다. 수입 상품 대금 때문에 1천만 원을 대출하려 했지만, 회사 신용이 없어 결국은 개인 대출을 받아야 했던 회사였다. 그러나 2년 만에 회사는 직원 스무 명에 매출도 연 30억 원에 이르러 곧 망할 것 같아 보이지는 않게 되었다. 규모가 좀 커지니까 법인카드도 나오고, 1층 은행의 과장이 한 달에 한 번 정도는 우리 사무실에 인사를 하러 오곤 했다.

~

　사실 아리수미디어가 시장에서 처음 자리 잡게 된 건 미국의 브라더번드(Broderbund)라는 굴지의 소프트웨어 제작사와 손을 잡으면서부터다. 나중에 알게 된 일이지만 브라더번드는 내가 세웠던 성장 전략과 거의 흡사한 길을 걸어서 나스닥에 상장한 미국의 대표적인 벤처기업이었다. 그들은 소규모 개발사가 만든 '페르시아 왕자'와 '미스트(MYST)' 같은 대박 게임을 전 세계로 유통하면서 기반을 쌓았고, 대형출판사 랜덤하우스의 동화책을 애니메이션이 들어간 상호대화적인 전자책으로 만들어 전 세계 컴퓨터 마니아들과 멀티미디어 프로그래머들의 마음을 사로잡고 있었다. 살아있는 책이라는 뜻의 '리빙 북스(Living Books)'가 이 소프트웨어의 시리즈 제목이자 랜덤하우스와 브라더번드의 합작 개발사 이름이기도 했다. 리빙북스 시리즈 가운데 하나였던 '수스 박사의 에이비시(Dr. Seuss's ABC)'라는 제품은 책으로도 유명하지만 지금도 전화기에 맞게 변환되어 애플 앱스토어에서 꾸준히 사랑받는 전자책이다.

아리수를 창업하기 전 친구 회사에서 시디롬을 유통할 때, 난 용산 시장에 나갔다가 우연히 브라더번드의 리빙 북스 타이틀 두 편을 보게 되었다. 뭐라 할 말이 없었다. 정말로 감동 그 자체였고, 어떻게 컴퓨터 화면에 저토록 따뜻한 기운을 불어넣었을까 하는 경외감에 빠져 기가 질렸다. 내가 들고 나갔던 상품들은 리빙 북스에 비하면 거의 쓰레기나 마찬가지였다. 난 그때 사장인 친구 녀석에게 브라더번드라는 회사를 접촉하자고 강력하게 제안했지만, 그는 괜히 죽 쒀서 개 줄 필요 있느냐며 한사코 반대했다. 소규모기업이 애써 그 상품 띄우면 대기업에서 날름 먹어치울 거라는 우려 때문이었다. 이런 풍조는 예나 지금이나 비슷하지만, 그렇다고 구더기 무서워 장을 못 담글 까닭은 없는데 말이다.

난 아리수미디어 창업 직후에 바로 브라더번드를 접촉했다. 당시엔 팩스가 외국과의 주된 통신수단이었으므로 우리와 거래하자는 제안을 적어 팩스로 보냈다. 한 달 뒤에 돌아온 답은 매우 실망스러웠다. 관심은 고마운데, '페르시아 왕자'라는 게임을 취급했던 에스케이시(SKC)와 연락해보라는 대답이었다. 에스케이시는 선경(에스케이) 그룹 계열사였다. 그곳에서 이미 리빙 북스와 같은 브라더번드의 제품을 취급하고 있단 말인가? 실망스럽긴 했지만 그래도 한 가닥 희망을 걸고 에스케이시에 연락을 취해보니, 자신들은 게임 소프트웨어 외엔 취급하지 않는다면서, 필요하다면 수입을 대행해주겠노라는 답을 해왔다. 난 알겠다며 전화를 끊자마자 정말 큰 소리로 만세를 불렀다. 그래, 아직 기회는 남아 있다. 그들은 한국같이 작은 시장에 번거롭게 여러 회사와 거래할 필요를 못 느꼈으리라.

우선은 브라더번드를 설득할 논리가 필요했다. 하지만 사업경력이나 매출, 기술, 자본 어느 것 하나 내세울 게 없는 처지였다. 고민 고민 하다가 나는 정공법을 택하기로 마음먹었다. 내가 그들의 소프트웨어를 보면서 느꼈던 경이로움과 한국이 작은 시장이지만 매우 빨리 성장하는 시장이라는 특징, 한국의 학부모들이 아동교육에 열성적이라는 점, 그리고 에스케이시가 아동 콘텐츠에 관심이 없는 반면 비록 작은 신생기업이지만 우리는 매우 큰 관심이 있다는 점을 역설했다.

"이렇게 훌륭한 콘텐츠를 한국의 소비자에게도 소개할 권리를 왜 내가 가질 수 없는지 나는 이해할 수 없습니다. 나에게 그것은 권리가 아니라 하나의 의무이기도 하다고 난 생각합니다."

내 편지의 마지막 구절이다. 에이포(A4)용지 2장을 꽉 메운 편지였다. 물론 한국과 미국 사이의 왕래가 드물 때라 그들에게 허풍을 쳤어도 확인하기 어려웠을 것이다. 그렇지만 난 그들의 콘텐츠에서 무언가 이런 식으로 접근하는 게 바람직하리라는 영감을 받았었다. 콘텐츠의 화려함 뒤에 기업 정신의 반듯함이 깔려 있다는 느낌이었다. 회사의 경력이나 자본 규모, 기술, 인력 등 무엇

하나 내세울 것 없는 작은 신생기업이 그나마 막연한 기회조차 날려버릴 위험스러운 접근방식이었지만, 그저 요행수를 바라는 마음에서 나온 것은 아니었다.

아침에 출근하면 바로 팩스를 확인하고, 앉아 있다가도 팩스 오는 소리만 들리면 그 앞으로 달려가는 나날이 2주 넘게 흘렀다. 잘못 짚었나 보다 하며 슬슬 기대를 접어가던 어느 날 아침 출근해 보니 영문 팩스가 한 장 들어와 있었다.

"아주 감동적인 편지였습니다. 거래를 시작합시다."

팩스를 읽으면서 나는 흐뭇한 미소를 베어 물었다. 그래, 이제 길이 하나 열리는구나. 브라더번드 역시 작은 벤처기업으로 출발했던 터라 나의 정공법이 마음에 들었던 모양이다.

우리가 이 회사와 거래를 시작한 지 얼마 지나지 않아 삼성전자, 엘지소프트, 대상정보통신 등 대기업들이 끊임없이 브라더번드의 문을 두드렸다. 당장 많은 돈을 투자하여 개발한다 하더라도 브라더번드 수준의 제품을 만들기는 어렵다는 사실을 잘 알기 때문이었다. 하지만 브라더번드는 끝까지 나와의 신의를 저버리지 않았다. 내가 창업 전에 잠시 몸담았던 친구 회사에서도 이 회사에 찝쩍거렸지만, 그 친구가 보냈던 팩스 제안서에 브라더번드는 아리수미디어와 접촉하라는 답을 했다고 한다. 제품 그 자체도 탐이 나긴 했지만, 장차 그 제품들을 한국어화하면서 그들의 앞선 개발 기술력을 흡수하려는 게 내 계획이었고, 이는 거래 시작 2년 뒤부터 실현되었다.

∽

  브라더번드의 우수한 소프트웨어를 선점함으로써 우리는 국내의 소규모 개발사들이 의욕적으로 만든 질 높은 소프트웨어를 확보하는 데에도 매우 유리했고, 그것이 버팀목이 되어 유통 시장에서 우리 나름의 마케팅 역량을 시험하며 성장할 수 있었다. 시장에서는 우리가 미는 제품이라면 무조건 판매가 보장된다는 기대를 거는 사람이 쑥쑥 늘어났다. 그리고 그런 기대는 대개 현실로 돌아왔다. 우리의 회의 시간엔 농담이 난무했고 그러다 불쑥 떠오르는 좋은 생각이 있으면 모두 집중해서 작전 짜기에 들어갔다. 회식 때 술 마시다 나온 다소 황당한 생각도 우리는 버리지 않고 술기운을 빌려 더 발전시켰다. 그 다음 날부터는 그런 구상을 현실로 옮겨 성공적인 결과를 이끌어내는 조직이었으니, 시장의 평판은 하루가 다르게 높아갈 수밖에 없었다. 두 가지 잊지 못할 사례가 있다.

  먼저, 유명한 그림책을 기반으로 만든 '색깔을 갖고 싶어'라는 제품을 시장에 내놓기 직전에 그 개발사 사장이 나에게 총판을 맡아달라고 제안했던 일이다. 당시 시장의 유통 구조는 소비자 가격 1만 원짜리 제품이라면, 개발사가 이를 총판에 3천 원에 넘기고, 총판은 홍보와 유통을 맡으면서 이를 도매업체에 5천 원가량에 넘긴다. 이게 소매업체에는 6천 원쯤으로 공급되고 소비자는 20% 깎인 8천 원가량에 구입하는 식이었다. 그런데 이 개발사는 개발비가 엄청나게 들어갔으므로 시장의 상식을 깨는 가격 체계를 고집했고, 이를 도와달라고 했다. 상자에 포장하지도 않아 플라스틱 갑에 볼품없이 싸여있는 제품을 다른 시디롬 타이틀의 평균 가격보다 2배나 높은 5만 원에, 그것도 총판인 우리에게 25% 할인한 37,500원에 공급할 테니 이를 1개든 100개든 단가 42,500원에 도소매업체에 팔라는 것이었다. 그러면 매장에서는 정가인 5만 원에 팔지 않겠느냐는 예측이었는데, 이는 당시 정가제가 유지되고 있던 도서 유통 구조를 그대로 본뜬 것이었다. 일반적인 소프트웨어 유통 구조는 할인이 불특정하게 일어나는 반면 도서 유통은 그런 정가제였다. 우리 직원들은 내가 이 제안을 내놓자 모두 반대했다. 남는 것도 없고, 거래처들의 할인판매 관행에도 맞지 않아 유통이 어려울 거라는 예상이었다. 하지만 난 브라더번드 제품으로 편히 유통 사업을 하고 있는 직원들에게 자극을 주고 싶었고, 잘 만든 국산 제품을 시장에서 성공하게 하는 일이 장래 우리의 도약에도 발판이 될 것이라 보고 직원들을 어르고 달래서 이 제품의 총판유통을 강행했다.

거래처들은 1장을 사나 100장을 사나 가격이 같으니 소량으로만 주문했고, 배달하는 데만도 김이 빠질 판이었다. 안 되겠다 싶어 나는 주요 5대 중앙 일간지 담당 기자들을 직접 찾아가 시연을 하면서 이처럼 잘 만든 국산 제품 살려야 하는 것 아니냐는 호소를 시작했고, 이 호소는 곧 주요 일간지의 제품 소개 기사로 실렸다. 컴퓨터 잡지에도 마찬가지였다. 곧 주문이 조금씩 늘었고, 조금씩 신이 나기 시작한 우리 직원들도 다양한 아이디어를 냈다. 매장의 판매 담당 직원에게 제품 내용을 더욱 상세하게 설명해주면서 손님의 관심을 이끌도록 자극했고, 판매가 많이 일어나는 매장에는 전담 해설자를 파견하기도 했다. 기존 매장에서는 볼 수 없었던 '손으로 만든 포스터'를 구상하여 이를 잘 포장해 전국의 거래처 매장에 보내는 일까지 한 것이다. 결국, 이 제품은 그해에 가장 많이 팔린 상품으로 집계되었고, 비록 우리에게 별 영업 이익을 남기지는 않았지만 우리의 실력을 입증하는 기회, 내적으로는 도전과 성숙의 기회가 되었다. 이 제품의 시장 실패를 예측했던 모든 유통사의 입을 다물게 한 성과였다.

이런 식으로 또 잊을 수 없는 일은 한강 유람선에서 치른 브리태니커 백과사전 신제품 발표회였다. 경험해 본 사람들은 알겠지만, 어떤 신제품 발표회에 마지막까지 남아 있는 사람은 그리 많지 않다. 이를 이겨내기 위해 주최 측에서는 주로 선물 추첨 같은 행사를 맨 마지막에 배치하는데, 우리는 그런 방식을 넘어서서 사람들을 배에 가둬놓는 '감금'에까지 나아간 것이다. 우리는 기자들과 유통사 책임자들, 소매업체 사람들까지 여의도 선착장으로 불러 한강 유람선에 태우고 신제품 발표회를 열었다. 그리고 어느 정도 사람들이 탔을 때 배를 출발시켰다. 왔던 사람들은 배가 선착장을 벗어나 강 위를 달리리라고는 전혀 생각지 않고 있었다. 아무도 배에서 내릴 수 없는 처지라 그날 결혼기념일 저녁 약속을 망친 사람도 있었지만, 정말 사람들에게는 생각지도 못했던 신제품 발표회였고, 그들에게 아리수는 매우 기발하면서도 약간은 두렵기까지 한 존재로 기억되었다.

창업해 3년을 버티면 회사는 10년을 간다고들 하는데, 아리수는 이렇듯 나날이 성장하면서 창업한 지 3년을 넘기고 있었다. 어느새 우리는 업계의 송년회를 소집하는 주체가 되었고, 우리 회사가 지닌 정보력 때문에 나는 각종 신문이나 잡지의 단골 기삿거리가 되었다. 용산상가 사람들은 내가 기자들에게 촌지라도 찔러주는 걸로 오해했지만, 난 그 당시 신천지 같은 새로운 산업을 취재하느라 애쓰던 기자들에게 좋은 정보원이었기 때문에 오히려 밥을 얻어먹기도 하는 관계였다.

∽

아리수의 거칠 것 없는 사업작풍은 자유로운 기업문화와 의사소통능력에 집착하던 나의 창업정신과 끈끈하게 연결되어 있었을 것이다. 난 권위주의를 몹시 싫어하는 사람인지라 당시의 일반적인 기업 분위기와는 다르게 회사를 운영하려 애썼다. 굳이 필요하지 않은 형식을 지켜야 할 까닭이 없으므로 꼭 필요한 사람 말고는 양복도 입지 않게 했다. 윗사람이 퇴근하지 못한다고 아랫사람까지 눈치 보며 남아야 할 까닭도 없었다. 위아래 예의는 지켜야 하지만 윗사람에게 하지 못할 말은 없어야 하는 문화였다. 어느 날인가는 약간 늦게 혼자서 점심을 먹으러 갔다가 내가 모르는 거래처 사장과 뒤늦게 밥을 먹으러 온 영업부 김 과장이 나를 보고 합석하자고 한 적이 있다. 나중에 들은 이야기인데, 그 거래처 사장이 그랬단다.

"아리수, 정말 좋은 회사네요. 아르바이트하는 친구 같은데, 같이 합석시켜 밥을 먹고 말이죠."

그도 그럴 것이 난 대개 청바지에 티셔츠나 스웨터를 입고 다닌 데다가 당시만 해도 30대 초반인지라 아직은 앳된 내 얼굴만 봐서는 갑자기 이름이 알려지기 시작한 아리수의 사장이라고 짐작하기 어려웠을 것이다. 그 양반 말마따나 나는 아르바이트하는 친구들과도 자주 밥을 먹었다. 그리고 밥때가 되면 직원 가운데 누구든 사장인 나를 챙긴다고 내가 일손을 놓을 때까지 자기 밥 먹을 시간을 놓쳐가며 기다리는 걸 좋아하지 않았다. 사장은 혼자서 밥 먹을 줄 알아야 한다.

자유분방한 기업 문화와 함께 대외적으로 우리는 신용과 대의명분을 중시하는 경영방침을 철저히 구현하였다. 용산상가에는 당시만 해도 부가가치세 신고를 줄이기 위해 세금계산서를 발행하지 않고 이른바 '무자료 거래'를 하는 업체가 많았다. 처음엔 우리도 그 구조 안에서 어쩔 수 없었다. 물건을 사가면서 세금계산서를 받지 않겠다는 업체에 강제로 세금계산서를 발행할 힘이 없었던 것이다. 그러나 그런 경영 방침은 장기적으로 회사의 체질을 약화할 게 뻔한 노릇이었다. 법인은 5년에 1회 정도 정기 세무조사를 받아야 하므로 언젠가는 예상치 않은 세금 폭탄을 맞을 수도 있고, 그보다도 회사의 수익구조와 자산관리를 헝클어뜨리기 때문에 독이 될 수밖에 없는 일이었다. 물론 회사의 도덕성에도 치명적인 결함이다. 우리 회사가 이런 탈법구조에서 완전히 벗어난

건 1998년 들어서였다. 세금계산서를 받지 않거나 발행하지 않는 업체와는 거래하지 말라는 내부 방침을 정했는데, 이는 우리가 그런 질서를 세울만한 힘이 붙었기 때문이었다.

  난 자잘한 이익 때문에 신의를 잃을 짓을 해서는 안 된다는 점 또한 직원들에게 강조했다. 우리는 96년부터 계몽사 시디롬 백과사전을 독점 총판하여 매우 큰 매출을 올렸다. 그런데 어느 날 경쟁 상품인 브리태니커 백과사전을 만든 업체에서 우리를 찾아왔다. 계몽사 시디롬 백과사전을 잘 팔고 있으니 우리 이름을 듣고 자기네 제품 판매를 부탁하러 온 참이었다. 브리태니커는 세계적인 백과사전이므로 주로 학생들을 대상으로 만들었던 계몽사 백과사전에 비하면 수록한 정보량도 방대하고 새로운 기능도 많이 들어가 있어서 탐나지 않는 바가 아니었다. 그러나 나는 두 번째 만남에서 그 제안을 정중히 거절했다. 계몽사 시디롬 백과 제작사와의 신의 때문이었다. 브리태니커 담당자와 사장은 내 대답에 당황한 빛이 역력했다. 분명 좋은 결과를 예상했는데, 거래처와의 신의 때문에 자신의 제안을 거절한다는 게 도통 믿기지 않는다는 눈치였다. 그들은 다른 곳을 알아보라고 말하는 내게 조금 더 생각해보자고 붙잡았고, 계몽사 측에서 양해하면 가능하지 않겠냐며 한 걸음 물러섰다. 애초엔 계몽사를 시장에서 몰아내고 브리태니커를 세우기 위해 우리를 찾아온 건데 태도가 바뀐 셈이다. 그런데 계몽사 백과의 증보 작업에 약간 문제가 생기는 바람에 결국 우리는 성인층 시장엔 브리태니커를, 학생 시장에는 계몽사 백과를 주력 판매하는 것으로 시장을 분할하여 그 둘을 다 유통하게 되었다. 얼마 뒤 계몽사 백과가 저작권 문제 등으로 증보 작업이 힘들어지면서 브리태니커 백과는 우리의 새 주력 상품이 되었다.

～

인사 관리의 측면에서 회사는 기회의 평등을 보장하고자 애썼다. 학벌이나 나이 등의 껍데기로 사람을 평가할 이유가 없다는 게 우리 조직 문화였고, 이에 어떤 식으로든 사람을 키우고자 노력했다. 나를 아르바이트생으로 오해했던 어느 사장님의 시각처럼 난 회사에서 권위주의를 몰아내는 데에 전력을 다했다. 내가 직원들에게 존경을 받는다면 그건 내가 사장이라서가 아니라 매우 열심히 일을 잘하는 선배라서 그래야 한다고 믿었다. 타고난 권위가 아니라 실천으로 획득한 권위야말로 권위주의와는 상극이다. 내가 터무니없이 월급을 높게 받아야 할 이유도 없었기에 내 월급은 늘 간부 직원들과 비슷하게 책정했다. 회사에 돈이 필요할 때마다 내 돈을 넣었기 때문에 한때는 오피스텔 사무실 한쪽에 침대만 달랑 놓고 살다가 회사 근처의 허름한 월세 방으로 이사한 적도 있다. 그 집 공동 화장실의 빨간 알 전구는 아직도 잊을 수 없다. 그래도 즐거웠고, 밤늦게까지 힘든 줄 모르고 일했다. 그런 만족감을 회사의 모든 구성원이 누리도록 하자는 게 나의 꿈이었다.

사람을 키우는 방법으로 나는 세 번까지는 실수를 봐준다는 원칙을 갖고 있었다. 실수는 현실 속에서 개인이 성장하는 계기다.

실수를 두려워해서는 클 수 없다. 그러나 또한 실수가 잦아서는 모두에게 도움이 되지 않는다. 창업 전부터 함께 일했던 김 대리는 영업을 담당하고 있었는데, 이 친구가 늘 그런 경계선을 넘나들고 있었다. 1996년 초부터 우리 회사는 세진컴퓨터랜드라는 컴퓨터 양판점과 겨우 거래를 텄는데, 김 대리가 이 일을 맡았다. 세진컴퓨터랜드는 전국에 속속 매장을 늘려가던 참이라 구매량이 상당했다. 본사의 구매담당 여직원을 만나기 위해 업체 사람들은 두세 시간씩 줄을 서서 기다려야 할 정도였다. 처음에 우리의 존재를 몰랐던 세진 담당 직원은 우리 회사 제품의 명성을 직접 확인한 뒤부터 구매량을 팍팍 늘려갔다. 어느 날인가 우리 회사 전 직원이 수련회를 떠나던 날에는 5톤짜리 화물차 한 대로도 부족할 만큼의 주문이 들어와 허겁지겁 이를 다 처리하고 가느라 몇 사람은 수련회에 늦고 말았다. 그런데 이상하게도 그 주문 뒤에는 한 달이 넘도록 새 주문이 들어오지 않았다. 이유를 확인해본바, 우리가 허겁지겁 배송을 처리하는 통에 일부 매장에 물건이 잘못 갔는데, 전화 통화가 되지 않는 곳으로 수련회를 간 바람에 연락이 닿지 않아 세진의 구매 담당자가 화가 난 게 일의 발단이었다. 물론 고의가 아니었으므로 오래갈 일은 아니었다.

  그런데 정작 문제는 우리 회사 김 대리가 그 여직원에게 그만한 일로 뭘 그러느냐는 식의 태도를 보이면서 불거지기 시작했다. 김 대리는 거래처와 친해지면 말이 약간씩 짧아지면서 위험수위를 넘어가는 버릇이 있었는데, 자신의 실수를 그런 말투로 얼버무리려다 오히려 세진 구매 담당 여직원의 분노를 사게 된 것이다. 이를 무마하려고 그다음엔 상품권을 들고 찾아갔는데, 이게 화를 더 키웠다. 나중에 내가 직접 들어보니 그 여직원은 김 대리의 말투에서 여자라고 자신을 무시하는듯 한 느낌을 강하게 받았고, 자기의 정당한 분노에 뇌물로 대응하는 태도가 자기를 더 무시하는 것 같아 우리와의 거래를 끊었노라고 답했다. 결국 우리 상품은 다른 업체에서 돌려 사는 식으로 불편함을 감수하면서 그 여직원은 자기 자존감을 지키려 했다. 김 대리의 상사였던 김 과장이 찾아갔지만 허사였다. 결국, 내가 나설 수밖에 없었다. 난 겨우 그 구매 담당 여직원과 만날 기회를 얻어 정중하게 사과했다. 그는 미적거리면서 어쩔 수 없이 사과를 받아들이는 눈치였다. 사태가 달라질 것 같지는 않았다.

 잠실에 있던 세진 본사를 나오는 내 마음은 참으로 착잡했다. 사장이 나서서 해결하지 못하면 다른 길이 없지 않은가……. 혼자서는 절대 술을 마시지 않는 나였지만 술이라도 마셔야 화를 풀 수 있겠다는 생각이 들었다. 하지만 술집 앞에서 나는 발걸음을 돌려 사무실로 향했다. 사무실로 돌아가지 않고 퇴근하겠노라는 전화를 걸었다가 나의 세진 방문 결과를 물어보지도 못하고 땀을 흘리는 직원들의 풀죽은 목소리가 나를 곧추세웠다. 그래, 처음 맞는 위기인데, 할 수 있는 데까지 해보자. 마지막 내 이야기를 편지로라도 보내보자고. 예의 그 편지 외교다. 결과가 좋은 쪽으로 나오면 더 좋겠지만, 난 어쨌거나 우리 직원 때문에 상처받은 그를 진정으로 위로하고 사태를 마무리하고자 했다. 3쪽이 넘는 편지를 써 나음날 내가 직접 우체국에 가서 편지를 부쳤다.

2주가 흘러도 답은 오지 않았다. 편지를 읽기는 했을까 궁금했지만, 확인할 길이 없었고 그러기도 무안하지 않은가. 그러던 어느 날 바깥에서 모임을 하는 도중에 사무실에서 계속 삐삐가 와서 모임이 끝나고 전화를 했더니 전화 받은 직원이 너무나 기쁜 목소리로 내게 외친다.

"사장님, 들어옵니다. 세진에서 주문서 팩스로 들어오고 있어요!"

그간 묵혔던 주문까지 엄청난 물량이었다. 세진의 그 직원은 어쩌다 나를 만나면 정말 환하게 웃으며 반겼고, 나중에도 우리 담당 직원에게 꾸준히 내 안부를 묻곤 했다. 문제가 해결된 뒤 난 담당 김 대리를 불러 이 일이 그의 첫 번째 실수였음을 알려주고 세 번까지 봐준다는 점을 다시 한 번 분명하게 밝혔다. 그리고 실제로 난 마지막까지 그 약속을 지켰다.

사람이 돈을 좇아가면 돈은 더 빨리 도망친다. 하지만 사람이 자신의 이상과 가치를 좇으며 재미를 느끼고 그 일에 몰두한다면 돈은 사람을 따라온다. 적어도 창업 초반 3년까지 나의 이 믿음은 깨어진 적이 없었다. 그래서 우리는 모두 행복했다. 하지만 세상 어느 곳이나 그렇듯이 행복이 오래가 무디어지는 때부터 그것은 더 이상 행복일 수 없다.

다름을 인정할 때 대화가 된다

　　　　　내가 꿈꾸던 기업은 그저 매출 높고 수익성 좋은 회사만은 아니었다. 일이 즐겁고 함께 일하는 사람들이 좋아 열심히 일하며, 그 덕에 커가는 회사였다. 돈이 된다면 무슨 짓이라도 하는 회사가 아니라 선량한 땀의 정당한 대가로 돈을 버는 회사였다. 다른 기업과 비교하여 좋은 회사가 아니라 우리의 어제와 비교하여 좋은 회사였다. 시장 경쟁에서 생존해야 하므로 내부의 경쟁도 중요하지만, 그것이 모두가 원천적으로는 동등한 인간이라는 우애 정신을 부정하지 않아야 하는 회사였다. 내 나이 또래의 창업가들, 지금도 매일 출현하는 젊은 창업가들은 아마도 이런 이상의 한 자락쯤은 품고 회사 문을 열었을 것이다. 하지만 이런 이상은 현실의 높은 벽을 만날 때마다 의심받는데, 그 현실의 벽이란 대개 회사 외부보다는 내부에 있다. 기업은 사람의 모임이기 때문이다.

　　큰 자본과 첨단 기술로 무장하고 출발하지 않는 한, 기업은 어떤 악순환의 고리를 끊어내기가 쉽지 않다. 대기업은 이가 없으면 잇몸으로 일하는, 아니 어쩌면 잇몸이 실제로 더 중요한 조직이지만, 소기업에서는 사람 하나하나가 중요하다. 한 사람만 빠져도 휘청거릴 만큼 약한 구조다. 그리고 구성원들의 능력은 불균등한데 이를 공정하게 차별적으로 보상할 자금력은 부족하다. 물론 사람이 돈만으로 살아가는 것은 아니므로 '우리가 남이가?' 식의 집단주의나 민주적 의사소통 구조를 잘 활용하면 보상 여력의 부족에서 일어나는 갈등을 봉합하면서 그런 여력을 만들 때까지 버틸 수는 있다. 하지만 그 와중에 조직 내에는 관료주의가 싹트기 쉽다. 다양한 경로를 거쳐 관료주의를 키우는 세균이 침투하고, 내부의 면역력이 없다면 자체 증식하기 때문이다.

∼

창업 3년 동안 우리 회사는 나름의 질서를 잡으며 커갔지만, 직원들 사이의 의사소통은 인원이 늘어날수록 조금씩 힘들어졌다. 밑으로 갈수록 회사를 총체적으로 이해하는 공감대가 옅어지고, 일 잘하는 사람과 그렇지 못한 사람 사이에 업무에 임하는 태도를 놓고 조금씩 불만이 싹트기 시작했다. 1996년 하반기에 개발부가 생기면서는 업무 영역이 전혀 다른 영업부와 개발부 사이의 의사소통과 업무 관행 차이도 문제가 되었다. 전체적으로 회사는 한 단계 상승하려는 진통을 겪는 참이었다.

아리수는 사장인 나를 정점으로 한 다양한 인맥의 결합체였다.

대부분 1980년대 대학생 시절에 학생운동을 비롯해 이런저런 사정으로 맺게 된 인연이다. 몇몇 예외도 있지만, 대략 초창기 주요 구성원의 90% 정도가 이런 인맥이었다. 물론 처음부터 그럴 의도는 없었다. 같이 일할 만한 사람을 구하기 힘들었던 회사의 사정, 같이 일할 만한 회사를 구하기 어려웠던 개인들의 사정이 과거의 인연을 바탕으로 맺어졌을 뿐이다. 같이 일할 수 있다고 서로가 뜻을 함께 한 데에는 미래에 대한 공감대보다는 과거에 대한 공감대가 더 컸었다. 우리가 과거의 인연에 바탕을 둔 공감대를 갖고 있다는 사실은 여러 가지의 장점과 단점을 동시에 가져다주었다.

먼저 장점은 이랬다. 첫째로, 임금과 직위, 업무성과 등 일반적인 기업체에서 중시하는 요소들에 목을 매지 않는다는 점이었다. 그렇다고 이런 부분들을 무시한다면 회사가 존립할 수 없겠지만, 우리는 일단 구성원 모두를 배려하고 키워 그 사람들이 어떤 장기적인 성과를 내느냐에 따라 나중에 보상의 크기를 결정해도 늦지 않다고 믿었다. 둘째로, 구구절절한 이야기를 하지 않아도 서로 간에 쉽게 통할 수 있는 강점이 있었다. 어느 정도 과거를 공유하는 사람들에게는 이것이 가능하다. 따라서 경영층의 결정과 실무층의 제안이 그리 어렵지 않게 서로에게 전달되고, 약간 표현하기 어려운 문제에 대해서는 서로가 쉽게 이해해주고 감싸는 미덕을 발휘했다. 셋째로, 제법 자유로운 언로가 보장되는 관계였다. 선후배 관계를 이루고 있고 형, 동생 하며 지내기 때문에 서로에게 못 할 말이 별로 없었다. 특히 직위에 따른 권위가 강압적이지 않았던 터라 더더욱 자유로웠다.

  그러나 이러한 장점들은 바로 비슷한 유형의 단점들과 짝을 짓고 있었다. 첫째, 시장에서 경쟁력을 제대로 발휘하지 못하는 때가 많았다. 자본주의 사회에서 기업이 살아남으려면 어찌 되었거나 이윤을 만들어내야 하는데, 우리 회사는 이윤을 제대로 챙기지 못할 때조차 내부의 원인을 정확히 찾아내고 그걸 넘어서는 데에 악착스럽지 않았다. 이렇게 회사의 전진을 가로막는 요소 가운데 하나가 우리 사이에 놓여있는 관계였다. 둘째, 서로 잘 알고 있다는 사정 때문에 정확해야 할 의사소통이 대충대충 이뤄지는 일도 잦았다. 그리고 다들 유순한 편이라 이에 대해 냉정하게 질책하거나 함께 원인을 치유하려고 하지 않았다. 거기엔 서로의 자존심을 존중해주는 이상한 배려심도 깔려 있었다. 셋째, 좋은 게 좋다는 식으로 서로의 책임과 권한을 명확히 규정하지 못하다 보니 의사소통의 분위기가 자유로움에도 본질적이며 중요한 이야기, 그리고 분석적인 이야기를 제대로 이어가지 못했다.

  언제 어디서든 우리는 사람들 사이의 관계를 굳어진 것으로, 과거의 기억대로 바라보면 안 된다. 그런데 사람은 늘 시간이 파놓는 그런 고정관념의 함정에 빠지기 쉽다. 아리수가 시장 밑바닥에서 와신상담하던 초창기 2년여의 세월 동안 우리의 관계는 매우 긍정적이었다. 누구나 일하겠다는 의지는 가득했고 모두가 사실상 사회 초보자들이었던 그 시절에 우리가 어떤 강력한 규율을 만들어서 집행하기란 거의 불가능했다. 출퇴근과 야근, 특근 등의 문제만 보더라도 그렇다. 일은 많은데, 일을 많이 했다고 해서 그 시간에 따른 수당을 일일이 다 줘야 한다면 회사는 견딜 수 없었고, 서로 그런 사정을 모르지도 않았다. 사람들 대부분이 이런 상황에서 참으로 용감하고 의리 있게 회사와 동료를 위해 헌신적으로 나서 주었다. 다른 회사들과는 비교도 되지 않는 우리 구성원들의 이런 자발적인 헌신은 사실 가족 같은 관계 때문에 가능했다. 힘들어도 직원들이 회사를 떠나지 않고, 오히려 회사를 자랑스레 여기던 것도 바로 이런 관계를 유지했기 때문이었다.

그러나 이런 관계가 회사의 발전을 가로막기 시작했다. 과거에는 회사의 생존 비결이자 원동력이었던 내부의 인간관계가 새로운 도약을 앞두고 걸림돌이 된 것이다. 그 현상은 곳곳에서 나타났다. 모두가 똑똑한 탓인지 함께 조화를 이루어내는 일이 잘 안 되었다. 지위의 차이에 따라 업무가 나누어지지 않은 채 모두 비슷한 수준의 일을 하고 있었다. 다들 책임감이 강하다고 믿는 탓인지, 남의 실수를 냉정히 평가하고 책임을 묻는 일이 계속 뒤로 밀렸다. 어떻게 효율을 높일지 고민하지 않고 옛날부터 해오던 대로 되풀이하는 일이 많았다. 그 결과, 서로서로 남의 말을 귀담아 듣지 않는 태도마저 나타났다. 내리는 명령이 정확하지 않고, 하기로 해놓고 시간이 지나보면 안 된 것이 눈에 자주 띄었다.

∽

우리는 3년 동안 운 좋게 성장해왔고, 1997년 들어서면서 고교 참고서 분야의 대형 출판사인 디딤돌 출판사로부터 4억 원의 투자를 받아 새로이 학교 대상의 콘텐츠 사업을 준비하려는 참이었다. 그런데 슬슬 관료화의 기운이 느껴지는 것이었다. 관료화란 창의성이 죽고 기존의 관행에 따라 관성적으로 움직이는 분위기다. 조직의 방침은 위에서 결정되어 밑으로 내려가야 한다는 생각, 위에서 지시가 없으면 다른 고민을 하지 않는 무기력한 모습, 밑의 사람이 자기 말을 잘 듣지 않으면 기강이 해이해져서 그렇다고 규율을 강화하려는 시도, 사람이 일을 만드는 게 아니라 자금이 일을 만든다고 지레 포기하는 소심함이 모두 관료화의 모습이다. 이를 경계하고자 나는 1997년 4월 20일의 전 직원 모꼬지(워크숍)를 앞두고 조직 내의 인간관계와 의사소통의 원칙을 글로 정리했다. 다양성을 존중하지 않아 소통 능력이 떨어지고, 이 때문에 자연스레 피어나는 관료화가 〈무엇을 할 것인가?〉라는 제목의 글에서 다룬 주제였다.

  모꼬지 첫날 저녁, 콘도 넓은 방에 빼곡하게 들어앉은 30여 명의 직원과 함께 나는 내가 쓴 그 글을 읽어가며 우리의 문제점을 짚어 나갔다. 먼저, 다양성을 존중하는 태도에서 출발해야 함을 강조하였다.

"사람들이 무슨 목표를 갖고 살아가는가에 대해서는 쉽게 이야기할 수 없다. 단지 우리는 모든 사람이 나 자신과 동일한 생각을 한다는 착각에서만 벗어날 수 있으면 실패하지 않는다. 비

숱한 경험과 역사를 공유하고 있더라도 사람이 태어나서 오늘날 모여 있는 상황에 이르기까지 저마다 겪어온 역사는 그 머릿숫자만큼 다양하므로 우리가 미래에 대해 똑같은 목표를 갖고 있다고 과신해서는 안 된다. '우리가 아는 나쁜 것은 나쁘다'는 정도의 진실만을 공유할 수 있을 뿐이다. 즉 돈만 아는 놈은 나쁘다. 자신의 개인적 욕심 때문에 남을 배신하는 놈은 나쁘다. 일을 열심히 하지 않고 많은 것을 바라는 놈은 내 피를 빨아먹는 흡혈귀다. 책임만 내세우고 권리는 무시하든가 거꾸로 권리만 내세우고 책임을 회피한다면 훌륭한 인간이 되기는 글렀다 등등. 이런 부분에 대해서만 우리는 공유하려 하자.

　내가 이렇게 소극적인 인간론을 내세우는 것은 일반적으로 한국인들의 문화구조가 갖는 단점이 있기 때문이다. 한국 사회가 어떤 정통적인 것을 사회적으로 확립해 본 경험이 적기 때문에 대부분 개인의 주관적인 판단을 냉정하게 검증받을 기회가 없었고, 그 때문에 사람들이 자기의 생각은 옳다는 착각을 하는 경향이 짙다. 즉 남의 이야기를 잘 들으려 하지도 않고, 듣는 척하면서도 사실은 '그래 떠들어라, 너 말 잘한다.' 하는 식의 강 건너 불구경하는 듯한 태도, '나는 나대로 산다.' 하는 식의 이상한 주체성 등이 그득하다. 결국, 모두가 자기 머릿속에 자기만의 완결된 세계를 하나씩 가지고 살아가는 셈이다. 그 완결된 우주의 질서를 부인하는 사람과는 거래할 생각을 하지 않는다. 왜? 끝없이 피곤해진다는 경험을 이미 했기 때문이다. 사람들과 이야기를 해봤자 별 소득이 없고, 괜한 시간 낭비이거나 아니면 자기만 피해를 보는 경우가 숱했으니까.

　이것은 사실 우리 개인의 원천적인 문제는 아니다. 우리 사회의 교육과 역사가 우리를 이렇게 만들어버렸고, 다시 그렇게 커온 인간들이 사회를 그 모양으로 굳히는 셈이다. 사회생활을 3개월만 경험하면 그걸 쉽게 느낄 수 있다.

　이런 이유로 나는 일단 우리가 어떤 목표를 향해 가야 한다는 식의 단정을 내리려 하지 않는다. 하여간 우리는 사람들이 자기와 똑같이 생각한다는 식으로 착각하지 않도록 노력해야 하고, 거꾸로 모두 나와 다른 생각만을 한다고 단정할 필요도 없다. 우리는 여기서부터 출발해야 한다. 우리의 응집력이 아직은 이 정도 수준이고, 그것이 현실이라는 사실을 아주 냉정히 인정함으로써 우리는 발전의 계기가 어디에서 만들어지고 있는가를 찾을 수 있다."

　사람의 다양성, 서로 다름을 인정하는 자세는 어떤 종류의 '능력'과도 같다. 그게 쉽게 갖추어지는 것이라면 우리 사회가 지금 이 모양 이 꼴이겠는가? 나는 발전의 가능성이 '역사 및 타인과의 대화'에서 온다고 보았고, 우리 사회와 과거의 역사가 '대화'를 허용하지 않았기 때문에 우리는 대화하는 법을 잘 모르는 게 문제이며, 우리 회사의 구성원 역시 일반적으로 그렇다는 점을 지적했다. 이런 문제는 서로 다름을, 타인의 세계가 있음을 제대로 받아들이지 않기 때문에 만들어진다.

"우리는 대화에 너무 약하다. 자신이 무엇을 생각하고 있는지 제대로 정리할 수 없기 때문에 대화를 기피하고, 그렇게 대화를 기피하다 보면 자꾸 자기 내부로 숨게 된다. 남의 이야기는 완전히 남의 이야기일 뿐이다. 우리는 속셈에 꼼수를 갖고 있다. 그리고 꼼수를 갖고 있어야만 큰 피해를 보지 않을 수 있었던 게 우리의 과거 생활이다. 앞에서 나는 사람들이 타인을 충분히 이해할 수 있다고 자만하는 것에서 탈출하자고 했고, 적어도 남이 나와는 다르다는 사실을 인정하자고 했다. 우리는 대화하는 방법을 잘 모르기 때문에 남을 넘겨짚거나 자신이 옳다고 단정 지으면서 외로운 삶을 살아왔다. 그리고 외롭게 살기 때문에 발전을 계속 봉쇄당한다."

사실 나는 아리수미디어를 시작할 때부터 이런 내용을 강조했다. 나는 멀티미디어가 인간을 풍요롭게 만드는 단 하나의 이유로, 멀티미디어가 인간의 오감을 골고루 발전시키고 대화의 밀도를 더욱 높여주기 때문에 인간의 능력과 사회의 수준을 향상하게 할 것이라는 점을 내세웠다. 그것은 한편으로 기획자, 구성작가, 그래픽 디자이너, 애니메이터, 음악가, 음향 제작자, 컴퓨터 프로그래머 등 다양한 사람들이 모여야만 만들 수 있는 멀티미디어 산물의 제작 과정에서 대화와 협업이 필요하기 때문에 그러하다. 또 다른 한편으로 그 작품을 누리는 과정에서도 사용자가 오감을 동원해야 하는 까닭에 그러하다. 그 때문에 멀티미디어가 인간과 사회를 새로운 방식으로 통합하리라 예측했다. 난 그래서 내가 하는 사업의 진보성을 믿었다.

자, 그렇다면 대화를 통해 회사를 발전시키려면 어떻게 해야 하는가? 어느 누가 그런 답을 가지고 있는 게 아니라 직원 모두의 과제라는 점을 먼저 인식하는 게 중요했다.

"사장도 특별한 답을 갖고 있지는 않다. 그렇지만 나머지 사람들이라고 해서 그 답을 찾는 데 결정적 역할을 할 수 없다고 단정 지어서도 안 된다. 우리의 노력과 능력, 경험, 성격은 평등하지 않지만 우리는 평등한 인간이다. 누구에게나 발전을 위해, 대화를 위해 자신의 방식대로 실험할 기회는 보장된다. 그 기회는 결코 삼세번으로 제한되지 않는다. 그런 의미에서만 우리는 평등하다. 그리고 모두가 불완전한 인간이라는 조건 때문에 우리는 원천적으로 평등하다."

나는 당시에 전형적인 상명하달식 대화나 산만한 지방방송식 대화를 경계했다. 그러한 대화방식이 우리 회사 내부에서 조금씩 둥지를 틀고 있었기 때문이다. 문제의 핵심은 지도부에 있는 게 맞지만, 지도부만의 문제라거나 지도부만이 해결할 수 있다는 편견을 고집한다면 사태는 더 꼬일 뿐이다. 여기서 가장 먼저 짚어야 할 부분은 이른바 지도자, 선배, 상급자의 구실을 위아래에서 서로 어떻게 봐야 하느냐는 점이었다. 매우 건방지고 지나친 비유였지만, 나는 이를 한국 현대 정치의 거물인 두 김 씨에 빗대어 설명했다.

"김대중 씨는 전반적으로 자신을 너무 과신하는 탓인지 남을 믿지 않고 자신이 항상 방향을 제시하는 스타일이다. 언제나 자기가 모든 것을 예측해야 한다. 따라서 똑똑한 사람은 그의 밑에 오래 남아 있을 수 없고, 오직 충성파들만 남을 뿐이다. 김영삼 씨는 '머리는 빌릴 수 있어도 건강은 빌릴 수 없다'는 그의 지론처럼 남의 견해를 자기 것으로 만드는 데 익숙하다. 그는 아무런 생각이 없는 사람 같다. 일반적으로 그의 의중을 잘 모르겠다는 말이 많은데, 사실은 아무런 생각이 없어서 그렇다고 보는 게 옳으리라. 돌발적으로 돌파하는 데 강하다고 하지만, 항상 돌발적으로 그에게 제안하는 사람들의 이야기가 상황에 따라 맞는 것처럼 들리기 때문에 그렇게 행동하는 것이지 특별한 이유는 없어 보인다. 그래서 많은 현자가 김영삼 씨 주변에 있지만, 그들은 김영삼 씨가 자신을 전적으로 신뢰한다고 착각해선지 까불기 시작하고 결국은 김영삼 씨로부터 떠날 수밖에 없는 신세가 된다.

우리 회사는 인간적으로 평등하고, 그 관계의 역사로 인해 감정적으로도 수평적인 편이다. 그러나 우리는 회사 안의 모든 인간관계가 수직적인 요소를 갖고 있음도 쉽게 발견한다. 나이가 차이 나고, 경험이 차이 나고, 직위의 차이가 있고, 책임의 차이가 있고, 월급의 차이가 있다. 그리고 그 수직적 관계에서 우리는 대부분 김영삼 아니면 김대중 식의 대화법을 구사하고 있다. 특히 우리의 구성원이 많아지면서 이러한 경향은 더욱더 짙어지고 있다. 즉 우리의 관계가 아주 원시적으로 퇴화하고 있는 것이다. 모든 권위주의적 태도, 그 반대편에 존재하는 반 권위주의적 자세, 주인임을 강조하는 태도, 주인이길 포기하는 자세, 이 모든 것이 회사의 대화를 가로막고 있다.

한 사람 한 사람은 모두가 회사의 지도자이고, 회사에서 지도를 받는 사람들이다. 윗자리에 있다고 해서 밑의 사람보다 많은 것을 알고 있다고 할 수 없고, 밑의 자리에 있다고 해서 윗사람보다 더욱 구체적으로 알고 있다고 할 수도 없다. 우리가 자신의 좁은 경험 안에 갇혀서 남과의 대화를 기피하는 순간부터 모르기는 마찬가지다.

상급자, 선배가 해야 할 일은 무엇인가? 그것은 결코 방향을 제시해주는 일이 아니다. 상급자나 선배가 모든 것을 알고 있다거나, 혹은 더 많은 것을 알고 있다고 단정하지 마라. 이것은 상급자와 하급자 모두에게 마찬가지로 적용될 지침이다. 상급자가 자기 스스로 남을 이끌어가야 한다는 착각에 빠지면 정말 곤란하다. 그리고 하급자도 상급자가 자신을 이끌어줄 것이라고 기대서는 곤란하다. 이런 태도는 일방향적인 관계를 전제한다.

상급자들이 해야 할 핵심적인 일은 대화를 조직하는 것이다. 그리고 자신의 경험과 연륜에 근거하여 하급자의 경험을 함께 분석하고 의견을 모아 통일된 방향을 함께 만들어가는 것이다.

중소기업 대부분은 이 지점에서 실패한다. 핵심 경영진은 언제나 자기 마음대로 하려 든다. 아니, 자신의 판단이 가장 정확하다고 착각한다. 직원들이 어떻게 자신의 판단 수준에 도달할 수 있는지 고려하지 않는다. 그들이 자신의 기대대로 하지 못할 경우엔 점점 그들을 무시한다. 그럴수록 핵심 경영진의 할 일이 많아지고, 모든 판단을 해야 해서 더 큰 것으로 나아가지 못한다. 이 경우는 김대중 씨의 대화법을 따르는 사람들이다. 거꾸로 하층의 경험과 견해를 적극적으로 조직하지 못해 그들에게 모든 판단을 다 내맡기고 빈둥거리면서 돈만 관리하는 사장들도 많다. 이들은 오로지 부하들의 성적에 의해서만 자신의 성적을 올릴 수 있는 사람들이다. 그리고 믿었던 놈들이 꼭 끝에 가서는 뒤로 챙기고 외국이나 다른 회사로 튄다. 김영삼 씨의 대화법과 같다고나 할까?

여기서 우리가 냉정히 바라보아야 할 것은 두 경향이 그저 개인적으로 부정적인 결과를 가져온다는 점에 있지 않다. 두 경향은 모두 대화 능력의 부족 때문에 후진성을 동반하고, 후진성을 강화한다. 즉, 대화 능력의 부족은 남들이 가진 정보의 진정한 의미를 해독할 수 없게 하고, 자신이 가진 정보들 사이의 호환성마저 보장하지 못한다. 따라서 자신의 독특한 경험을 응용한 해석 외에는 사용할 수 없는 정보들이 많아진다. 이 후진성은 연쇄적인 사슬을 갖게 된다. 회사 내부의 대화 단절, 외부와 대화 단절, 최종 소비자와 대화 단절……. 따라서 이 후진성은 시장을 판단할 때 혼란을 불러일으킨다."

당시 우리 직원들 내부에 싹트고 있는 이 두 경향의 뿌리를 잘라내는 일이야말로 후진성을 몰아내는 가장 핵심적인 길이라는 게 나의 생각이었다. 후진성을 키우고 있는 대화 부족은 대화 경로의 부족 때문이 아니라 개인의 매우 구체적인 대화 능력, 표현 능력의 부족에서 비롯하는데, 대개는 이를 대화 경로의 부족 탓으로 돌리기 쉽다. 나는 그런 문제점을 인터넷에서 일어나는 소통 경향에 비유하여 지적하였다.

"인터넷을 사용해본 사람이라면 자신의 좁은 경험으로 세계를 단정하는 것이 얼마나 어리석은 일인지 섬뜩하게 느낀 적이 있으리라. 인터넷은 개인에 대한 모든 환상과 개인들이 받는 중압감에서 모든 개인을 놓아준다. 내가 질문하면 누군가가 나에게 답을 준다. 물론 그 답은 완전하지 않지만, 그 답을 준 사람은 내가 좀 더 완성된 답을 만들어서 자기에게도 도움을 줄 것이라 기대한다. 따라서 이제 인간은 외로움으로부터 탈출할 가능성을 얻게 된다. 모든 사람이 이렇게 한 자리에서 평등하게 모여본 경험이 인류 역사상 존재하지 않았다는 사실을 상기한다면, 인터넷은 인류 역사에서 가히 하나의 혁명을 이루어낸 셈이다.

인터넷이라는 대화 경로가 열리면서 수많은 사람이 컴퓨터 앞에 매달려 자기가 알고 있는 것을 온 인류에게 알리기 위해 광분하고 있다. 그 전파력 때문에 기성의 질서와 권위가 허물어지고 있는 것을 보면서 희열을 느끼지 않는 사람이 어디 있겠는가? 그러나 그 정보들이 모두 값진 것만은 아니다. 자기 멋대로 올리는 내용은 시간이 지날수록 외면당할 게 뻔하다. 사람들이 필요로 하는 내용을 이해하기 쉬운 방식으로 올려주는 사람에겐 수많은 사람이 몰릴 것이다. 그러면서 정보의 질도 높아지고, 정보를 표현하는 방법도 발전할 것이다.

지금 우리에겐 무엇이 모자랄까? 하나는 대화 경로다. 그리고 다른 하나는 표현능력이다. 호스트 서버가 다운되지 않는 대화 경로는 매우 중요하다. 한편, 경로가 열려 있더라도 표현 능력이 없다면 그 경로는 있으나 마나 한 깡통이 될 것이다. 그리고 지금 우리는 표현능력의 부족 때문에 그나마 열려 있는 대화 경로를 좁히고 있다. 현재 우리 내부 관계에서 문제를 보자면, 우리는 추상적인 대화 능력이 부족하다기보다는 자신을 표현할 능력이 부족하다는 게 정확한 진단이다. 자신의 경험과 지식을 정리하지 못하고 있거나 앞에서 언급한 인간에 대한 관점의 혼란으로 자신이 가진 것마저 표현하지 못하는 경우가 허다하다.

표현 능력은 쉽게 얻어지지 않는다. 표현의 자유가 보장된다고 해서 표현의 능력까지 보장받는 것은 아니다. 표현의 능력을 얻기 위해서는 먼저 편견으로부터 해방되어야 한다. 자신에 대한 자만, 타인을 다 알고 있다는 식의 자만, 자신이 뭔가 중요한 일을 해야 한다는 강박관념, 타인이 내게 중요한 지침을 줄 것이라는 허황된 기대감, 이 모두가 표현의 능력을 가로막는 요소들이다. 일단 이 편견에서 벗어나면 남들의 말에 귀 기울일 수 있는 능력이 생기고, 남들로부터 얻는 정보를 자신의 지식으로 바꾸어낼 수 있다. 그 순간부터 비로소 대화가 시작된다. 그 순간 인간 사이의 네트워킹이 효력을 발휘한다. 우리는 지금 디지털 세계가 만들어가고 있는 기계적 네트워킹의 기본수준도 사람들 사이에서 구현하지 못하고 있다. 우리의 네트워킹이 효력을 발휘하는 순간부터 각 위치에 있는 사람들이 해야 할 일이 무엇인지 비로소 명확해질 것이다. 인간은 이런 과정을 거치면서 자신의 미래를 개척해 가리라."

피곤함을 못 이겨 꾸벅꾸벅 조는 직원도 두엇 있었지만, 대개는 눈을 떼굴떼굴 굴리며 내 글을 읽고 귀를 열어 나의 해설을 들었다. 그리고 토론했다. 토론 막바지에 나는 직원들에게 이 글은 이해하는 것으로 그치지 말고 달달 외우라는 황당한 주문을 던지며 웃음으로 강독과 토론을 마쳤다. 술자리는 밤새 이어졌다.

~

내 나이 서른넷에 쓴 글이라 좀 유치한 구석도 있지만, 당시의 치열함과 절박함, 패기를 다시 느낄 수 있어 좋다. 누구든 자기 입으로 자기 생각을 말할 기회가 주어지지 않는다면, 그럴 자유가 주어지지 않는다면 그것은 노예의 삶이다. 또한, 형식과 절차에서 그런 기회와 자유가 보장된다 하더라도 내게 돌아올지도 모를 불이익에 대한 막연한 공포 때문에 말을 꺼리는 사회라면 그 자유 역시 허울일 뿐이다. 가까운 예로, 공익을 걱정하여 불의와 비리를 제보한 사람이 사회에서 철저히 매장당하는 한 누가 법의 약속을 믿고 나서겠는가? 기업에서는 더더욱 그렇다.

그러나 열린 마음으로 진정 자유로운 대화의 자리를 보장한다 하여도 조직 내에서 개인들의 의사소통 능력이 자연스레 오르지는 않는다. 거기엔 다양성의 존중, 나의 왜소함에 대한 자각과 거꾸로 나의 존엄에 대한 자각, 나와 남이 서로 의지하며 함께 살아가는 동료라는 생각이 탄탄하게 깔리고, 그 위에 표현의 요령이 얹혀야 한다. 비판하되 남을 모욕하지 않고, 부끄럽되 그 비판이 고맙게 들리는 마음이 운동장 모래알처럼 푹신하게 깔려야 한다. 그렇지 않다면, 비 온 뒤 패인 작은 골이 운동장을 망가뜨리듯 관료주의는 조직을 망가뜨린다. 헛발 딛고 엎어질 위험이 곳곳에 널린 운동장에서 누가 전력질주를 하겠는가. 사람들은 그런 조직에서 진심으로 헌신하지는 않는 법이다.

내가 경험한 바에 따르자면 표현의 자유를 보장한다 하여 대화가 활발해지지는 않는다. 표현 능력이 갖추어져야 사람들 사이의 대화가 실질적으로 이루어질 수 있다. 하지만 그 능력이 어떤 대단한 공부나 훈련을 통해서만 얻어진다고 여기면 곤란하다. 표현의 능력은 타인의 내면과 사람 사이의 관계에 대한 편견을 버리는 순간부터 얻을 수 있다는 게 나의 생각이었다. 물론 하루아침에 해결될 숙제는 아니지만, 멋진 기업, 멋진 공동체를 꿈꾸는 자가 이런 노력을 팽개친대서야 너무 옹색하지 않은가.

당시 신입 직원들 일각에서는 노조 설립 움직임이 있었다. 난 노조 설립에 반대하는 입장이었는데, 이는 한국의 일반적인 기업주가 갖는 두려움이나 적대감과는 뿌리가 달랐다. 노조가 새로운 기업 모델을 추진하는 동력으로서는 적당하지 않다고 보았던 것이다. 난 모든 직원이 회사의 경영에 적극적으로 자기 의사를 밝힐 수 있어야 하고, 회사를 책임져야 한다고 생각했지만, 당시 노조 설립을 추진했던 직원들은 대부분 전통적인 노사관계에 기초한 임금인상이나 노동조건 개선 수준에 생각이 머물러 있었다.

우리나라와 같은 기업별 노조 형태는 회사 경영자나 노조 지도부의 개인적 성품과 무관하게 기업 내부의 적대감을 키울 수밖에 없다. 산업별 협상을 적용하는 나라들과 달리 전선이 늘 얼굴을 마주하는 개별 기업의 경영진과 노조 사이에 형성되기 때문이다. 그것은 결코 기업이라는 조직 전체의 의사소통에 도움이 되지 않는다. 왜? 어디서나 내부의 혼란을 통제하는 데에 가장 좋은 방법은 외부에 적을 만들어 전쟁을 벌이는 것이다. 비록 의도한 전쟁은 아닐지라도, 노조가 기업주라는 외부의 적과 싸우는 동안 직원 내부의 민주적 의사소통은 정체하기 쉽다. 민주노조운동을 깎아

내릴 생각은 조금도 없다. 그들은 온갖 파괴 공작과 억압에 맞서 처절하게 싸웠다. 법이 보장하는데도 조직을 만들고 지키는 일이 예사롭지 않은 이상한 나라이니 말이다.

 그러나 과거의 전통적 노사관계에서 벗어나고자 하는 기업에서 과연 맞지도 않는 과거의 옷을 일률적으로 입어야 하겠는가? 난 직원들에게 노조 이상으로 나가라고 주문했다. 노조를 만들 열정으로 회사를 접수하라는 주문, 민주적 의사소통의 수준을 높이라는 주문 말이다. 어쩌면 내가 꿈꾸었던 기업 조직은 요즘 뜨고 있는 협동조합 같은 곳에서 실현하고자 하는 질서나 종업원 소유 기업의 틀이었을 수도 있다. 하지만 당시에는 내 시야가 너무 좁아 협동조합이라면 농협 외에는 아는 게 없었.

 5월 1일 노동절에 일을 쉬자는 직원들의 제안에 내가 불쾌했던 까닭도 이런 사정과 맞닿아 있지 않았을까 싶다. 과거에 흘린 피를 그저 안온한 휴식의 계기로만 받아들이는 게 마뜩잖았다. 그래서 1997년 5월 1일에는 회사의 전 직원을 모아 노동절 기념행사를 치른 뒤, 직원들을 이끌고 당시 노동절 대회가 열린 장충단공원에 나갔다. 민주노총이 출범한 뒤 처음 연 노동절 대회라 결국은 최루탄이 터졌고, 그날 처음 회사에 출근한 신입 여직원은 몇 년을 두고 그 황당하고 매운 기억을 잊지 못한다고 말했다.

∽

 하루의 절반을 안락하게 살고자 하면 나머지 절반의 시간에 사람으로서 참기 어려운 모욕과 멸시에는 눈을 감아야 하는 세상이다. 하루를 온전하게 사람으로 살고 싶다면, 그러면 우리는 남들이 사는 법을 부러워해선 안 된다. 삼성을 욕하며 삼성의 연봉을 부러워하면 안 된다. 우리는 우리의 길을 가야 한다. 나는 직원들과 함께 대화를 나누며 그렇게 우리의 길을 걷고 있었다.

2

때로 악마는 열정으로 유혹한다

생존의 그늘

눈을 감아도 다 보일 듯 익숙한 사무실 이곳저곳을 둘러보다 지하 1층 물류 창고에 내려가 보았다. 아리수의 마지막 사원 총회를 한 시간 앞둔 2006년 1월 어느 토요일 오후였다. 여기저기 사무집기가 어지럽게 널려있던 사무실과는 달리 지하 물류 창고에서는 사원인 이동호 씨 혼자 땀을 흘리며 재고를 반듯하게 분류하고 있었다. 직원들 밀린 급여와 퇴직금 대신 현물로 보상할 성싱한 상품과 그렇지 못한 것을 나누는 중이었다. 일반 사무실보다 층높이가 1.5배 높은 지하 1층의 120평 넓이 물류 공간에는 재고가 빼곡하다. 여기 말고도 일산에 회전수가 높지 않은 상품들 재고만 따로 모아 놓은 창고가 있으니, 하여간에 창고는 넓은 걸 구하면 안 된다. 넓은 집으로 이사하면 쓸데없는 세간이 늘듯, 창고가 크면 재고가 쌓이게 마련이다. 지하 1층의 이 물류 창고는 아리수가 2001년 여름에 발산동에 있는 이 아파트형 공장의 9층 사무실 300평을 살 때 함께 분양받은 곳이다. '에잇, 차라리 여기다 당구장이나 낼 걸.' 하는 어처구니없는 후회가 밀려왔다.

　이동호 씨가 나를 보고는 다가와 인사를 건넨다. 예전처럼 힘차고 젊은이 특유의 반항기가 묻어나는 목소리는 아니다. 갓 서른이 되었을 이 친구가 4년 전 우리 회사에 처음 들어왔던 2002년 봄이 회사가 '고난의 행군'을 막 시작한 때였다. 인터넷 신규 사업을 너무 크게 벌이면서 맞은 위기였다. 결국, 2002년 5월에 회사는 처음으로 직원들 월급을 제대로 주지 못해 지급 날짜를 미루는 상황에 몰렸다. 창업 8년만의 일이었다. 회사 직원이 120명에 이르던 규모였는지라 급여만 해도 현금 3억 원이 넘게 필요했지만 모든 게 꼬이고 막힌 상태였다. 직원들에게 어려움을 참고 버텨달라는 호소문을 써서 돌린 뒤 난 관련 부서별로 20~30명씩 대회의실에 모아 놓고 사정을 설명하며 양해를 구했다. 다들 걱정스러운 얼굴로 아무 말도 안 하고 있었는데, 입사한 지 한 달밖에 안 된 이 친구가 그 자리에서 내게 볼멘 목소리로 질책성 발언을 했었다. 윗사람들의 일방적인 결정, 의사소통의 비민주성 등이 골자였던 걸로 기억한다. 내가 97년 전체 모꼬지에서 발표했던 글 〈무엇을 할 것인가?〉의 핵심 가치이기도 하다. 쩝. 어린 친구에게, 그것도 회사 전력을 전혀 모르는 신입에게 그런 소리를 들으니 얼굴이 화끈거렸지만, 그저 미안하다는 말밖에는 달리 할 말이 없었다.

　당시 나는 이 친구의 항의를 들으며 내 판단과 선택에 분명 문제가 있었다는 후회를 지워버릴 수 없었다. 2002년 5월의 급여 미지급 사태가 회사가 처음 당하는 위기는 아니었다. 이 일이 있기 4년 전인 1997년 말에 폭발한 외환위기 때에도 회사는 휘청했다. 외환위기 이후 생존의 문제를 본격적으로 고민하면서 무려 2년에 걸쳐서야 겨우 그 위기에서 벗어났었는데, 두 해도 지나지 않아 다시 이런 사태를 맞았으니.

∾

1997년 말 외환위기가 터지자 당장 수입 물품대금과 한국어판 제품의 로열티를 내야 할 달러 환율이 치솟는 바람에 우리 회사에도 급작스럽게 부담이 다가왔다. 사실 용산상가는 97년 초부터 술렁였었다. 대형 컴퓨터 제조업체와 유통사들이 차례차례 부도가 나는 바람에 경기는 이미 상당히 위축되어 있었다. 외환위기는 그런 연속된 작은 위기의 종결자였다. 시장은 말 그대로 싸늘하게 얼어붙었다. 텔레비전에서는 연일 속출하는 도산과 명퇴 사태를 보도하였고, 이러다 정말 나라가 망하는 건 아닌가 하는 우려가 들 정도였다.

외환위기 직전인 1997년 초반부터 우리 회사 아리수미디어는 대형 참고서 출판사인 디딤돌에서 4억 원의 투자를 받아 유아뿐만 아니라 초중등 교육 콘텐츠 분야로 사업 영역을 넓혀가던 참이었다. 한편으로는 우리의 소프트웨어를 활용한 방과 후 컴퓨터 상설반 사업을 모색하고 있었고, 다른 한편으로는 곧 추진될 교육정보화 사업에 대비해 교실 수업에서 사용할 수 있는 콘텐츠를 개발하는 쪽에 연구투자를 하고 있었다. 이런 이유로 97년 봄부터 10여 명의 새 직원을 뽑아 막 발동을 걸던 때였다. 그런데 외환위기가 터진 것이다. 처음엔 사태의 심각성을 제대로 몰랐지만, 하루하루 지나면서 환율이 치솟고 도산하는 기업이 속출하자 우리도 무언가 대책을 세워야 한다는 위기감이 감돌았다.

그동안 나를 포함해 회사 직원들 모두 회사에 대한 애착이 강하고 회사를 그만두려는 생각이 없었다는 게 우리의 자랑이었다. 우리는 학력이나 학벌을 따지지 않고 열심히 노력하는 태도를 중시했으므로 분명 당시의 기업들과는 문화가 달랐다. 우리 힘으로 뭔가 새로운 질서가 통용되는 기업을 만든다는 자부심이 있었기에 불굴의 투지로 밑바닥부터 토대를 쌓을 수 있었다. 우리는 사람을 중요하게 여겼고, 실제로 성품 좋고 실력 있는 직원 한 사람을 들여와 키우는 일에 개인적으로도 많은 노력을 기울였다. 미국으로 시집을 가야 했던 한 친구는, 결혼하고 나이가 들어도 회사에서 일하겠노라고 면접 때 나와 했던 약속을 지키지 못하여 몹시 미안해했을 정도였다. 이런 기풍이 비슷했기에 디딤돌의 투자도 받아들였던 것이다. 디딤돌은 비슷한 정신을 공유하는 회사들의 네트워크를 지향하고 있어서 자신이 투자한 회사에 어떠한 간섭도 하지 않았다.

그러나 외환위기 이전에 회사가 좋았느니 어쨌느니 하는 건 사태를 해결하는 데에 아무 도움이 되지 않았다. 시장은 급속하게 얼어붙는데 그 직전에 신규 인력을 십여 명이나 뽑았으니……. 사태는 우리 내부로만 국한되는 문제가 아니었다. 시장에 물건을 공급하는 일조차도 너무나 위험스러웠다. 워낙 여러 곳에서 부도가 나고 매일 어느 업체가 위험하다느니 하는 말들이 도는 터라 물건을 팔 수도 없고 안 팔 수도 없는 노릇이었다. 이런 불안정이 계속된다면 우리 회사도 곧 심각한 위기에 빠질 수밖에 없는 상황이었다. 난 결국 세 차례의 간부회의를 거쳐 신사업에서 대거 철수하고 새로 뽑은 인력 중심으로 직원 10여 명을 줄일 수밖에 없다는 결론에 이르렀다.

아무리 바깥에서 해고를 많이 하고 있다고는 하더라도 어찌 마음이 편할 수 있겠는가? 회사와 함께 성장하자며 직원들의 손을 붙잡던 내가 이제 그들을 밀어내야 하는 우스운 꼴이라니……. 기존의 전통이 무너지는 게 문제가 아니었다. 한 사람의 인생에 치명적인 타격을 주고, 영원히 지울 수 없는 상처를 남기게 될 일이 아닌가.

해고 대상자 가운데 내 마음이 가장 짠했던 이는 나보다 다섯 살이나 나이가 많던 그래픽 디자이너 누나였다. 내 아는 선배의 추천으로 아리수에 들어오게 된 이 누나는 전문대 디자인학과를 나온 뒤 가정 사정 때문에 자기가 하고 싶었던 디자이너 일을 미룬 채 미용실 일을 하며 15년을 보냈다고 한다. 그렇게 번 돈으로 불안정한 남편의 사업 뒷바라지와 아이들 양육을 맡고 있던 이 누나는 어느 날 틈틈이 모았던 돈 4백만 원을 투자해 매킨토시 컴퓨터를 사고 디자인 학원에 나가기 시작했다. 그래픽 디자인 일을 하고 싶어 애가 타서. 난 그런 사연을 듣고 이 누나를 우리 회사에 들여 놓았다. 비록 컴퓨터 다루는 재주와 속도는 떨어지지만, 그 의욕과 열정만은 어느 젊은 친구보다 넘친다고 보았기에 장기적으로 투자할 가치가 있다고 여겼다. 그렇지만 이 누나도 그냥 끌어안고 가기엔 당장 효율성이 문제였다. 직원 모두와 개별적으로 상담하는 자리에 앉자마자 이 누나는 회사를 그만두겠노라고 내게 먼저 말을 꺼냈다. 자기 걱정하지 말고, 너무 마음 힘들어하지 말라고 오히려 나를 위로하면서.

곧 닥칠 상황도 모른 채 퇴근하면서 내게 인사하는 해고 대상자들에게 뭐라 대답할 말이 없었다. 어떤 표정을 지어야 할지 몰라 난 며칠을 굳은 얼굴로 다녀야 했다. 자신이 해고 대상자인 줄 알았다가 그렇지 않다는 사실을 알려주자 밝게 웃으며 엘리베이터를 타던 어느 여직원을 보면서 내 마음은 마치 추락하는 엘리베이터처럼 곤두박질쳤다. 해고 대상자들에게 해고를 통보하느라 난 며칠을 노심초사하며 씨름했다. 마음이 너무 힘들었다. 대학생 시절 화염병을 준비해 가방 가득 담고 기습시위 현장에 나가 경찰의 검문을 피해가며 시위 주동자의 시작 신호를 기다릴 때의 긴장감보다도 더 팽팽한 긴장감이 나를 사로잡았고, 국가보안법으로 구속되던 때 치안본부(지금은 경찰청) 대공분실에 끌려가 심문을 받으면서 더 이상의 피해자가 나지 않도록 머리를 쥐어짜 내며 수사관과 신경전을 벌일 당시만큼이나 피곤했다. 그렇다고 누구를 대신 시킬 일은 아니니 정면으로 돌파할 수밖에.

마침내 전 직원 개별 면담을 거쳐 정리 해고를 다 마친 뒤, 나는 혼자 건물 꼭대기 비상계단에서 씁쓸한 담배를 피우며 한참을 울었다. 워낙 불시에, 그리고 전국적으로 닥친 사태였기에 누구도 나를 심하게 탓하진 않았지만, 난 정말 부끄러웠다. 양심적이고 민주적이고 직원을 사랑하는 기업가가 되고 싶었기에, 사장으로서 직원을 챙기지 못한 무력감은 더더욱 컸다. 정말이지 한동안은 사무실에 남은 직원들 얼굴을 제대로 볼 수 없었다.

이게 내가 자행한 첫 정리해고였다. 난 부끄러웠지만, 외환위기에서 분명하게 배운 것이 있었다. '생존'은 무엇보다도 중요하다. 회사 구성원의 기본 생존을 지켜낼 수 없다면 아무리 화려한 미사여구로 회사의 전망을 치장한다 해도 그건 사탕발림에 불과하다는 교훈이었다. 떠난 이나 남은 이나 모두 깊은 상처를 입게 되는 일이지만, 남은 이의 상처는 떠난 이가 남긴 빈자리 앞에서 남아 있는 사람들이 서로 마주할 때마다 다시 덧난다. 난 사태해결을 위한 나의 결연한 의지를 밝히고자 1년 동안 월급을 받지 않고 일하기로 했고, 직원들도 일단은 급여의 80%만 받은 뒤 연말에 나머지를 정산하기로 결의했다. 현금 유동성을 최우선적으로 고려한 조치였다. 그러나 남은 자의 아픔에 대해 무슨 넋두리를 늘어놓는다 해도 회사를 떠나야 했던 사람들에게 내가 안겨준 상처가 치유될 일은 아니었으리라. 다시는 이런 일이 없게끔 해야겠다는 다짐을 하며 난 그렇게 1년을 버텼다. 그리고 이 1년을 버티면서 난 문서를 볼 수 있는 시력을 잃고 시각장애 5급 판정을 받게 되었다.

외환위기 이후 일반 소비자 시장은 빠르게 허물어져 갔지만, 다행스럽게도 98년부터 초중등학교의 교육정보화 사업이 본격화되면서 학교의 소프트웨어 구매가 시작되었다. 우리는 이미 1년 전부터 이 사업을 예상하고 준비했던 터라 새로운 시장에서 순식간에 주도권을 잡았다. 외환위기의 어려움을 극복할 수 있었던 힘을 이쪽에서 얻었으니, 참으로 운이 좋았다고나 할까.

1999년 여름에 난 외환위기 때 내보냈던 그 그래픽 디자이너 누나의 소식을 들었다. 다른 해고자들과는 달리 나이와 경력 때문에 재취업이 불가능했던 그 누나는 충남 고향으로 내려가 혼자서 아이들을 키우고 있었다. 내게 이 누나를 소개해줬던 선배가 어느 날 이 누나가 쓴 글 몇 편을 편지로 보내줬다. 글은 참으로 어두웠다. 직원 면담 때 누구보다도 먼저 자기가 그만두어야 한다던 그 책임감과는 달리 상처가 얼마나 컸는지를 알 수 있었다. 단지 돈벌이가 끊어진 게 아니라 꿈이 사라진 칙칙한 삶의 하소연이랄까. 그러다 마지막에 이르러 나의 콧등이 찡해왔다. 사연은 이랬다.

그의 둘째 딸이 첫째 딸의 초등학교 병설유치원에 다니고 있었는데, 어느 날 아이를 데리러 갔다가 교실 밖 복도에서 유리창 너머로 유치원 아이들이 하는 활동을 지켜볼 기회가 있었다 한다. 아이들은 컴퓨터 앞에 몰려 있었는데, 유심히 보니 멀리에서도 컴퓨터 화면에 떠 있는 게 그 누나가 재직 시절 색칠을 맡았던 시디롬 타이틀이라는 걸 알 수 있었다. 몹시 반가워 가슴이 두근댔다. 서로 먼저 하겠다고 마우스를 놓고 다투는 아이들에게 그의 둘째 아이가 아주 자랑스럽게 말하는 게 아닌가.

"이거, 우리 엄마가 만든 거야."

믿을 수 없다는 다른 아이들의 말소리와 둘째의 항변이 유리창 틈새로 흘러나오는 걸 들으면서 그 누나는 정말 뜨거운 눈물을 참을 수 없었다고 한다. 직원들의 공감대가 컸었기에 나는 연락처를 수소문하여 그 누나를 다시 우리 개발팀에 합류시켰다.

한편, 학교시장이 열렸음에도 생존의 그늘은 쉽게 걷히지 않았다. 전국에 50개가 넘는 컴퓨터 전문매장을 운영하고 있던 세진컴퓨터랜드의 향방이 안갯속에 가려져 있어서 늘 고민거리였다. 매장 수가 많기도 했지만 세진은 컴퓨터의 모든 것을 갖추고 있는 공간인지라 용산상가와 같은 재래시장을 대체하고 있었고, 이 경향은 외환위기 이후에 더욱 가속되었다. 그런데 여기가 늘 '다음 달이 위험하다'는 소문에 휩싸여 있었다. 우리의 매출 채권이 늘 3억 원 안팎이었기 때문에 만일 세진이 부도난다면 우리 회사도 바로 날아갈 판이었다.

난 영업부 직원들을 통해 세진 측에 외상매입을 상쇄할 담보를 달라고 꾸준히 요구했으나 대기업인 세진으로서는 우리를 상대할 가치를 못 느꼈는지 답이 없었다. 반면 삼성전자나 휴렛패커드 등의 대형 하드웨어 업체에는 담보를 제공한다는 정보가 확인되었다. 도무지 안 되겠다 싶어 어느 날 나는 최근 2년 동안 우리가 세진컴퓨터랜드에서 얼마나 열심히 판매 촉진 활동을 벌였고 그 성과가 어땠는지 확인할 수 있는 모든 자료를 상자 하나에 가득 담고, 거기에 세진컴퓨터랜드 대표이사 앞으로 내가 직접 쓴 편지를 넣어 세진 사장실로 보냈다. 편지에는 우리가 받는 대우가 부당하니 대표이사님을 만나 이야기를 나누고 싶다는 내용을 담았었다.

며칠 뒤 세진 비서실에서 연락이 왔다. 곧 시간을 조율하고 나 혼자 대표이사를 만나러 갔다. 그 양반은 내게 뚜렷한 답을 해줄 수 없는 처지라고 입장을 설명했다. 내가 알아서 판단하라는 식의, 어찌 보면 나를 시험하는 것 같기도 하고, 어찌 보면 정말로 아무런 대책이 없는 것 같기도 한 태도였다. 1시간에 걸친 설득과 협박은 아무 소용이 없었다. 결국, 우리는 담보를 얻지 못했다. 답답했다.

세진이 용산 시장을 거의 대체하면서 전국 지점에서 구매하는 물량은 상당히 큰 상황이었다. 세진이 위험하다는 이야기가 쌓이고 쌓이면서 물품 주문을 받지 않는 소프트웨어 업체가 생기자 세진은 그런 물품까지 우리에게 주문을 넣는 바람에 거래는 더 커지는 추세였다. 생각이 오락가락했다. 적극적으로 나서서 아예 소프트웨어 전반을 우리가 다 공급하는 쪽으로 물량을 늘리면 어떨까? 매출이익을 최대한 많이 쌓는다면 세진이 부도가 나더라도 그 이익으로 피해를 상쇄하면 그만이다. 만일 세진이 망하지 않는다면 우리로서는 정말 좋은 기회가 아닐 수 없다. 그런데 그런 규모의 이익을 쌓기 전에 세진이 무너진다면? 그러면 우리도 함께 가는 거다. 그렇다고 세진처럼 큰 규모의 매출처를 포기한다면 자연히 매출에서 큰 타격을 입을 수밖에 없고, 일반 소비자와 접촉할 면적도 극도로 줄어든다. 어쩌나……

며칠을 고민하다 난 성장 대신 생존을 택했다. 적게 벌고 적게 쓰자. 살아남아야 좋은 날도 본다. 안타깝지만 세진을 포기하기로 한 것이다. 그로부터 우리는 매달 꾸준히 세진을 향한 매출 물량을 줄여가는 정책을 취했다. 세진을 대신할 일반 소매시장은 없었지만, 그렇다고 낭패를 볼 수도 없는 노릇이었다. 난 이미 외환위기에서 '생존'의 중요성을 한 번 경험했던 터라 다른 어떤 유혹에도 타협할 수 없었다. 그리하여 최종적으로 세진이 부도난 2000년 7월에 우리 회사가 세진에 물린 돈은 고작 2천만 원이었다. 1996년부터 세진컴퓨터랜드에 적게는 연간 수억에서 많게는 십 수억 원까지 물건을 팔았던 걸 생각하면 정말 선방한 셈이었다.

회사가 안정을 되찾은 1999년 말에 나는 눈을 치료하기 위해 중국 베이징에 넉 달가량 머무르며 침을 맞았다. 당시 나는 새로운 천년을 맞으며 아리수 6년의 꿈과 좌절의 경험을 되돌아보고 기업의 역사적 의의 및 우리가 만들어가야 할 새로운 기업의 틀을 글로 정리하는 시간을 가졌다. 청년 시절에 읽었던 마르크스의

〈공산당선언〉을 회상하며 그 글의 구조를 빌어 내가 '신인간기업'이라고 이름 붙인 새로운 기업의 출현 배경과 그의 사명 및 운영 원리를 제시하고자 한 것이다.

21세기 신인간기업 선언

우리는 기업이 한 개인의 것이기를 거부한다. 우리는 기업이 사회의 경제단위 중 하나로서 이윤실현을 위해 온갖 부정과 불의마저 자행하는 악의 화신으로 전락하는 것에 반대한다. 우리는 생존의 최소 수단을 얻기 위해 비굴한 노동이 몸을 파는 기업을 경멸한다. 우리는 인류의 원대한 이상과 꿈을 외면하는 기업을 비웃는다.

지금까지의 자본주의 기업은 자본의 이윤 실현 수단이었다. 자본은 노동력과의 결합을 통해 상품을 생산하고 시장에서 이를 실현함으로써 이윤을 획득하였다. 기업은 자본이 노동력을 생산관계에 편입시키고 배치하는 시스템이자 시장에서 이윤 획득을 둘러싸고 벌어지는 자본의 전쟁에 동원된 군대였다. 자본은 오로지 생산과 경쟁의 효율성 측면에서만 노동의 조건을 고려하였고, 이를 위해 경영과 관리상의 다양한 기법을 고안하고 세련시켜 왔다.

한편 노동자의 입장에서 기업은 생존의 물질적 조건을 확보하는 장이자 개인의 사회적 실현을 추구하는 단위로서 기능하였다. 이 두 가지는 한 사람에게 때로는 통일적으로 때로는 분열적으로 작용하지만, 주요하게는 자본이 취하는 태도에 의해 그 양과 폭이 결정되었다. 현대의 노동은 노동조합 조직을 통해 자본의 태도 변화와 이의 정치적 관철을 위해 노력하고 있다. 그러나 그들은 자본을 직접 장악하지는 못하고 있다.

이윤 실현을 최고의 덕목으로 삼고 있는 자본과 노동의 조건을 개선하려는 노동자의 갈등은 기업 간 경쟁으로부터 오는 위험 못지않게 기업의 운명을 좌우하는 요소였다. 그 때문에 대부분의 자본주와 노동자는 스스로를 파멸로 몰고 가지 않는 수위 안에서 이기적이며 화해적인 투쟁을 지속해 왔다. 그러므로 그들이 내세우는 모든 사회적 공헌과 대의명분이 결과적으로 우연히 실현되었더라도 이는 본질적으로 자신의 생존이라는 이기적 테두리를 넘지 않는 일시적이고 허위적인 구호에 불과했다.

그러나 이 같은 도덕적 비난에도 불구하고 자본주의 기업은 인류 역사상 어마어마한 진보를 이루어낸 장본인이다. 스스로의 소비가 아니라 타인의 소비를 전제로 한 상품의 생산과 유통, 소비의 전 과정을 주도함으로써 기업은 사회의 물질적 부를 증대시키는 견인차 노릇을 해왔다. 기업이 없었다면 인간의 현실적, 잠재적 욕구를 포착하고 상품으로 개발하여 만족으로까지 이끌어 내는 과정을 누가 맡을 수 있었겠는가? 국가나 정당, 종교기관, 학교, 가족 등 기성의 어떤 조직이 이런 만족을 인간에게 제공한 적이 있었던가?

기업은 인간이 만들어낸 가장 진보적인 조직임에도 불구하고 기성의 사회조직이 소극적으로 내세웠던 물질적 욕구를 노골적으로 제시한다는 이유만으로 전통적 가치들에 의해 단죄되었다. 더구나 기업 내의 갈등과 기업 간의 경쟁 격화는 기업 스스로를 도덕적 파멸과 반사회적 무한 소모전으로 몰아넣음으로써 이 같은 비난을 정당화하였다. 인류는 사악한 이윤 논리를 비난하면서 스스로 그 논리를 추종하는 비참한 형국에 떨어진 것이다. 이를 극복하려는 20세기의 이상적 시도들은 대부분 실패로 끝났다.

그러나 20세기의 실패는 인간의 욕구와 사회의 발전 동력에 대한 교훈도 남겨 주었다. 우리는 이 사태를 이해하는 인간들에 의해 새로운 기업이 만들어질 수 있다고 믿는다. 자유와 평등과 박애를 실현할 물질적 부의 생산단위, 개인의 욕구와 전체의 욕구 사이의 필요한 균형을 가르치는 학교, 개인의 사회적 본성을 실현하는 삶의 터전, 자신과의 경쟁 속에서 타인의 발전을 위한 조건을 만들어 주는 요람, 정의와 도덕을 세우기 위해 활동하는 정치 결사, 불우한 이웃과 파괴되는 환경을 염려하고 대응하는 사회단체, 생산 활동과 사회 활동의 결과로 사회 전반의 활력을 이끌어내는 사회 발전의 원동력…… 기업 이외의 어떠한 조직에서도 이 모든 전망을 구현할 잠재적 에너지를 찾아보기 힘들다. 그리고 우리는 이러한 에너지를 현실화하여 전 세계적으로 파급시키는 기업을 '신인간기업'이라 부를 것이다.

기업은 현대 인류에게 사회생활의 관문이자 사회생활의 목적지가 아닌가? 지역과 인종과 민족과 종교와 연령과 성의 모든 운명적 한계를 넘어서서 물질적 부와 사회적 성취를 구현하려는 현대 인류의 몸부림이 기업을 통해 역사 속으로 투영되고 있다. 이 몸부림으로부터 발원하는 거대한 에너지를 단지 자본의 논리라는 답답한 호리병에 가둬 놓을 것인가, 아니면 자본을 수단으로 삼아 이 거대한 에너지를 인간의 논리에 복종하는 새로운 힘으로 바꿔낼 것인가? 신인간기업은 인간의 논리라는 주문을 외우는 마법사이다.

혹시 신인간기업이 도덕적 구호나 그 어떤 환상이 아닌가 하는 오해가 있을 수 있다. 아니다. 신인간기업은 여타 기업과 동일하게 자본주의 사회에 그 태생을 둠으로 자본주의적 시장 경쟁의 논리를 위반하지 않는다. 오히려 자본주의 시장 경쟁의 논리를 가장 충실하게 정통으로 밟아가면서 부패와 부정과 편법의 유혹을 인간의 논리로 통제해낼 것이다. 나약한 개인의 정신을 좀먹고 조직을 타락시키는 모든 권력욕과 명예욕과 금전욕에 대항하고 이를 넘어서서 공동체 의식과 민주적 습관과 건강한 개인 생활을 확립시키려는 게 신인간기업의 특징이다. 따라서 신인간기업은 자본주의 기업과 동일한 환경에서 태어났지만, 그 운영 원리와 생존의 목표가 훨씬 고도화된 돌연변이이다. 이 돌연변이는 자본주의 사회가 스스로의 진화과정에서 획득한 새로운 형질에 의해 출현하며, 현대금융자본의 전횡이 신인간

기업의 출현을 더욱 부채질할 것이다.

신인간 기업의 운영원리는 긴장과 대화이다. 규율과 자발성, 실험 정신과 책임성, 타고난 재능과 후천적 노력, 고참과 신참, 개인과 조직, 우리와 타인, 이윤과 공익, 오늘과 내일, 현실과 이상······. 이런 대립항의 통일된 긴장을 내적으로 유지하는 개인과 개인, 개인과 단위, 단위와 단위 간의 인간관계에서 이루어지는 대화를 통해 신인간기업은 자신의 건강한 피를 만들어내고 순환시킨다.

그러나 이 운영원리는 그 자체로 자본주의 기업의 운영원리를 대체하는 것이 아니라 기존 기업의 기반 위에서 한계를 넘어서기 위한 핵심 기제라는 점에 유의할 필요가 있다. 즉 돌연변이라 해도 신인간기업 역시 자본주의 사회에 뿌리를 두고 있기 때문에 기업의 생존과 번성을 위한 물질적 부를 축적해야 하며, 이 과정에서 실패하는 순간 신인간기업적 지향은 허무한 슬로건으로 추락할 뿐이다. 조심하라.

앞서 언급했듯 신인간기업은 자본주의 진화의 고도화 산물이지만 결코 자연스러운 귀결은 아니다. 따라서 신인간기업은 생존의 논리에서 출발하여 최우선적으로 하나의 유기체로서 기업의 자생력을 확보하고 끊임없는 진화의 과정을 거칠 것이다. 이는 마치 인간이 생존을 위해 밥을 먹는 기본 생리와 동일하다. 건강한 육체에 건전한 정신이 깃든다. 긴장과 대화의 운영 원리는 하나의 유기체로서 기업이 신인간기업적 인격을 도야하는 방법론이라 할 수 있다. 이 원리는 경쟁의 기반 위에서 발전하지만, 종국적으로 경쟁의 개념을 변화시키리라. 따라서 긴장과 대화의 운영 원리는 자본주의 기업의 분열적 인격을 은폐하는 가면이 아니다.

긴장과 대화의 운영원리는 기업 내의 모든 인간을 고립된 개인으로부터 진정으로 사회화된 인간의 수준으로 고양한다. 우리는 개인의 제한적 지식과 폐쇄적인 경험과 주관적 감각이 지배하던 기업으로부터 조직의 축적된 지식과 정제된 경험과 객관적 감각이 지휘하는 기업으로의 진화과정을 보게 될 것이다. 그리고 이 과정은 기존 기업의 중앙집중형 진화라는 편향에서 탈피하여 분권화에 기초한 집중력이라는 고도의 조직력으로 귀결된다. 새로운 인간, 새로운 기업의 에너지가 출현할 것이다. 현대의 디지털 네트워크는 신인간기업의 운영원리를 충실하게 구현할 기반을 제공한다. 그리고 이윤도 더 이상은 목표가 아닌 수단으로 자리를 옮길 것이다.

신인간기업은 다음과 같은 최소한의 목표를 내걸고 21세기를 헤쳐나간다.

- 열심히 일하는 사람에게 최대한의 즐거움을 보장하는 기업을 만든다.
- 주당 평균 40시간의 노동만으로도 건강하게 운영되는 기업을 만든다.

- 사회적 평균 이상의 삶의 질을 모든 직원에게 보장하는 기업을 만든다.
- 개인의 자발성과 창의성을 가장 존중하는 기업을 만든다.
- 이익의 10%를 사회에 직접 환원하는 기업을 만든다.
- 사회적 가치의 확립을 위해 앞서서 실천하는 기업을 만든다.
- 인류 전체의 삶의 질을 높이기 위해 활동하는 기업을 만든다.

우리는 인간적 지향과 현실의 물질적 욕구가 충돌하는 사회에서 지난 세기를 보냈다. 마치 우리의 부모가 그랬듯 우리 역시 이 혼란을 도저히 벗어날 수 없을 것만 같았다. 과거의 이윤 논리에 사로잡혀 있는 한 이 혼란은 영원할 것이다. 그러나 이윤의 논리를 넘어서는 인간의 논리를 구현하기 위해 우리의 열정과 지혜를 모아 한 발짝만 나아가 보라. 그곳에서 새로운 세계를 발견할 것이다. 그 세계는 우리가 만든 세계이다. 그리고 인류의 환호와 박수갈채 속에 우리의 후대들이 그 세계를 넓혀 갈 것이다. 지구의 마지막 오지까지. 〈끝〉　　　　　　　2000년 1월 1일.

이 글은 아리수의 2000년 신년사를 겸하였다. 지금 다시 읽어보니 요즘 주목받는 '사회적 경제'의 대표 조직인 협동조합이나 사회적 기업이 이런 심성이나 지향을 갖고 있지 않을까 싶기도 하다. 내가 보기에, 협동조합이나 사회적 기업이 한때의 유행으로 그치지 않으려면 그들은 먼저 생존을 지켜내야 한다. 하나의 유기체로서 건강하게 피가 도는, 외부의 도움에 기대지 않으면서 스스로 빨아들인 양분으로 세계와 맞설 힘을 만들어내는 그런 조직으로 굳건히 서야 한다. 그리고 생존과 이윤을 넘어서는 그 어떤 가치를 추구하면서 자신만의 생존 방식에 그 가치를 녹여 넣어야 한다. 당시 내가 스페인의 몬드라곤이나 이탈리아의 에밀리아 로마냐 쪽에서 성공적으로 펼쳐지고 있던 협동조합 사업을 알고 있었다면 아마도 그런 방향으로 더 고민을 진척시켰을 텐데, 나의 무지가 참으로 아쉽다.

아리수는 2000년 4월부터 개발부서에서 주5일제를 도입하였고, 2001년 8월에는 영업부서를 포함해 이를 회사 전체에서 실시하였다. 국회에서 주5일제 법안이 통과된 건 2003년이며, 법적으로 이의 실행은 2004년에 3백인 이상 대기업부터 이루어졌다. 혹시라도 나의 파산이 이렇게 앞서간 무모함에 있다거나 몽상적인 가치를 좇으면서 현실을 제대로 보지 않아 그랬으리라 추측하는 이도 있을 것이다. 하지만 생존의 몸부림과 고결한 가치의 추구를 모두 물거품으로 만들어버린 악마의 힘은 여러분이나 내가 생각지도 못한 곳에서 다가왔다.

처음된 자 나중된다

처음 비행기로 대서양을 횡단한 사람은 누구일까? 웬만한 사람들은 린드버그라는 사실을 안다. 그러나 두 번째로 대서양을 횡단한 비행사가 누구냐고 물어보면 대답할 사람은 거의 없다. 이 이야기는 《마케팅 불변의 법칙》이라는 책의 본문 첫 구절이다. 마케팅에서 절대로 변하지 않는 법칙 가운데서도 가장 중요하다고 저자가 강조하는 이른바 '선도자의 법칙'이다. 어떤 시장을, 그리고 소비자의 머릿속을 선점해야 그 마케팅이 성공할 수 있다는 가르침이다. 그런 선점 효과는 호치키스나 제록스, 포스트잇처럼 고유명사인 상품의 이름을 그 상품이 가진 기능을 상징하는 보통명사로 확대하기도 한다. 제조사와 무관하게 시장에서 호치키스는 곧 모든 철침 제본기를 가리키고 제록스는 복사기의 다른 이름이며, 여러 번 뗐다 붙이는 쪽지는 모두 포스트잇이라 부른다. 선도자의 법칙은 그만큼 강력한 마케팅 법칙이다. 시장과 마케팅 이

론가의 측면에서 보자면 매우 그럴듯한 법칙인데, 정작 선도자가 된 당사자에게는 어떨까?

이명박 시장의 청계천 복원사업으로 사라진 청계고가도로는 삼일고가도로라고도 불렸다. 삼일로에 올린 도로라 그리 불렸던 건데, 삼일로에서 청계고가도로가 이어지던 청계천 옆에 지금도 삼일빌딩이 있다. 삼일빌딩은 1970년에 지어진 31층짜리 건물로서, 그 당시 막 박차를 가하던 박정희 경제개발의 상징과도 같았다. 삼일빌딩에서 그리 멀지 않은 종로1가에 있던 서울의 마루지, 화신백화점은 겨우 5층짜리였다. 삼일빌딩은 종로나 을지로에 대형 건물이 들어서기 전만 해도 남산 팔각정에서 바라보면 그 위용이 뚜렷했던 서울 도심의 상징이었다. 한국의 가장 높은 건물로서 삼일빌딩은 지방에서 올라온 사람들이 꼭 들르는 구경거리이기도 했다.

그러나 1985년에 38층짜리 롯데호텔이 소공동에 올라가고 1년 뒤에 여의도에 63층짜리 육삼빌딩이 들어서면서 삼일빌딩의 명성은 역사의 뒤안길로 묻혀갔다. 1980년대 후반부터 강남에도 하루가 다르게 고층 건물이 늘어나 숲을 이루었다. 삼일빌딩 주변에도 삼일빌딩을 능가하는 고층 건물들이 속속 들어섰다. 화신백화점 자리에는 화장실 전망이 그렇게도 좋다는 33층짜리 종로타워 빌딩이 들어섰다. 국세청이 세 들어 있던 곳이다. 지금 청계천 근처에서 삼일빌딩을 물어보면 그 위치를 아는 사람은 그리 많지 않다. 더 놀라운 건 삼일빌딩에는 지하주차장이 없고, 건물 마당에 겨우 차 20대를 세울 수 있다는 사실이다. 삼일빌딩을 지을 때만 해도 승용차를 이용하는 사람들이 적어 한 층당 1대 꼴의 주차 공간만 확보하면 될 정도로 주차 시설 규정이 매우 허술했다고 한다. 그런데 70년대 중반에 옆 건물을 합쳐 개축하려다 보니 강화된 주차 시설 규정 때문에 어쩔 수 없이 다른 골목에 주차탑을 세웠다. 건물에는 고작 20대의 주차시설을 갖춘 삼일빌딩, 이제 과거의 영광은 온데간데없다.

처음 된 자 나중 되는 법. 선도자의 운명이란 이렇기도 하다.

유기체인 한 회사의 운명에서 보자면 선도자의 법칙은 어떤 저주와 같을 수도 있다. 선도자는 2위와 3위의 공격을 막아내기 위해 항상 긴장해야 하고, 그만큼 다른 곳을 볼 여유가 적어진다. 세상이 천천히 바뀔 때에는 이런 구도가 그다지 큰 문제가 아니었다. 그렇지만 1990년대부터 정보통신혁명이 일어나면서 모든 부문에서 변화의 속도가 빨라지자 이 법칙은 어마어마한 재앙으로 돌아오기도 한다. 얼마 전 파산을 신청했던 코닥의 예에서 우리는 이를 여실히 확인할 수 있다.

～

2012년 1월 19일, 사진기와 필름 업계의 전설인 코닥이 마침내 파산을 신청했다. 1881년, 조지 이스트만이라는 미국 청년이 사진 필름을 만들어 내면서부터 코닥의 역사가 시작되었으니, 코닥은 131년 만에 숨을 거둔 셈이다. 미국인들이 영원히 간직하고 싶은 순간을 '코닥 모멘트'라고 부를 정도로 코닥은 필름과 사진을 상징하는 기업이었다. 1970년대 미국 필름 시장의 90%, 사진기 시장의 85%, 전 세계 필름 시장 삼분의 이를 점유할 정도의 대단한 위세를 자랑하던 코닥은 직원 15만여 명을 거느리고 본사가 있는 뉴욕 주 로체스터 시를 먹여 살렸다고 한다. 나도 중고생 시절 사진을 찍을 때면 노란색 바탕에 까만 글씨의 "Kodak"과 연두색 바탕의 하얀 글씨 "FUJI" 가운데 좀 비싸더라도 늘 코닥을 사용했다.

코닥의 파산 사연은 참으로 애달프다. 컴퓨터 인쇄기의 대명사인 휴렛 패커드가 인쇄기보다는 물장사인 잉크 카트리지 판매로 수익을 올렸듯 코닥도 사진기보다는 소모품인 필름 판매로 수익을 올렸을 터였다. 그렇지만 필름이 필요 없는 디지털카메라가 2000년대 초부터 급속하게 대중의 인기를 얻어가자 코닥의 수익성은 급격하게 나빠지기 시작했다. 한때 90달러를 웃돌던 주가가 파산 직전에는 그 200분의 1도 안 되는 40센트 수준의 휴짓조각이 되었다. 그런데 어처구니없게도 코닥의 목을 죈 이 디지털카메라의 최초 발명자는 바로 코닥 자신이었다.

인터넷이나 위치 추적 기술이 그렇듯 디지털 사진 기술도 군사적 목적에서 비롯되었다. 미소냉전 시대에 위성을 이용한 적국 감시의 목적으로 위성사진 송신 기술을 개발하던 미국의 과학자들은 1957년에 빛의 명암을 디지털 신호로 바꾸는 기술을 개발했다. 이 기술을 이용하여 드럼 스캔을 만들었고, 이를 제록스가 상용화하여 복사기를 만들었다고 한다. 그리고 1969년에는 광감응소자라는 센서가 발명되어 최초로 디지털 영상을 얻을 수가 있었다. 이 원리를 이용해서 현상이 필요 없는 사진기를 만들 수 없을까 고심하던 중, 1975년 미국 코닥의 개발자였던 스티브 새슨이 광감응소자 형식의 센서를 이용해서 최초의 디지털카메라를 만들었다.

그러나 코닥의 이 제품은 덩치가 지나치게 큰 데다가 사진 1장을 저장하는 데 23초나 걸렸으며, 열악한 화질의 흑백 사진만 기록이 가능했기 때문에 시판되지는 않았다. 당장 상업성에도 문제는 있었겠지만, 코닥은 이 신개발품이 그리 탐탁지 않았을 수도 있다. 당시 코닥으로서는 필름이 필요 없는 이 사진기가 한창 고수익을 올리고 있는 자신의 필름 사업을 토대부터 허물지도 모른다는 불안감도 있었을 테니까. 선도자인 코닥이 주춤대는 사이에 소니와 후지, 마비카, 카시오 등에서 속속 신기술을 이용한 디지털카메라의 진화가 이루어지면서 점차 소비자들도 관심을 보이기 시작했다. 후발 주자들이 디지털카메라로 눈길을 돌리던 이 시기에 코닥은 즉석 인화 카메라를 개발하였고, 그 특허권자인 폴라로이드와 특허 분쟁에 휘말려 1980년대 중반에 패소하고 철수하는 헛발질을 하고 있었다.

1990년대 중반부터 개인용 컴퓨터 보급이 확산되고 윈도우 환경과 인터넷 웹이 정착하면서 디지털 사진의 전성기가 열렸다. 필름 사진기를 만들던 니콘이나 캐논, 올림푸스 등의 업체들이 주력 품목을 디지털카메라로 바꾸었으며, 소니, 파나소닉, 카시오와 같은 정보통신기기나 오디오·비디오 기기 업체 역시 하나둘씩 디지털카메라 사업에 본격적으로 뛰어들었다. 이제 필름이 필요 없는 사진기 시대가 완벽하게 도래했고, 그 빠른 변화 속에서 코닥은 더 이상 선도자가 아니었다. 정신을 차리고 디지털카메라에 황급히 눈을 돌렸을 때 이미 코닥은 꼬래비였다.

결국, 코닥은 자신의 고유 사업영역이었던 필름 분야에서 거둔 큰 성공 때문에 세상의 변화를 예측하기 어려웠고, 기민하게 대응하지도 못했던 셈이다. 보통 이런 사정엔 두 가지의 힘이 작용하게 마련이다. 하나는 선도자이자 시장의 1등이 가진, 그 산업에 대한 애착이다. 자신이 개척하고 일구어 놓은 그 시장의 영광을 머리로든 실제로든 버리기 어려운 것이다. 다른 하나는 발목을 잡는 기존 사업과 조직의 관성이다. 새로운 사업은 늘 대규모 투자를 동반한다. 하지만 성공은 미지수일 수밖에 없다. 그러니 기존 사업 분야에서는 불만이 튀어나온다. 예를 들어 지금은 세계를 주름 잡는 삼성의 반도체 부문도 연구개발이 한창이던 시절에는 다른 부문 사람들에게서 성과 못 내는 밥벌레 취급을 받았다. 변신은 말처럼 쉽지 않다.

기업의 규모 차이는 속도와 강도의 차이를 부를 뿐 세상 돌아가는 이치는 대개 비슷하다. 어느 곳에서나 처음 된 자 나중 되는 섭리가 적용되는 것 같다. 우리 아리수미디어는 멀티미디어 시디롬 타이틀 분야의 선도자였고, 시작할 당시부터 멀티미디어 통신시대를 예상하였기에 인터넷 웹의 출현을 꽤 반겼다. 하지만 우리 역시 인터넷 산업이 발전하는 동안 다른 산업의 선도자가 겪어야 하는 딜레마에서 벗어나기 어려웠다.

~

　1997년 초에 우리 회사 개발부 프로그래머인 한 친구가 웹 편집기를 만들어 상품화하자는 제안을 내놓았지만, 난 그다지 귀 기울여 듣지 않았다. 2년 뒤에 그 제안과 비슷한 국산 웹 편집기의 대명사 '나모'가 나와 선풍적인 판매를 기록했는데, 그 시절 간접적으로 '나모'의 총판 제의가 들어왔을 때도 난 시큰둥하게 반응했다. 이런 헛발질은 웹에 대한 나의 무지가 하나의 이유였지만, 멀티미디어 콘텐츠 분야로부터 눈을 돌려서는 안 된다는 선도자의 강박관념 같은 게 내 어깨를 굳어버리게 만든 탓도 크다. 아리수의 개발부는 멀티미디어 콘텐츠에 집중하느라 1990년대 말을 휩쓸던 인터넷 열풍에서는 한발 물러나 있어야 했다. 하지만 날로 확장되는 인터넷 사업을 지켜보면서 나 역시 통신 속도를 핑계로 뒷짐만 지고 있을 수는 없다는 조바심에 휩싸였다. 그러나 수익성 높은 기존 사업에서 주요 역량을 빼내어 신규 분야에 투자한다는 건 확실히 하나의 모험이었고, 그렇다고 시대의 변화를 수수방관할 수만도 없었다.

　회사의 주력 분야를 흔들지 않기 위해 나는 1999년 초에 교육용 검색 포털을 개발하는 별도 법인을 세웠다. 이 회사는 주로 문서와 사진 등 당시의 웹 페이지를 검색하여 초중등 교육과정에 활용할 수 있는 검색 사이트를 만들어 방문자를 늘린 뒤, 유료 서비스를 하는 전략을 세우고 있었다. 1년의 작업을 거쳐 만든 이 검색 사이트의 인기는 꽤 높았다. 교육부에서 운영하고 있던 에듀넷에서도 이를 흉내 냈을 정도니까. 난 일단 교육용 포털을 운영하다가 통신 속도가 빨라져 아리수도 인터넷으로 진출하게 되면 이 회사를 아리수미디어로 통합할 심산이었다. 하지만 그런 계획을 추진하던 2000년 중반부터 문제가 꼬여갔다. 이른바 '벤처 거품'이 주된 원인이었다.

외환위기를 겪으면서 대기업들은 대부분 '고위험-고수익' 사업에 뛰어드는 걸 꺼리게 되었다. 인적 구조조정과 비용 감축, 이를 통한 유동성 확보, 자산 건전성 증대가 당시 대기업의 주요 관심사였다. 따라서 국가 전체로 보자면 이는 기술개발이든 세계시장 개척에서든 모두 정체 혹은 퇴보를 의미하는 조짐이었다. 위기를 극복하는 과정에서 김대중 정부는 소비 촉진과 벤처산업 육성을 주요 수단으로 삼았다. 소비 촉진 정책은 나중에 신용카드 대란으로 이어지기도 했지만 어쨌든 꽉 막혀버린 돈의 물꼬를 트는 극약처방이었다. 다른 한편으로 중소 벤처기업 지원을 늘리고 투자를 권장하면서 코스닥 시장에서 돈이 돌게 하려고 했다. 새로운 일자리를 창출하고 성장동력이 될만한 신규 기술의 개발을 지원하며 금융시장을 키운 것이다.

연일 언론을 중심으로 이른바 '벤처기업'을 띄우는 사회적 분위기가 자리를 잡아갔다. 미국에서 시작된 정보통신혁명과 이 물결을 타고 일약 시장의 스타가 된 야후, 넷스케이프, 아마존, 이베이

등 많은 벤처기업의 사례가 소개되었다. 곧 그 바람은 국내 시장에 상륙했다. 투자할 곳을 찾지 못하던 돈이 창업투자사를 통해 중소 벤처기업에 몰리기 시작했고, 정부도 이를 적극적으로 지원하였다. 그 가운데서도 인터넷 사업은 황금알을 낳는 거위처럼 여겨졌다. 창투사 역시 경험이나 전문적 식견이 풍부하지 않았으므로 처음에는 묻지마 투자 식으로 많은 신생 중소기업에 투자를 결정했다. 매출액이 변변치 않더라도 미래 가능성만을 담보로 투자가 진행되고, 곧 이들을 코스닥 시장에 공개하는 방식으로 투자수익을 올렸다. 사채업자들마저 그 수익성에 놀라 벤처투자에 나설 정도였고, 온갖 기업사냥꾼들이 판치기 시작했다. 정부와 금융자본, 언론이 모두 한 입으로 '벤처'를 찬양하고 외치는 시대, '모험'을 뜻하는 벤처가 최고의 가치로 등극한 시대였다.

상황이 이렇다 보니 그간 모험을 두려워하지 않으면서도 차근차근 계단을 밟고 올라가던 아리수는 졸지에 시장 흐름을 제대로 타지 못하는 처량한 신세가 되었다. 인터넷 사업을 하고 있지 않다는 단 하나의 이유만으로. 반대로 창업 1년 반이 넘도록 매출이 없던 교육용 검색포털 회사는 사이트 방문자 숫자만으로 미래 가치를 인정받아, 관련 대기업으로부터 투자를 유치하기도 하였다. 이런 분위기 탓에 검색포털 회사 이사진들은 그 회사를 주축으로 삼아 아리수를 그쪽으로 통합시켜 가는 방안이 어떻겠냐는 의견을 냈다. 내가 주요 투자자였고 아리수의 꾸준한 지원 위에 세운 회사인데 좀 어처구니없는 제안을 받은 셈이다. 난 일로 굳건하게 회사가 묶이지 않은 상태에서 이런 식의 통합 논의는 바람직하지 않다고 판단하고, 논의를 중단시켰다.

∼

바깥을 둘러보니 이미 내가 알고 지내던 여러 회사가 기존의 사업을 버리고 인터넷 분야의 기기묘묘한 사업모델을 만들어 외부 투자를 유치하며 '잘 나가던' 시절이었다. 그들의 사무실은 예전과 비교도 되지 않을 만큼 으리으리했으며, 어디든 아리따운 여직원이 안내대를 지키고 있었다. 별 내용도 없는 회사들이 잘 나가는 모양에 살살 배가 아파졌다. 우리 직원들이 얼마나 깊은 헌신과 가슴 떨리는 용기로 모험을 마다치 않으며 일궈온 회사인데 하루아침에 변방의 허접스러운 구멍가게 딱지를 붙인단 말인가. 거기에다 비록 조잡한 수준이기는 해도 인터넷에서 멀티미디어 콘텐츠를 선보이는 신생 기업들이 속속 등장하는 통에 뒤통수가 근지러워졌다.

여기서 선도자의 법칙은 어김없이 우리를 시험에 들게 했다. 가벼운 몸으로 인터넷 사업에 뛰어든 신생 기업들과 달리 우리는 사업의 출발점이자 주요 밥벌이였던 멀티미디어 콘텐츠의 틀을 벗어나지 못하면서 인터넷 진출을 고민해야 했다. 대용량 멀티미디어 콘텐츠를 소화하기엔 아직 통신 속도에 무리가 있었고, 인터넷에서 콘텐츠 이용에 돈을 낼 것인가 하는 문제도 걸렸지만 게임이나 메신저, 커뮤니티 등 인터넷의 다른 분야로 눈을 돌릴 여유는 없었다.

다양한 검토 끝에 2000년 초가을에 우리는 유아 한글교육 멀티미디어 콘텐츠를 개발하고 이를 웹에서 회원제로 서비스하는 방안을 채택하였다. 기회가 없는 건 아니었지만, 이미 시장엔 어느 정도 질서가 잡혀가고 있었고, 우리가 거의 꼬래비였다. 멀티미디어 산업 분야에서 황무지를 개척한 선도자는 아리수였지만, 정작 그 전성시대인 인터넷 웹의 출현 앞에서 우리는 시디롬에 붙잡혀 인터넷이라는 바다로 적극적으로 뛰어들 수 없었던 셈이다. 처음 된 자 나중 된다는 말이 딱 들어맞는 시점이었을지도 모른다. 남들보다 더 분발하여 더 공격적으로 나가지 않으면 과거의 영광을 뒤로 한 채 인터넷 분야에서 뒤처질 판이었다. 그럴수록 선도자의 법칙은 본격적으로 목을 옥죄어 왔다.

나는 인터넷 사업의 개발 규모를 고려하여 외부 투자를 유치하고자 했다. 우리가 벌어들이는 수익만으로는 개발비도 그렇고 그 뒤의 마케팅 비용이 모자랄 것 같았다. 우리 회사는 실체도 있었고, 창업 이래 꾸준히 쌓아온 소비자와 거래처의 신뢰도 탄탄했으므로 나는 어렵지 않게 투자를 끌어들일 수 있으리라 보았다. 하지만 벤처 투자자들이 보기엔 우리 회사의 미래 수익성이 불투명했다. 아니 정확하게 말해 3년 정도의 짧은 투자 뒤에 코스닥에 공개할 만큼 사람들의 이목을 집중시킬 화끈한 매력이 있어 보이지는 않았던 것이다. 난 나의 창업 구상이 원래 통신에 기반한 멀티미디어 서비스이고, 우리에게 대규모 투자가 들어온다면 10년 더

해서 이룰 성과를 3년 안에 해낼 수 있다는 자신감을 밝혔지만, 투자자들에게는 그런 전망이 여전히 밋밋했을 거다. 당시 투자자들의 관심사는 오로지 인터넷 사업이었고, 우리는 비로소 그 사업을 기획하는 처지였으니 딱 내보일 게 없었다. 좀 다급해졌다. 제품의 기획 방향과 자금이 모두 문제였다.

난 실체 있는 성공을 만들고 싶었다. 인터넷 사업에 진출하기로 한 이상 그곳에서도 아이들의 영혼을 고양할 한 방울의 물이 될 제품을 만들고 싶었다. 하지만 유아 한글교육 프로그램을 개발하기로 결정했을 당시만 해도 기획자들은 방향을 제대로 잡지 못했다. 그들은 당시 유행하고 있던 방문교육 대기업들의 교재와 별반 차이가 없는 콘텐츠를 상정하고 있었다. 그러나 난 그 방향이 마음에 들지 않았다. 아날로그와 디지털의 차이, 방문교육과 인터넷에서 가능한 자기 주도적 학습의 차이, 컴퓨터를 이용하면 더욱 강력해지는 한글의 과학성을 정확하게 짚지 못하고 있다는 게 나의 불만이었다. 기획자들은 그런 내 요구를 이해하지 못하고 막막해 했다.

난 한국인을 대상으로 하는 한글교육의 실체가 읽기와 쓰기라고 보았고, 글씨를 쓸 힘이 부족한 아이들에게 쓰기는 컴퓨터로 대체할 수 있다고 생각했다. 즉 핵심은 읽기였다. 그리고 읽기에서는 소리가 어떻게 글자와 맺어지는가를 정확하게 보여주면 그만이라고 여겼다. 그것은 한글이 가진 과학성 때문에 충분히 가능한 일이었다. 즉 'ㄱ'이라는 자음은 어떤 모음을 만났을 때 그 소리가 어떻게 바뀌며, 거꾸로 'ㅏ'라는 모음은 어떤 자음을 만났을 때 어떤 소리로 들린다는 걸 충분히 보여주고 아이들이 소꿉놀이 하듯 누차 실험할 수 있게 해주면 저절로 터득될 일이라고 생각했다. 결정적으로 컴퓨터에서는 소리를 내줄 수 있기 때문에 이게 가능한 일이었다.

당시까지 유행하던 학습지나 방문교육의 이른바 '통문자 학습법'은 '사과'라는 낱말을 적은 카드에 사과 그림을 넣고 이 그림과 낱말을 연결하는 작업을 반복적으로 하다가 나중에 '사'와 '과'를 떼어놓는 식으로 글자를 가르쳤다. 반복적으로 카드를 보여주다 보면 어느새 아이는 사과 그림을 보자마자 '사과'라는 낱말 카드를 집어 들게 된다. 그러나 두 글자가 떨어지는 순간 아이들은 글자를 읽지 못했다. 이건 '사과'라는 낱말조차 하나의 그림으로 인식하게끔 훈련하기 때문이었다. 난 이런 훈련은 서커스단 물개들에게나 적절하다고 비판했다.

아이들이 레고 장난감으로 놀듯 한글의 자모를 레고처럼 조립하면서 그것이 어떤 소리를 내는지 컴퓨터의 힘을 빌려 충분히 가르칠 수 있다고 나는 믿었다. 즉 내 구상은 컴퓨터가 지원해주는 멀티미디어 기능이 있기 때문에 가능한 것이었다. 난 이를 '레고식 한글교육'이라고 이름 붙였다. 그러나 기획자들은 내 구상의 근거를 확신하지 못했다. 물론 내게 어떤 이론적 배경이 있던 건 아니었다. 그건 나의 직관이었으므로, 나 역시 답답했다.

이때 강호의 한 절대 고수가 홀연히 내 앞에 나타났다. 서울대에서 인지과학을 공부하고 있던 예전의 대학 동기를 만난 것이다. 인지과학은 심리학과 뇌과학, 철학, 언어학, 컴퓨터공학 등 사람의 인지구조와 연관이 있는 학문들이 서로에게 의존하며 사람의 인지구조에 얽힌 비밀을 캐 나가는 학문이다. 각 분과학문의 협동 과정으로 개설되어 막 서울대에 자리를 잡아가는 상황이었고, 그 선두주자가 바로 내 친구였다. 그는 내 고민을 조금 듣자마자 내가 알지 못했던 이론적 근거들을 하나씩 설명해주면서 내 구상이 어떤 식의 이론에 의해 뒷받침되는지 연결해주었다. 나의 발상은 이른바 '음운자각(phonological awareness)' 이론과 맞닿아 있었다.

그의 설명에 따르자면 통문자학습법이야말로 매우 비효율적인 문자학습 방법이라는 게 명백했다. 그는 자기 첫째 아이가 통문자학습법으로 가르치는 방문교육을 받는 걸 보고 너무 답답해서 직접 프로그래밍 언어를 공부해 멀티미디어 프로그램을 짤까 하는 생각까지 했다고 맞장구를 쳤다. 난 만세를 부르며 그에게 우리의 한글교육 프로그램 연구와 개발에 합류해 달라고 부탁했다. 시간이 오래 걸릴 일이었지만, 작업은 차질없이 순조롭게 진행되었다. 새로 배치한 기획자들과 이 연구자의 호흡도 잘 맞아서 개발은 아주 순조로웠다. 문제는 돈이었다. 이젠 돈을 구할 차례다.

∼

2000년 초반에 회사 내부에서 처음 투자유치 이야기가 나왔을 때 직원들 가운데에는 반대하는 사람도 적지 않았다. 외부 자본의 힘이 강하게 작용하기 시작하면 그동안 우리가 일궈온 문화가 파괴될 수 있다는 염려가 높았다. 투자 유치를 진행한 기업들이 오로지 실적만을 강조하고 가끔은 실적마저 부풀려 엉망이 되어간다는 이야기가 심심찮게 나오던 때였다. 공감이 가는 걱정이었다. 그러나 결정적으로 인터넷 분야로 사업 영역을 넓히려면 아무래도 장기적으로 투자할 자금을 확보해야 했다. 그건 기존 사업에서 거두는 수익만으로는 충분하지 않았다.

여기저기 문을 두드려 보니, 투자 유치 여건은 그리 좋지 않았다. 1998년부터 시작된 벤처 열풍 속에서 투자를 받은 벤처기업이 돈을 물쓰듯 쓰고 나자빠지는 일이 빈번해져 도덕성 마비 현상이 언론에 자주 오르내리던 시절이었다. 창투사들도 어느 정도 경험을 한지라 투자 뒤 1년 정도 지나면 코스닥에 바로 공개할 수 있을 정도로 이미 모양을 갖춘 회사만을 골라 돈놀이를 하려 했다. 우리처럼 뒤늦게 외부 투자를 시도하던 중소기업들은 마땅하게 투자를 받을 곳이 없었다. 이에 2001년 초 정부가 나서서 기술신용보증기금이 일부 보증을 서는 구조로 벤처기업을 우대하는 신규채권담보부증권(Primary CBO)을 대규모로 발행하였다. 사업에 선정된 벤처기업이 3년 만기의 회사채를 발행하면 이를 담보로 금융기관에서 증권을 판매하여 자금을 조달해주는 방식이었다. 3년 만기가 되면 그 회사의 주식으로 전환하든가 원금과 이자를 받든가 하는 선택권을 주는 상품이었다. 주식으로 전환할 때의 할증 비율은 회사의 성적 평가에 따라 미리 정해졌다.

2001년 2월 우리는 이 채권담보부증권 발행 사업에 제안서를 제출하였고, 신용평가기관의 실사를 거쳐 전체 신청 기업 2천 곳 가운데 1% 안에 들어가는 점수를 받아 15억 원의 전환사채를 발행하게 되었다. 주식으로 전환할 때는 7배수로, 즉 7만 원으로 액면가 1만 원짜리 주식 1주를 신규 발행하는 계약이었다. 아직 온라인 '아리수한글'의 개발공정은 20% 수준이었지만, 당시 우리 회사는 부채가 전혀 없었고 매출액이나 이익률이 높았기 때문에 전통적인 방식으로 평가하는 신용등급은 제법 괜찮은 편이었다.

원래 사업 계획에서도 그랬지만, 이 돈이 인터넷 사업으로만 투입되지는 않았다. 당장은 기존 사업에서 더 많은 수익을 올릴 수 있었으므로 기존 사업의 확장에 주로 돈이 들어갔고 일부는 사옥 구입에도 들어갔다. 아파트형 공장을 분양받아 용산의 영업부와 서초동의 개발부 사무실을 통합하고 임대료 대신 이자를 내는 게 더 낫겠다는 판단도 있었지만, 직원 수가 60여 명에 이르면서 관리 분산에 따른 어려움이 커졌던 게 주요한 이유였다. 그리하여 2001년 7월 말에 아리수미디어는 강서구 등촌동 가양사거리 부근의 신축 아파트형 공장 450평을 분양받아 이사했다. 앞서 말한 300평의 사무 공간과 지하 1층 150평의 근린상가 공간을 우리 이름으로 등기한 것이다.

외부 자본의 지분 투자가 아니라 전환사채 방식이었지만, 우리는 어쨌든 벤처 열풍이라는 호랑이 등에 올라탄 셈이었다. 3년이라는 시간 동안 제대로 성과를 내지 못하면 이자까지 합쳐서 고스

란히 토해내야 하는 빚을 얻은 셈이니, 본격적으로 사업을 키워보자는 포부만큼이나 부담은 컸다. 그런데 돈이 생기니까 그 돈이 땀 흘려 번 돈이든 달러 빚이든 간에 자꾸 쓸 곳이 튀어나오지 않는가. 어려웠던 시절과 이별하려는 듯 신규 인력을 더 뽑자는 요구가 나오고, 급여 구조를 현실화하여 직원들의 능력과 노력에 따른 보상을 해야 한다는 기류까지 형성되어 갔다. 전형적인 기업 논리가 슬슬 위력을 떨치기 시작했는데, 나 역시 예외는 아니었다. 아니 오히려 배에 바람이 가장 많이 들어간 사람은 나였는지도 모른다. 직원들의 확장 요구를 대부분 다 수용하기도 했고 어떤 경우에는 내가 독려하기까지 했으니 말이다. 왜 그랬을까? 망하지 않으려면 성공해야 했고, 그런 성공의 길은 기업들이 전형적으로 채택하는 경영 기법을 취할 때 더 확실하다는 생각에 포섭되어간 것이리라. 얼마를 쓰느냐보다 투자 대비 얼마를 버느냐가 더 중요해진 판에 돈이나 인력 투자를 주저한다면 무엇을 얻을 수 있겠는가?

　결국, 이 전환사채 발행이 그 뒤 나의 파산으로 이어지는 첫걸음이었을 줄이야……. 2년 전에 주창했던 '신인간기업'의 정신은 세속적 성공의 위협 뒤편에서 조금씩 빛이 바래고 있었다. 경쟁의 속도감 때문에 나는 균형감각을 잃은 것이다.

돈이 시키는 대로 일하면

전환사채를 발행하는 과정에서 대학 후배 하나가 우리 일을 도왔다. 그는 증권회사에서 투자 업무를 맡고 있던 터라 투자유치 업무를 잘 알고 있었다. 그의 도움은 주로 사업 계획서 작성 과정에서 사업이 매력있게 보이도록 꾸미는 일, 그리고 자금의 사용처를 투자자의 입맛에 맞게 배분하는 일에 들어갔다. 그를 내게 소개한 우리 회사 기획실장은 전환사채를 발행하고 난 뒤 아예 그 친구를 회사의 재무이사로 들이자고 제안했다. 이왕 투자유치를 시작한 이상 앞으로 계속 개발에 투자하면서 코스닥으로 가야 하니 그 분야에 인맥과 요령을 갖추고 있는 사람을 영입해야 한다는 사정을 들었다. 회사 안에는 그런 업무에 밝은 사람이 없던 터였다. 우리 회사 사람들과는 문화가 상당히 다른 이를 경영진에 끌어들이는 일이 처음이라 조금 망설였지만, 현실적인 필요가 컸으므로 물리칠 일은 아니었다.

그를 영입한 뒤 나는 곧 우리 회사를 관리하는 회계사와 인사를 나누는 술자리를 마련했다. 성이 좌 씨인 회계사는 나의 대학 동기로서, 대학생의 현실 참여에 관한 의견이 달라 대학 시절에는 그리 친하지 않았다. 하지만 사회에 나와 기업을 경영하게 된 뒤 매우 친밀해진 사이였다. 그는 대학 시절의 인상과는 달리 세상 돌아가는 물정을 삐딱하게 볼 줄 알았으며, 미묘한 사안에 대해 우물쭈물하지 않고 맥락을 탁 짚어 판단하는 능력을 갖추고 있었다. 어떤 판단을 내려야 할 때 그는 결코 말을 빙빙 돌리는 법이 없었다. 정곡을 찌르는 비유를 들면서 사태의 본질에 바로 접근하는 스타일이다. 사업 3년 차에 그가 처음 우리 회사 회계 업무 감사를 맡았을 때 난 그에게 이런 상담을 한 적이 있다.

"야, 정말 원리원칙대로 세금계산서 끊고, 재고 딱딱 맞춰가며 일하고 싶어. 어떻게 하면 될까?"

"그래? 세금 낼 돈 있으면 그렇게 해. 근데 돈 있어?"

그는 내가 개발에 투자하지만 않았으면 돈 많이 벌었을 거라고 몇 차례나 쫑코를 먹이면서 나의 이상주의를 적절히 제어해주기도 했다. 전환사채 발행 1년 전에 정기 세무조사를 받을 때는 나의 유약함을 힐책하며 끝까지 버티라는 생존형 충고를 아끼지 않았다. 당시 나는 지루한 세무조사 과정에서 마치 내가 대단한 범법자인 양 취급받는 게 아주 불쾌하고 피곤해 그에게 전화로 대책을 상의했었다.

"이거 어떻게 끝내야 하지? 귀찮아 죽겠는데, 대강 합의 보면 안 되나?"

내 질문에 돌아온 그의 대답은 정말 걸작이었다.

"야, 너만 힘든 게 아냐. 조사반원들도 사람이라 지칠 수밖에 없어. 서로 힘든 거 마찬가지거든. 계속 버텨. 지금 합의를 제안하면 세금 왕창 때려 맞을 수도 있으니 돈으로 시간을 살지, 시간으로 돈을 살지 잘 판단해 봐."

시간으로 돈을 산다……. 난 그 답을 믿고 버텨 결국 시간으로 돈을 샀다. 우리 장부의 부실함에 비해서는 엄청나게 적은 세금을 내는 것으로 끝냈으니.

내가 투자했던 교육용 검색 포털 회사와의 통합 논의를 없던 일로 만든 장본인도 바로 그였다. 매출 없는 회사가 매출 50억이 넘는 회사를 인수한다는 게 무슨 코미디 같은 망상이냐, 아리수의 진가를 나 스스로 얕보지 말라고 나를 흔들어 깨웠던 것이다. 이 친구는 내가 아마추어처럼 사업해도 그런 투박함을 좋아하는 것 같았다. 세속에 너무 물들지 않고 늘 상도의를 지키며 자기 욕심만 챙기려 하지 않는 모습을 즐거운 눈으로 바라봐 주었다. 그렇다고 그 친구가 나처럼 순진하게 사는 건 아니었다. 그 친구에게 나는 하나의 위안이었을 수도 있다.

좌 회계사는 재무이사의 출현에 좀 떨떠름한 분위기였다. 재무이사가 우리 회사를 말아먹을 거라고 대놓고 말하지는 않았지만, 그를 영입한 나의 의도가 앞으로 어디로 뻗어 나갈지 염려하는 눈치였다. 전환사채 발행을 준비할 때도 좌 회계사는 마뜩잖아하는 표정을 지은 적이 있었다. 그동안 자기가 보아왔던 아리수의 야생적 건강성이 훼손될지도 모른다는 걱정 같았다. 회계사의 말투가 약간 삐딱했지만 사장의 친구라는 이유 때문인지 재무이사는 크게 반발하지 않았다. 그러나 소주가 몇 순배 돌자 좌 회계사의 말은 바로 직설적으로 변했다.

"야, 너 아리수에 왜 온 거냐? 내가 아는 건범이는 신념이 있는 놈이고, 난 건범이한테 확신이 있는 놈이다. 넌 도대체 아리수에 무엇이 있지? 무슨 생각으로 들어온 거지?"

신념과 확신이 이런 어감 차이를 갖고 있다는 걸 난 처음 알았다. 이미 내가 늘어놓은 설명을 무색하게 만들어버린 그 질문에 재무이사는 말이 없었다. 난 별사건도 없이 이 둘 사이에 조성된 긴장의 정체를 이해할 수 없었다. 자리는 서먹서먹한 분위기 속에서 마무리되었다. 좌 회계사의 염려가 어떤 각도였는지 이해하는 데에는 1년가량의 세월이 더 필요했다.

∽

얼마 뒤 재무이사가 대형 창업투자사인 케이티비(KTB)의 투자심사역 두 사람을 사무실로 데려왔다. 이미 약속이 잡혀 있었지만, 난 그 전날 선약 때문에 과음한지라 그들을 싱싱한 정신으로 맞지 못했다. 아마 외부 투자 유치에 확실한 신념을 갖지 못한 상태라 적극적인 대응을 준비하지 않았을 거다. 대략 한 시간가량 이야기를 나눴지만, 우리 회사의 전망과 강점에 대해 그들에게 사업적인 측면에서 깊은 인상을 주지는 못했다. 성장 가능성과 사업 모델을 궁금해하는 사람들에게 나는 우리 회사의 조직 문화와 철학적 가치 지향을 설명해줬다. 만일 내가 투자유치를 염두에 둔 사람이 아니었고 그들이 투자심사역이 아니었다면 난 매우 품격 있는 경영자로 비쳤겠지만, 그들 눈에 나는 아마도 이상을 좇는 아마추어로 비쳤으리라.

그러나 이 친구들은 한 번 본 것으로 포기하지는 않는다. 특히 고뭐 심사역은 두 달에 한 번가량 사무실을 방문해서 이런저런 이야기를 나누고 갔다. 주 5일제를 시행하고 있었음에도 내가 출근해야 했던 어느 토요일 낮에 우리 회사 근처를 지나다 들렀다며 불쑥 찾아온 적도 있다. 난 그에게 비교적 소상하게 우리가 하고 있는 일들을 설명해주고 시장에서 우리가 차지하고 있는 위치, 아리수한글을 비롯한 인터넷 사업의 구도 등을 차근차근 알려주었다. 그의 이해도가 높아지면서 그는 나중에 동원창투 강뭐 심사역을 함께 데리고 왔다. 위험을 분산시키기 위해 뜻이 맞는 창투사가 연합하여 투자하는 게 당시의 일반적인 관행이었다.

투자 협의가 어느 정도 무르익으면서 나는 20억 원 투자를 요청했다. 내 요청을 내부에서 논의한 케이티비는 이를 전환사채로 발행하면 어떠냐고 제안했다. 성과가 좋지 않으면 돌려받겠다는 심산이었다. 그 제안을 받은 회의 뒤에 케이티비 실무진과 함께 간 술자리에서 나는 평소의 나답지 않게 불같이 화를 냈다. 재무제표에 부채로 올라가는 전환사채를 이미 15억 원이나 발행했는데 거기에 20억을 더 얹어 놓고 어찌 사업하란 말이냐며, 우리 알기를 너무 우습게 안다고 거의 술잔을 집어 던질 기세였다. 투자 유치는 파장인가 싶더니, 며칠 뒤 결국 케이티비와 동원창투 두 회사가 연합하여 20억을 투자하기로 계획을 세우고 나에게 구체적인 사업계획서를 제출해달라고 요청했다. 두 창투사의 투자심사에 부칠 요량이었다.

이즈음 아리수한글 개발은 콘텐츠의 60%를 완료한 상태에서 웹 서비스를 준비하는 단계였다. 서비스의 안정성이나 콘텐츠의 효능을 파악하기 위해 우리는 이미 2001년 8월부터 체험단 200명을 뽑아 2달간 시범서비스를 운영했다. 결과는 매우 좋았다. 절반 정도의 과정을 두 달가량 익힌 너덧 살짜리 아이들이 글자를 읽기 시작하는 깜짝 놀랄 성과가 나타났다. 그 성과 이전에 엄마들은 아리수의 콘텐츠에 담겨 있는 따뜻함과 아이들에 대한 배려에 감동했다. 언어치료를 받고 있던 어떤 아이에게는 담당 의사가 깜짝 놀랄만한 치유 효과가 나타나기도 했다. 이렇게 형성된 아리수 팬들은 아직 온라인에 확신을 갖지 못한 학부모들이 많으니 종이 교재와 교구가 함께 들어가면 더 좋겠다는 의견을 내놓았다. 품질은 확실하니 가격이 높아지는 건 전혀 문제가 아니라는 자신들의 경험담을 근거로 삼아. 엄마들의 이런 반응은 두 창투사에서 내게 투자유치 제안을 위한 사업계획서를 달라고 요청한 시기와 거의 일치했다.

사실 내가 아리수한글을 처음 기획할 때만 해도 쓸데없이 많은 돈과 시간을 들여 한글을 공부하는 아이들에게 디지털 온라인의 힘을 이용해 해방감을 주자는 생각이 강했다. 따라서 사용료도 높게 가져갈 마음이 아니었다. 아주 싼 가격으로 아이들이 단시간에 한글을 떼게 하는 것. 그것이 세계에서 가장 과학적인 문자 한글에 차려야 할 예의라고 생각했었다. 그래서 당시 디즈니가 운영하던 디즈니 온라인과 비슷하게 1개월에 1만 원, 1년에 10만 원 미만으로 가격을 정할까 고민 중이었다. 그러나 한편으로는 창투사 담당자들의 요구에 맞춰 이 서비스의 매출 예상과 수익 예상을 투자자들의 마음에 들 정도로 키울 필요가 있었고, 다른 한편으로는 학부모들의 요구에 부응해야 시장에서 성공할 수 있겠다는 두 가지 사정이 동시에 맞아떨어져 나의 처음 구상을 바꾸게 되었다. 아직 온라인 콘텐츠를 돈 내고 사용하는 사람이 적은 상황에서 저렴한 온라인 상품만으로는 두 요구를 모두 만족하게 할 수 없을 것 같았다.

 결국, 두 가지 요청에 대한 해결 방안으로 온라인 콘텐츠와 오프라인 교구재를 결합한 상품의 방문판매 사업안이 논의되기 시작했다. 이것은 매출액도 순식간에 키울 수 있고, 온라인에 대해 아직 확신이 없는 일반 소비자를 설득할 수 있는 매우 효과적인 방안이라는 생각이 나를 중심으로 회사 내부에 퍼져갔다. 난 방문판매 사업으로 성공했다가 몰락한 선배, 현업에서 방문판매계의 아성을 쌓은 다른 선배를 각각 만나 구상을 설명했다. 그들은 둘 다 유아 한글교육 분야의 방문판매 사업을 주도하던 분들이라 어찌 보면 내겐 잠재적인 경쟁자가 될 수도 있었다. 그런데 두 선배 모두 내 구상에 반대했다. 왜 굳이 어려운 길을 가려고 하느냐는 반문이 돌아왔다.

두 양반 모두 방문판매사원을 조직하고 그 조직을 계속 확대하면서 관리한다는 게 무지무지 머리 아픈 일이라는 점을 가장 큰 어려움으로 꼽았다. 어쩐다……. 관리할 사람이 늘어나면 머리가 아프겠지. 그렇지만 그 방문판매사원의 수가 늘어나는 게 곧 매출이 늘어나는 지표이기도 하다. 위험 없이 그냥 얻을 수 있는 게 어디 있으랴. 결국, 난 두 선배의 조언을 받아들이지 않았다. 이미 그 양반들이 그런 판을 만들어서 시장이 돌아가고 있는데, 나라고 못할 이유가 뭐겠느냐는 일종의 오기가 발동하기도 했고, 나름으로 구상하고 있던 훨씬 과학적인 시스템을 적용하면 그분들의 걱정을 씻을 수 있겠다는 자신감이 있었다. 그리고 무엇보다도 난 투자를 유치해야 하는 상황이었다. 1년 반이 넘는 개발투자 때문에 회사는 현금 유동성이 빠르게 나빠지고 있었고, 개발규모가 커진 데다가 웹 서비스까지 준비해야 하는 상황에서 비용은 계속 더 늘어나고 있었다. 물론 2001년 초에 발행한 전환사채 때문에 각 부문의 사업규모가 조금씩 더 불어난 것도 이유 가운데 하나였다. 2001년 초 50명이었던 직원 수가 연말에는 80명으로 늘어나 있었다.

나는 기획실장과 재무이사, 영업본부장을 데리고 다섯 달에 걸쳐 사업계획서를 작성하고 다듬었다. 그건 단순히 창투사에 제출하기 위해 꾸며진 사업계획서만은 아니었다. 돈이 들어온다는 전제 아래서 그간의 경험을 총괄하고 우리의 전망과 꿈을 담는 작업이었다. 사업 구도는 온라인과 오프라인의 결합. 핵심 콘텐츠는 온라인에 있고, 학부모와 아이들은 온라인으로 접속해 우리 상품을 체험한다. 우리 온라인 콘텐츠는 아이의 사용 정도에 따라 프로그램이 진행되며 '열무'라는 애완식물 캐릭터를 키우는 성장형 구조였다. 당연히 회원 정보가 우리에게 들어올 수밖에 없다. 우리는 회원의 인적정보뿐만 아니라 활동정보, 학습 진척 속도 등을 대조하여 맞춤형 상담을 할 수 있는 구조를 만들기로 했다. 무료 체험회원 가운데 정회원으로 전환하게 할 적중률이 높은 회원들을 일차 공략 대상으로 분류하여 방문판매 사원들이 집으로 직접 찾아가거나 전화로 상담하며 전체 온라인 프로그램과 교구재를 구매하는 정회원으로 만드는 흐름도였다. 방판사원의 인해전술이나 대량 광고 공세에 의존하는 과거의 방문판매 방식에서 벗어나 데이터베이스에 근거한 효율적인 영업활동을 조직하려 한 것이다.

 회원관리 시스템을 구축하는 한편으로 나는 방문판매 조직 건설에 들어갔다. 어차피 창투사에 이 그림을 주요한 사업 틀로 제시하려 한다면 조직 건설은 불가피했다. 남의 회사에 맡길 일이 아니었다. 곧 내 주변에서 소개를 받아가며 우리의 상품에 비교적 낯가림이 덜할 지역 중심으로 일산, 분당, 강남, 노원, 평촌 등 일곱 곳에 사무실을 얻어 지사를 설립했다.

∼

　이런 일을 진행하는 내내 나는 두 창투사 심사역과 함께 우리의 사업계획서를 지속적으로 수정해갔다. 그 친구들은 투자심사에서 지적받을 만한 곳들을 이렇게 저렇게 보강해달라고 주문했고, 난 그 요청에 응하면서 사업계획서를 고쳤다. 그리고 그에 따라 실제 진행하는 사업 내용도 조금씩 바꾸어갔다. 마침내 2002년 2월에 아리수한글을 시장에 내놓고, 3월 중순에 난 동원창투와 케이티비에 투자 제안서를 밀어 넣었다. 접촉은 케이티비와 먼저 했지만, 워낙 조직 규모가 큰 곳이라 절차가 복잡했다. 하여 동원창투에서 먼저 투자심사가 이루어졌다.

　발표 심사 전날 저녁 늦게까지 준비를 마치고 나는 세 번의 예행연습을 했다. 60쪽에 달하는 투자 제안서 내용을 처음부터 끝까지 다 외웠다. 어차피 나의 나쁜 시력으로는 화면을 봐 가면서 발표를 할 수 없는 노릇이었으므로 통째로 외우는 길밖에 없었다. 제일 처음엔 목차를 외웠다. 이는 나의 논리구조에서 나온 것이므로 그리 어렵지 않았다. 그다음엔 각 쪽의 중심 사안을 외웠고, 그다음엔 수치를 외웠다. 그렇게 외우고 나서 세 번의 예행연습을 했더니 전체 그림과 숫자가 겨우 머릿속에 들어왔다.

　십여 명의 투자심사역들이 모인 동원창투 회의실에서 나는 한 시간 동안 투자제안 내용을 발표했다. 빔프로젝터 화면을 전혀 보지 않고 오로지 투자심사역들의 얼굴만 봐가며 전날 외운 대로 발표를 진행했다. 나의 발표 속도에 따라 기획실장이 발표 화면을 넘겼다. 발표는 거의 완벽했다. 사람들은 내가 자신들의 얼굴을 쳐다보면서 한 시간 동안 발표한 사실에 감동을 한 눈치였다. 물론 내 눈에 그들의 얼굴이 잘 보이지 않았음을 그들은 몰랐을 테지만. 기세가 오른 나는 심사역들의 질문에도 꿀릴 게 전혀 없었다. 사흘 뒤에 동원창투의 10억 원 투자가 결정되었다.

다음은 케이티비. 우리가 케이티비에 최종 투자심사에 올라간 때는 2002년 3월 말이었다. 2001년도 결산 재무제표를 원했기 때문에 최대한 빨리 결산을 진행하여 잡은 투자심사 날짜였다. 대개 케이티비 최종 투자 심사에서는 절반 정도를 떨어뜨리고 절반 정도에 투자를 결정하는 구조라고 고뭐 심사역이 미리 귀띔을 해주었다. 그리고 두어 시간의 심사 동안 예닐곱 업체가 발표를 하기 때문에 한 업체마다 20분가량 배정되므로 심사위원들의 질문 수위도 그리 깊지 않다고 들었다. 동원의 최종 투자심사를 통과한 상태였는지라 큰 실수만 하지 않는다면 문제없이 통과하리라는 게 우리들의 예측이었다. 그런데 젠장, 이 무슨 날벼락이람! 공교롭게도 다른 투자 제안 업체들 모두 결산이 끝나지 않아 3월의 최종 투자 심사에는 아리수 혼자만 올라가게 되었다는 연락이 왔다. 이건 가히 전설적인 "18 대 1"의 무용담에서나 볼 수 있는 상황이다. 심사위원들이 밥값을 하려 들면 나 혼자 그 공격을 모두 받아내야 할 판이 아닌가.

문을 열고 들어온 심사위원 열 명의 인적 구성은 뭔가 느낌이 좋지 않았다. 앞서 투자를 결정한 동원창투의 투자 심사역들은 대개 나와 비슷한 또래였다. 팀장은 나보다 두 살 많았고, 옆 팀 팀장은 나보다 한 학번 후배로서 나중에 발표가 끝난 뒤에 나에게 와서 개인적으로 인사를 하기도 했다. 대학 때 데모하면서 얼굴 많이 본 것 같다는 이야기도 들었다. 동원창투 사람들은 정보통신이나 멀티미디어 콘텐츠에 비교적 익숙한 세대이고, 그들의 자녀들도 내 아이와 비슷하게 초등 저학년이거나 유아였다. 이 세대에게 우리 회사는 제법 인지도가 높았고, 집에는 대개 우리 회사 시디롬 타이틀 두어 장은 있게 마련이었다. 그러나 케이티비는 달랐다. 당시 내 나이가 서른아홉이었는데, 투자심사에 들어온 위원들은 대개 예순 살쯤 들어 보이는 분들이었다. 문화의 차이를 결정짓는 요인 가운데 나이 차이가 미치는 힘이 가장 세다고들 한다. 실제로 그들은 아이들이 초등학교 가기 전에 한글을 배워야 하는 세태 자체를 이해하지 못하거나 못마땅해 했다. 더군다나 컴퓨터로 그런 걸 배운다든가 심지어 돈을 내가면서 한글을 배운다는 사실에 뜻밖이라는 눈치였다. 우리의 사업성을 정면으로 부정하는 고정관념이 풀풀 피어올랐다. 게다가 심사받는 업체는 달랑 우리 회사 하나.

심사위원들은 제 밥값을 다하려는 듯 두 시간을 꼬박 채웠다. 나는 두 시간 내내 그들의 질문 공세를 방어하느라 진땀을 흘렸고, 나 스스로 입에서 단내가 난다는 느낌을 받을 정도였다. 사회생활에서 첫 좌절을 맛보았던 포항의 그 컴퓨터 가게가 떠올랐다. 많이 알든 조금 알든 어느 정도 서로 수준이 비슷하면 다 전제로 깔고 들어갈 것들을 모두 들춰내 지극히 초보적인, 그래서 원론적인 질문을 던져 나를 당황케 한 그 아줌마가 무려 열 명이나 내게 질문을 던지는 꼴이었다. 어떤 심사에서 한 심사위원의 능력으로 응시자를 붙여주기는 몹시 어려워도 떨어뜨리기는 아주 쉽다. 그런데 이건 한 사람의 심사위원이 아니라 마치 모두가 꼬투리만 잡기 위해 눈을 희번덕거리는 듯한 상황이었으니, 고문도 그런 고문이 없었다. 애초 우리의 투자 상담을 했던 고뭐 심사역이 내 편에 서서 열심히 우리 회사를 변호하고 아리수한글 프로그램의 우수함에 대해 역설했다. 알고 보니 그의 아이도 이미 우리 프로그램으로 한글 공부를 해서 상당한 효과를 본 상태였다. 그러니 그가 적극적으로 이런 작업에 나섰던 것이었다.

결과는 투자 보류. 제기랄! 투자하지 않겠다는 말이나 진배없다. 최선을 다했지만, 나로서도 결과가 좋지 않아 너무나 허탈했다. 오후 늦게 고뭐 심사역한테서 전화가 왔다. 투자 배수를 좀 낮춰서 다시 한 번 제안하면 어떻겠냐는 것이었다. 애초 동원창투와 케이티비가 함께 작전을 짤 때 우리와 합의한 투자유치 배수는 1주당 액면가 1만 원의 주식을 7만 원으로 할증하여 신주를 발행한다는 것이었다. 당시 아리수의 자본금이 6억 5천만 원이었으므로 20억 원을 7배수로 유치하여 약 29,000주를 신주로 발행하는 그림이었다. 케이티비의 수정 제안은 7배수를 5배수로 낮추자는 계산이었다. 그러나 그렇게 되면 이미 심사를 통과한 동원창투의 투자조건도 달라진다. 그리고 그것은 20억 원이 들어온다는 조건에서 두 창투사에 지분의 거의 40%를 넘기는 꼴이 되고 마니, 앞으로 추가 투자를 유치하면 나의 지분율이 너무 낮아진다는 문제가 있었다. 받아들일 수 없는 조건이었다. 물론 지금 보면 지분 방어와 같은 생각도 욕심이었을 수 있다.

결국, 우리는 케이티비의 조건을 거절했고, 낙동강 오리알이 된 동원창투를 설득했다. 동원은 혼자 들어오는 게 내심 불안하고 자금 20억 원이 한꺼번에 들어오지 않는다면 투자 효과가 떨어질까 봐 주저했다. 그래서 약간 발을 빼 애초 10억 원으로 계획 잡았던 자금 규모를 7억 원으로 줄였다. 나는 울며 겨자 먹기로 동원의 제안을 받아들일 수밖에 없었다. 다섯 달에 걸친 투자유치 작업에 진력이 나기도 했고, 다시 돈을 구하기 위해 돌아다니기보다는 일단 부족하나마 이 돈으로 사업을 본격적으로 가동하여 빨리 성과를 만들어 내고 싶었다.

～

전환사채 발행분에서 남은 돈과 동원의 투자금을 총동원하여 우리는 사업 초기의 시장 연착륙을 위해 물량 공세를 퍼부었다. 온라인 광고와 오프라인 판촉행사만으로 그치지 않았다. 아리수한글의 주인공은 아기공룡 둘리와 그 일당이었다. 온라인 콘텐츠 제작비도 많이 들어갔지만, 아리수한글의 모든 게임을 60편의 애니메이션으로 만들어 교육방송(EBS)에 '한글탐정 둘리'라는 제목으로 방송하기도 했다. 후발주자의 약점을 극복하기 위해 기본급이 없는 방문판매 세계의 생리를 무시하고 우리는 최소한의 기본급을 판매사원들에게도 지급했다. 이러니 돈이 얼마나 푹푹 들어갔겠는가. 7억 원은 얼마 가지 못했다.

처음 손을 대는 방문판매나 온라인 마케팅 모두 긴 시간의 여유를 가지고 우리 나름의 요령과 기풍을 만들든가, 아니면 외부의 선수들을 영입하는 게 옳았다. 예전 같으면 그렇게 일했을 거다. 하지만 투자 유치 이전부터 쪼들리는 상태에서 사업 계획서대로 모양을 보여주어야 했으므로 두 가지 길 모두 우리가 선택할 수 없었고, 투자가 들어온 뒤에도 새로운 선택은 불가능했다. 더구나 그렇게 여유를 갖고 진로를 수정하거나 차분히 역량을 쌓아가면서 사업을 키워가기엔 걸림돌이 하나 있었다. 예전과는 달리 우리는 투자사에 실적을 보여주기 위해, 그것도 사업계획서에 명시한 실적을 보여주기 위해 뭔가를 해야 하는 강박관념을 버릴 수 없었다. 우리 체력에 맞게 즐거움과 성취를 위해 일을 하는 게 아니라. 우리는 이미 돌아올 수 없는 다리를 스스로 허물어가며 건너는 처지였다. 2년 전 투자 유치 이야기가 처음 나올 때 이를 반대하던 몇몇 직원들이 염려했던 것처럼.

아리수한글 사용자들의 반응은 매우 좋았지만, 이미 아성을 쌓아놓은 학습지나 방문교육 대기업들 때문에 바람을 일으키는 데에는 시간이 제법 걸릴 것 같았다. 초조했다. 결국, 5월에는 직원들 월급을 절반밖에 주지 못하고 미뤘다. 한일 월드컵 열기가 한

창이던 그 시기, 전 국민의 축제였던 그 시기에 나는 정말로 침울한 시간을 보내야 했다. 다음 달이면 좀 좋아지겠지 하며 발을 동동 굴렀지만 사정은 쉬 바뀌지 않았다. 조금씩 후회가 밀려올 때마다 난 이를 악물었다. 이미 계획서의 그림대로 돌리기 시작한 이 사업을 끝까지 가보지도 못하고 항복하는 건 나에게도 용납되지 않았고, 우리를 지켜보고 있는 창투사에게도 설득력이 약했다.

계획서에 제시한 만큼 실적이 오르지 않으니 우리는 더욱더 무리할 수밖에 없었다. 그리고 체력 안배를 하지 않은 전력 질주는 누구든 주저앉히는 법이다. 좌 회계사는 우리의 체력을 알고 있었을까? 동원의 투자가 있은 지 넉 달 만에 난 깨달았다. 아, 계획은 단지 계획일 뿐이구나. 지키지 않으려 해서 그 사업계획을 지키지 못하는 게 아니다. 그걸 지킬 능력이 없어서 못 하는 거다. 실행하는 자의 능력치와 세상의 무수한 변수를 통제하고 만들어지는 사업계획서를 지키려 했으니, 내가 참 한심한 놈이다. 그때 난 돈이 시키는 대로 일을 하고 있었다. 아니 어쩌면 돈이 시키지도 않은 일마저 나서서 하고 있었는지도 모른다.

'자본가'는 타락하지 않으면 몰락한다

2012년 2월, 세계 최초로 사차원(4D) 테마파크를 만들고 대통령상까지 받았던 디스트릭트홀딩스 대표가 미국에서 사고로 죽은 일이 있었다. 그런데 며칠 뒤에 그 죽음이 사고가 아니라 자살이었음이 알려졌다. 투자자들의 기대만큼 실적을 내지 못해 심리적 압박을 받다가 스스로 목숨을 끊은 것이다. 도대체 그 압박이 얼마나 심했기에 전도유망한 40대 초반의 사업가가 자기 목숨을 버렸을까? 〈여명의 눈동자〉와 〈모래시계〉로 잘 알려진 드라마의 전설 김종학 피디도 외환위기 직후 독립 제작사를 차려 〈태왕사신기〉, 〈하얀 거탑〉, 〈베토벤 바이러스〉 등 흥행작을 많이 냈지만, 겉으로 드러난 화려함과는 달리 드라마 제작 구조의 고질적인 병폐 때문에 자본 시장에서 다각적인 자금 유치를 꾀하다 숱한 어려움을 겪었다고 한다. 그는 재기를 노린 작품 연출 뒤에 출연료 미지급 등으로 고소당해 검찰 조사를 받고는 2013년 7월에 너무나 우울한 방법으로 목숨을 끊었다. 두 사람 모두 자세한 사연이야 알 길이 없지만, 참으로 안타까운 일이다.

내 주변에서도 그런 서글픈 일이 있었다. 직장을 다니다 게임 회사를 창업해 잘 나가던 후배가 어느 날 세상을 뜨고 말았다. 산에서 실족하여 그리되었다는 말을 듣고 조문을 갔다가 그가 투자자들의 압박을 이기지 못해 스스로 세상을 버렸다는 뒷이야기를 들었다. 그 돈이 제도 금융권에서 들어온 게 아닐 거라는 둥, 압박의 수위가 만만치 않았을 거라는 둥 추측도 무성했다. 나약한 친구는 아니었다. 어쩌면 너무 강건하였기에 자기가 겪는 굴욕을 참을 수 없었을지도 모른다. 우리가 몰라서 그렇지 또 얼마나 많은 비관의 죽음이 있었겠는가.

성공 아니면 곧 죽음이라는 도식을 만들어놓은 이 사회 풍조에 대해서는 분명 1997년 외환위기 이후 무자비하게 우리 사회를 덮친 시장만능, 황금만능 세태에 책임을 물어야 한다. 1987년 6월 민주항쟁을 통해 사람들은 정치적 자유를 얻었는데, 그 자유는 시장에서도 당연히 통용되어야 할 자유, 즉 자본의 자유로도 받아들여졌다. 그 이전까지 반민주적이고 반시장적이었던 국가가 시민과 시장의 공동의 적이었기 때문이다. 자유라는 말 속에 들어 있는 온갖 정치적 의미가 분야별로, 사안별로 섬세하게 달리 해석되지 않은 채 무차별적으로 사람들에게 다가갔고, 그것은 마침내 우리 생활 속에 먹고 살 수단을 넘어선 돈 놓고 돈 먹기 식 자유 경쟁의 무한궤도를 설치했다. 이를 최고의 진리요 도덕이라고 선포

한 게 바로 외환위기였다. 세상은 오로지 승자 독식, 하이 리스크 하이 리턴, 죽느냐 사느냐의 정글로 변했다. '평생 직장'이니 '공동체'니 하는 가치들은 일거에 무너졌다.

사람들은 오로지 위로 올라가지 않으면 죽는다는 강박관념으로 자기 밑에서 기어오르는 자들을 발로 차며 썩은 동아줄을 잡고 허우적거렸다. 그리고 그 줄이 끊어지는 순간 자유낙하의 법칙에 따라 더 높이 올라가 있던 사람일수록 더 큰 충격을 받게 되었다. 성공 아니면 죽음이다. 벤처가 뜻하는 '모험'이 목숨을 담보로 하지 않는대서야 어디 모험이라는 말을 붙일 수 있겠는가. 당시 정부와 언론은 청년들에게 목숨을 걸고 모험에 뛰어들라는 충동질을 일삼았던 것이다. 나는 벤처 열풍 속에서 시장의 그런 극단적 논리를 어떻게든 이겨내거나 최소한 피하고 싶었다. 하지만 세상은 우리의 마음을 그렇게 놔두지 않는다. 우리가 보고 듣는 모든 것은 남과 나를 비교하도록 만들고, 혹시라도 내가 이 사회에서 뒤처져 배제되고 잊히면 어쩌나 하는 공포를 자아낸다.

결국, 성공을 향한 욕망과 배제의 공포가 어느 순간부터 나를 휩싸고, 투자 유치라는 과정을 거쳐 나도 그 성공 대열에 합류하고 나니까 그 이전에 내가 주창했던 모든 철학은 아주 우스운 놈이 되고 말았다. 상반된 두 가치의 공존은 쉽지 않았다. 신인간기업의 길을 개척할 것인가, 일단 현실에서 한 계단 더 안전한 곳으로 올라간 뒤에 다른 방식으로 길을 모색할 것인가? 혼란스러웠다. 난 사실 동원창투의 투자를 유치할 때까지 그런 혼란을 머릿속에

품은 채 1년여의 세월을 보냈다. 투자 유치에 나선 이후로 나는 점차 책임감 있게 헌신하는 '선배'에서 벗어나 내가 그토록 혐오하던 '자본가'가 되고 있었다. 그나마도 얼치기 자본가였으니 더 문제였다.

∼

회사는 2002년 한 해 동안 30억 원의 실질적인 적자를 냈다. 장밋빛 사업계획서대로 벌인 사업이 제대로 될 리 만무하다. 난 또다시 돈을 구걸해야 하는 처지로 몰려 결국 홍콩에서 조성된 펀드를 통해 30억 원어치 신주인수권부사채(BW:Bond with Warrant)를 발행하여 자금을 조달하였다. 이전보다 더 원대해진, 즉 부풀려진 사업계획서를 제시했음은 물론이다. 그 계획서가 사기는 아니었다. 돈의 힘으로 돈을 벌어야 하는 세계에 들어선 이상 반드시 질러야 하는 베팅 차례였다. 이미 버린 몸, 마지막까지 가지 않고서야 어찌 '벤처'일 수 있겠는가.

홍콩에서 30억 원의 자금이 조달된 2002년 11월에 난 언젠가 닥쳐올지도 모를 파국을 막기 위해 회사의 구조조정을 단행해야 한다는 이사진의 의견을 검토했었다. 분명 그럴 필요가 있었다. 들어온 30억 원 가운데 10억 원은 밀린 외상 매입금이나 미지급금 처리에 홀라당 들어갔고, 월 6억 가까운 경상비를 고려한다면 이 돈으로도 얼마 못 버틸 판이었다. 게다가 45억 원의 회사채 발행에 따른 이자를 내는 것도 버거운데, 대략 2년 사이에 회사의 규모는 너무 커져 있었다. 2001년 초에 50명이던 직원 수는 2002년 말에는 정직원만 120명을 넘긴 상태였다. 그러나 난 외환위기 때 자행했던 그 짓을 되풀이하고 싶지 않았다. 어떻게든 이 친구들을 다 끌고 가서 성공하고 싶은 욕심이 더 컸다. 사람 자르는 일이 얼마나 가슴 태우는 짓인지 안 해본 사람들은 모른다.

30억 원의 회사채 발행 직후인 2002년 말에 난 개발부의 한 직원을 내보낸 일이 있다. 이 친구는 회사에 들어온 지 1년 6개월 된 프로그래머였는데, 그는 내가 알던 어느 회사에서 근무한 경력이 있었던지라 능력은 그다지 따지지 않고 그의 성품을 평가하여 채용했다. 6개월이 지난 뒤에 개발부에서 내려진 평가는 참으로 한심스럽다는 것이었다. 열심히 하지 않는 게 아니라 무진장 열심히 하는데도 그는 프로그램을 짜는 머리가 안 되는 친구였다. 어느 일에나 그 일에 맞는 일머리가 있게 마련이다. 난 개발부 간부들에게 그 친구를 내보내라고 지시했지만, 개발부 간부들은 기회를 더 주자고 나에게 간청했었다. 격랑의 시기였던 2002년 내내 그 문제를 처리하지 못했다가 그 해 말에 난 개발부의 짐이 되고 있는 이 친구만은 내보내자는 결심을 세웠다.

사장 전용 회의실에서 담배 한 대를 피운 나는 이 친구를 부르려고 일어서 문으로 다가갔다. 그러다 '에이, 담배 한 대만 더 피우고 부르자.' 하고는 다시 앉아 또 담배를 뽑아 물었다. 곧 일어나 손잡이를 돌려 문을 열려고 하다가 말고 다시 의자로 돌아가 담배를 또 피웠다. 줄담배를 피웠더니 속이 메슥메슥해 물을 마신 뒤,

'담배 한 대만 더 피우고 부르자.' 하는 생각으로 다시 자리에 앉았다. 이젠 정말 불러서 말을 해야겠다고 일어서는데, 어디선가 전화가 걸려왔다. '아, 다행이다. 전화가 왔네.' 난 그렇게 두 시간을 꾸물대다가 결국 문을 확 열고 내 비서에게 그 친구를 불러달라고 했다.

그 친구가 자리에 앉자마자 난 단도직입적으로 말했다.
"자네, 이젠 회사 그만뒀으면 좋겠네."
한 10초가량 침묵이 흘렀다. 아니 실제로는 2~3초에 지나지 않았을 거다. 어떤 설명도 없이 이렇게 이야기를 꺼낸 게 좀 황당하겠구나 싶어서 내가 설명을 하려 하는데, 그가 입을 열었다.
"네. 알겠습니다. 이런 날이 올 줄 알고 있었어요. 사실 사장님 비서분이 갑자기 제게 와서 사장님이 보자고 한다는 말을 전하는 꿈을 거의 매일 꾸고 있었습니다."

그는 자신의 능력과 업무 효율 때문에 일에 지장을 주고 있다는 사실을 잘 알고 있었다. 회사가 어려우니 자기보고 나가라고 할 만도 한데, 아무 말이 없어 오히려 불안했던 터였다. 난 그가 실업급여를 받도록 조치해주었고, 당시엔 수혈된 자금이 있었으므로 퇴직금도 바로 내주었다.

돌이켜보면 이 친구를 내보낼 때 전격적인 구조 조정을 단행했어야 했다. '자본가'는 타락하지 않으면 몰락한다. 악독하게 판단하고 피도 눈물도 없이 결단하지 않으면 어영부영하다가 자기뿐만 아니라 자기를 따르던 선량한 무리마저 죽음의 계곡으로 떨어뜨릴 위치에 서 있는 거다. 한데 난 그런 결단을 내리지 못하고 우물쭈물하다 회생의 기회도 놓치고 상처는 상처대로 주고받아야 할 최악의 상황으로 가고 말았다. 나를 잡아당기는 과거의 힘과 미래의 힘 사이에서 갈팡질팡했던 것이다.

~

　대개 회사의 경상비에서 임금은 절반 정도를 차지한다. 임금을 줄이면 나머지 경상비도 그에 비례하여 줄게 마련인데, 사람을 해고하지 않고 모두가 임금을 줄이는 것보다는 사람 수를 줄여 임금을 줄이는 게 경상비 감축에 주는 효과는 더 크다. 사람 수가 많으면 급여 외에도 쓰는 돈이 많아지기 때문이다. 물론 인원 감축의 효과가 그 즉시 나타나지는 않는다. 퇴직금 지급 등의 추가 비용 지출이 생기므로 일시적으로 더 쪼이기도 한다. 하지만 6개월 정도를 버티면 분명 인원 감축에 따른 비용 경감 효과가 나타난다. 그러니 옳고 그름을 떠나 궁지에 몰린 기업가들이 직원을 내보내려고 하는 건 매우 자연스러운 현상이다.

　그렇게 버티고 버티다 결국 방문판매 조직을 포함해 회사 전체에 걸친 구조조정을 하지 않을 수 없는 처지에 이르렀다. 2003년 5월에 난 직원의 30%에 해당하는 40여 명을 한방에 해고했다. 기존 구조를 더 방치했다가는 두어 달 뒤에 어떤 파국이 올지 모를 시기였다. 대부분이 2001년 이후 새로 들어온 사람들이었다. 이미 회사가 자리를 좀 잡은 상태에서 들어온 이 친구들은 그 이전부터 일하고 있던 고참들과 비교하면 상당히 연약하고 회사에 대한 헌신성도 낮았다. 해고 통보가 돌자 회사 게시판에는 온갖 억측이 난무했고, 나와 부서장들에 대한 비난이 넘쳤다. 그러다가 어떤 직원이 게시물 작성자 추적된다는 말을 올리는 바람에 갑자기 게시판은 조용해졌다. 물론 내가 그런 일을 벌일 사람은 아니지만, 이 친구들의 심정은 충분히 이해할 만했다.

구조조정 대상자 가운데에는 내가 직접 데려온 지 얼마 되지 않는 똘똘한 친구도 한 명 있었다. 아직 제대로 자리를 잡지 못한 상태에서 이 친구 역시 해고하기로 담당 부서장이 결정하였다. 안타까웠지만, 누구는 살리고 누구는 죽이고 할 상황이 아니라 난 부서장들의 판단에 대부분 따랐다. 며칠 뒤 이 친구한테서 나를 한번 만나고 싶다는 연락이 왔다. 아무 생각 없이 그저 미안한 마음으로 응했는데, 그와 함께 해고된 직원 십여 명이 몰려 왔다. 다른 간부를 통해 날 만나겠다고 하면 혹시나 안 만나 줄까 봐 나를 속였단다. 어느새 회사와 내가 그들 눈에 그렇게 비치게 된 것이다.

그 자리에서 난 톡톡히 망신을 당했다. 회사의 사정을 알거나 나를 잘 아는 친구들은 입을 닫고 있었지만, 인사 평가에서 가장 일 못한다고 꼽힌 친구가 나서서 나를 몰아세웠다.

"사장님은 예전에 노동운동에도 관계하셨다고 알고 있는데, 이렇게 해고를 하시는 게 정당한 건가요? 법은 이렇습니다만 법은 알고 계신가요?"

난 별로 할 말이 없었다. '일을 저렇게 똑 부러지게 할 것이지,

참.' 하며 속으로 혀를 찼다. 법에서 정한 정리해고 요건과 절차를 따랐다가는 그 절차가 마무리되기도 전에 회사가 문을 닫아야 할 판인데, 그것도 돈 있는 애들이나 하는 짓이지……. 이미 구조조정을 하면서 허할 대로 허해진 마음에 조금 창피함이 더해지는 정도였다. 앞으로 우리 회사에 닥쳐올 풍랑을 생각한다면 이 친구들은 지금 그만두는 게 다행일지도 모른다. 제때에 퇴직금이라도 받을 수 있을 테니. 난 미안하다는 말을 수차례 되풀이한 뒤 약간의 위로금을 약속하고, 퇴직금 지급 시기를 확정해주는 각서를 써주었다. 그들이 돌아간 뒤 그 자리를 만든 친구가 내게 개인적으로 죄송하다는 이야기와 함께 직원들 마음 헤아려줘서 고맙다는 말을 남겼다. 씁쓸했다.

사태는 정직원들만으로 끝나지 않았다. 방문판매 지점을 해체하면서 수많은 분란이 일어났다. 어느 날은 지점장 넷이 사장 전용 회의실에서 농성하기 시작했다. 나보다 나이가 대부분 많은 여성이었는데, 그들 중 일부는 끊임없이 눈물을 흘리며 방문판매 사업 재개를 호소하다 자신들의 암담한 미래에 대해 독설을 쏟아냈다. 암담하기는 나도 마찬가지였다. 줄였다고는 해도 아직 회사 직원은 80명이나 되고, 한 번 심하게 휘청거린 회사가 제대로 길을 찾기까지 걸어갈 기력조차 가누기 어려운 처지였다. 난 그들을 달래며 입씨름을 하다 지쳐 담배를 피우러 나갔다. 우리 사무실이 있던 건물 9층의 복도 끝에는 사람들이 바깥 경치를 보며 담배를 피울 수 있는 작은 난간이 있었다. 30미터 정도의 높이니 아래를 보면 다리가 후들거리지만, 그리 멀지 않은 거리에 한강이 보인다고들 좋아하던 곳이다. 담배를 몇 모금 빨면서 난간 끝으로 다가가 건물 밑을 바라보았다. 내 신세만큼이나 아득했다.

'아, 차라리 여기서 뛰어내리면 마음은 편해지겠구나. 아니 내가 없어질 테니 편하고 불편하고를 느낄 나 자신도 없겠군. 몇 초나 걸릴까? 아플까? 뒷감당은 누가 하나? 주말에나 얼굴 보는 초등 3학년 아들 녀석은 어쩌나……'

매우 강렬한 유혹과 꼬리를 무는 상념이 뒤엉켜 담배가 다 타들어 가는 줄도 몰랐다. 다시 들어가 그 지점장들과 대면할 생각을 하니 지옥도 이런 지옥이 없었지만, 난 죽을 용기가 없었다. 아니, 아직은 그렇게 삶을 포기할 만큼 밑바닥도 아니지 않은가.

문제는 쉽게 풀어지지 않았다. 남편을 데려와 나를 협박하던 아줌마도 있었다. 난 서초동에 있는 어떤 노무사를 찾아가 사태의 자초지종을 설명하고 대책을 물었다. 계약 사항으로 보건대 나에게 별 책임이 없다는 노무사의 설명을 들은 뒤에야 마음을 조금 추스를 수 있었다. 하지만 사실 나에겐 큰 책임이 있음을 나만은 알고 있었다. 그것은 사장이 져야 할 책임임이 분명하다. 몇 번의 대화를 통해 난 회사가 그들에게 해줄 수 있는 최대한의 위로금을 지급하는 것으로 사태를 마무리했다.

거의 두 달에 걸쳐 진을 빼가며 난 대규모 구조조정을 마무리했다. 악행의 불가피성은 그 악행을 저지르는 이가 그것이 남을 괴롭고 슬프게 하리라는 점을 잘 알고 스스로도 그 때문에 가슴 아파하며 미안한 마음을 갖고 있을 때에만 언급할 가치가 있다. 그가 그 아픔을 내놓고 사과한다면 용서도 가능하지만, 그렇더라도 정당했다는 평가를 내릴 수는 없다. 나는 욕먹을 짓을 한 거다.

1년 넘게 밑바닥까지 추락하며 휘청한 회사를 다시 제자리로 돌려놓는 일은 쉽지 않았다. 뭔가 특별한 돌파구가 필요했다. 아리수한글 방문판매를 중단한 뒤 순수한 온라인 사업으로 전환하였지만, 이는 매출 규모의 급감으로 이어졌다. 궁리 끝에 나온 사업안이 아리수한글을 지방자치단체에 연간 임대하는 식으로 판매하는 방안이었다. 몇 달 뒤인 2004년 4월이면 총선이 치러질 예정이므로, 지방자치단체장에게 이를 제안하여 저소득층의 유아교육복지를 제공하는 형식으로 간접적인 선거운동을 펴는 방안이었다. 건전한 사업 방안은 결코 아니다. 그러나 이 방안이 성공할 수만 있다면 단숨에 매출을 높일 수 있었다. 사업 제안서를 만들고 당시 열린우리당의 실세 쪽으로 제안을 넣었다. 2004년 초부터 2달간 집중적으로 작업한 결과 어느 정도 긍정적인 그림이 그려졌다.

그러던 차에 느닷없이 대통령 탄핵 이야기가 언론에서 흘러나오기 시작했다. 설마 저런 일이 일어나기야 하겠느냐고 그리 대수롭지 않게 여기며 작업을 추진해 나갔다. 한데 어느 날 낮에 직원 한 명이 급히 내게 와 방금 국회에서 대통령 탄핵이 가결되었다는 속보를 전했다. 난 황망하게 텔레비전 앞으로 가 국회의 대통령 탄핵 가결 뒤의 장면을 지켜보았다.

"망했네……. 아, 저 미친놈들!"

물론 나는 노무현 대통령을 좋아한다. 권위주의에서 벗어나려는 그의 모든 언행을 좋아했다. 그런 노무현 대통령을 탄핵했다는 사실에 반감이 일기도 했지만, 결정적으로 난 우리가 지난 두 달 동안 작업한 게 모두 물거품으로 돌아가고 있는 상황에 화가 치밀었다. 다가올 총선은 열린우리당의 압승일 것이라는 직감. 간접적인 선거운동조차 필요 없는 선거가 되겠구나. 나의 분노는 결이 달랐다. 유치하고 야비한 분노였다.

이렇게 어영부영 난 악덕 기업주가 되어 있었다. 이게 내가 원했던 모습은 아니었는데 말이다. 사업하는 게 그리도 즐거웠던 그 시절은 다 어디로 가버렸는가? 사무실 출근하는 게 그저 신이 나고, 밤늦게까지 일이 좋아 집에 가는 것조차 귀찮아하던 그 시절은 돌아오지 않는가?

파산 3

우리의 발목을 잡는 것들

한번 악순환에 빠진 회사는 회생의 기미를 보이지 않았다. 문제점을 해결하기 위해 간부들과 함께 공부하며 탈출구를 모색하기도 하고 직원 평가 및 보상 체계를 더 정교하게 강화하기도 하고, 사업부문별 성과에 따라 성과급 제도를 도입하기도 했지만, 사태를 원점으로 돌릴 수는 없었다. 게다가 만기가 다가오는 회사채도 문제였다. 2001년 발행한 회사채의 만기인 2004년 5월에 우리는 만기 수익률까지 합쳐서 18억 원의 돈을 갚아야 하는 처지였다. 적자가 나고 있는 회사에 주식으로 전환할 리 없으므로 꼼짝없이 원금과 만기 수익금을 보장해줘야 했다. 우리만이 아니라 같은 회사채를 발행했던 회사 대부분이 겪은 일이다. 문제가 커지자 기술신용보증기금에서 보증을 서 전국적인 불씨를 껐고, 나는 대표이사로서 기술신보에 연대 보증을 서야 했다. 아깝지만 곧 지하철 9호선이 개통되면 가격이 오를 것으로 예상되던 사무실의 한

쪽 귀퉁이 회의실 공간도 떼어 팔았다. 부동산에 자금을 묶어둘 여유가 없었다.

  사실 부채 이자와 원금 갚는 압박만 아니라면 회사의 매출과 이익은 그런대로 살아갈 만한 수준으로 나왔다. 공들였던 온라인 아리수한글이 출시 당시의 높은 기대에는 못 미치더라도 그런대로 매출이 안정화되었고, 학교 대상의 매출 역시 예산의 변화 조짐에 따라 경고등이 들어오긴 했지만, 시장을 빼앗긴 것은 아니었다. 게다가 2003년부터 아리수한글의 자매품으로 개발을 시작했던 아리수수학을 2004년 중반부터 서비스하고, 기존의 시디롬 콘텐츠를 네트워크 환경에서 가상 시디로 서비스하는 솔루션을 개발해 보급하면서 수익 구조는 많이 개선되었다. 하지만 회사채 45억 원의 이자만 해도 연 4억 원에 이르니 회사의 근본적인 어려움을 극복하기엔 턱없이 모자랐다.

  그렇게 2년을 허덕이다 2005년 초부터 나는 조금씩 현실을 직시해야 한다는 생각을 하게 되었다. 과연 이 회사는 회생할 수 있는 걸까? 이전의 나로선 파멸을 인정하기 싫었다. 지난 10년 동안 젊음을 다 바쳐 일궈온 우리의 공동체가 이토록 허무하게 무너질 수야 없지 않겠는가. 하지만 위기감이 커지면서 과연 이런 상황이 이어질 때 어떤 결과가 오는지 알아보고 대처해야겠다는 생각이 들었다.

∼

　2005년 2월 말, 나는 변호사를 하고 있던 후배를 찾아가 회사의 부채 상태를 설명하고 어떤 결과가 닥칠지 물었다. 그는 내게 세 가지 경로를 알려줬다. 하나는 화의 신청, 다른 하나는 법정관리 신청, 마지막은 잠수였다. 화의나 법정관리는 모두 부채 때문에 부도난 회사들이 법원을 통해 밟는 회생 절차를 뜻하고, 마지막의 잠수란 결국 회사 문 닫고 뛰는 짓이다. 해결책이라기보다는 이런 상태의 회사 경영주가 흔히 도달하는 세 가지 경우를 말해준 것이다. 소비자를 한 방에 끌어 모을 수 있는 역작을 만들거나 정말 재수 좋게 떼돈을 벌 기회가 오지 않는 한 부채를 줄여서 우리 힘으로 회생하는 게 만만치 않겠다는 생각이 나를 엄습해왔다. 결국은 그런 파국을 피할 수가 없구나…….

　혼자만 고민을 싸안고 있을 수는 없었다. 사무실로 돌아오자마자 최고 간부 5명을 불러 모아 회사의 불투명한 미래에 대해 허심탄회하게 이야기를 꺼냈다. 사실 다른 간부들이라고 뾰족한 대안이 있을 리는 없었다. 그들도 내심으로는 꽤 지쳐 나만 바라보는 눈치였다. 팔아먹을 게 없는 건 아니니까 회사의 규모를 좀 더 줄이고 직원들에게 마지막으로 필사적인 노력을 함께 기울일 수 있는 혁신의 계기를 만드는 것. 세 시간의 회의를 거쳐 얻은 결론치고는 참으로 앙상했다. 그들도 힘들었는지 어떤 결정이든 내 뜻에 따르겠다는 의지를 밝혔다.

비우긴 비웠는데, 왜 마음이란 놈은 비우면 비울수록 무거워지는가? 그날 밤 난 태어나서 처음으로 혼자 술을 마시며 이런 궁리 저런 궁리에 빠졌다. 결전의 순간이 왔다는 사실을 직감하고 있었다. 마지막으로 붙어보고 활로를 찾지 못한다면 이젠 끝이다. 아무런 미련 없이 가야 하고, 짐이 될 만한 모든 것을 내려놓고 가야 한다. 술 한 잔을 기울이는데 우리 아파트를 팔아 생긴 돈에 생각이 미쳤다. 그거, 회사에 넣자. 다시 한 잔을 기울이는데 이번엔 보험금이 떠올랐다. 그즈음에 나는 장애 2급 정도면 매달 나가는 종신 보험료 9만 원을 안 내도 보장이 유지된다는 말에 그나마라도 아끼자고 검진을 받았다가 시각장애 1급 판정을 받는 바람에 '사망'에 준하는 보험금을 살아있는 내 손으로 타게 된 처지였다. 보험사 직원은 일시금으로 받을지, 60세 이후에 연금으로 받을지, 반반 나누어 받을지 나보고 결정하라고 주문한 상태였다. 그래, 이것도 회사에 집어넣는다. 남겨 놓은들 괜히 나중에 사소한 후회 거리만 된다. 그렇게 털고 나니 내 마음은 빈 술잔처럼 투명해졌다.

최고 간부들을 하나씩 술잔 속에 띄워봤다. 초창기부터 나를 충성스럽게 따르며 언제나 직언을 회피하지 않던 이 친구들. 다른 회사에 간다면 충분히 능력에 합당한 좋은 대우를 받아가며 일할 수 있는 인재들이다. 자신의 청춘을 바친 이 회사를 살려내기 위해 월급도 제대로 못 받아가며 사장 이상으로 고통스러운 나날을 잘 참아왔다. 회사의 성장과 함께 그들의 능력도 높아졌지만 이제 제대로 된 사업을 펼칠 수 없는 마당에 더 답답함을 느낄 수도 있을 거다. 책임감으로 일거에 사태를 만회하려고 하다 자칫 실수를 저지를 수도 있다. 그만하면 됐다. 이제는 해방해 줘야겠구나. 그들을 놓아주고 가벼운 몸으로 내가 마지막 전투를 책임지자는 게 마지막 술잔을 탁자에 내려놓으며 내린 결론이었다.

～

다음 날 아침, 간부들을 모아 놓고 나는 내 결정을 알렸다. 5명의 임원 가운데 나를 보좌할 1명만 남기고 모두 회사를 정리하라는 요지였다. 남게 된 노 이사도 어안이 벙벙했고 회사를 떠나게 된 나머지 넷도 순간적으로 띵했던 모양이다. 말없이 5분가량 담배만 피우던 사람들은 사태를 정확히 판단하였는지 제정신으로 돌아와 나의 결정에 모두 동의했다. 우리에게 어떤 앞길이 기다리고 있는지 우리는 모른다. 만일 회사가 살아날 수 있다면 다시 모이기로 하고, 네 명의 임원이 회사의 어려움에 책임을 지고 떠나는 모양새를 취해 회사 혁신의 계기로 삼기로 했다.

아파트 판 돈과 보험금 탄 돈으로 나는 마지막 베팅에 나섰다. 기존 부서장들이 책임을 지고 퇴사하는 대신 새로 부서장을 맡은 젊은 친구들이 업무를 맡아 활기차게 일을 처리해갔다. 부서별 목표를 다시 세우고 부서별 성과급 제도를 대폭 강화하였다. 그러나 안타깝게도 사태는 호전되지 않았다. 아니, 시간이 모자랐다. 분명 우리는 더 효율적이고 열정적으로 일했지만, 부채 원금 상환과 금융이자의 압박은 날이 갈수록 위력을 더해갔다. 미칠 노릇이었다.

6개월 뒤인 2005년 9월 말에 나는 또 다른 후배 변호사를 찾아갔다. 인수 합병과 같은 기업 관련 업무를 많이 맡는 이였기에 화의 신청이나 법정관리 신청이 가능할지를 상담하려 한 것이다. 차분히 설명을 듣던 그 후배는 내게 이렇게 물었다.

"형, 근데 채무를 줄여주고 사업을 지속시키면 회생의 가능성은 높은가요? 형의 판단은 어떻습니까?"

바로 답을 할 수 없었다. 회생할 수 있을까? 사실 2년 넘게, 그리고 지난 6개월 동안 정말 별짓을 다하면서 회생을 위해 몸부림쳤었다. 관공서나 다른 기업에 휘둘리기 싫어서 예전에는 직원들에게 쳐다보지도 말라고 했던 외주 용역 개발을 내가 직접 나서서 이것저것 진행하고 여기저기 입찰도 들어갔었다. 새로운 돌파구가 될까 하여 소니 플레이스테이션에 탑재할 콘텐츠를 만들기도 했다. 법적 시비가 생길 수 있음에도 아리수한글 회원들에게 어린이 보험을 판매하기도 했다. 그렇지만 역시 어림도 없었다. 일거리가 늘어나면서 직원들과 나의 피로만 쌓여갔지 막힌 벽을 뚫을 수는 없었다. 그렇게 분투하고 고민하던 지난 몇 달의, 아니 몇 년의 장면들이 스쳐 지나갔다.

"흠. 될 거라고 생각은 하는데……."

내가 이렇게 좀 맥이 풀린 대답을 한 건 슬슬 정체기에 접어든 학교시장의 불확실성과 계속 정체하고 있는 온라인 사업의 매출 추이 때문이었다.

"형이 확신을 하고 있지 않다면 법원에서도 아마 화의나 법정관리를 받아주기 어려울 겁니다. 사람들 판단이 대개 비슷하거든요."

그렇구나. 어쩌면 난 내게 확신이 없다는 사실을 회피하려고 발버둥 쳐 왔는지도 모른다. 현실을 직시하려 해도 똑바로 볼 수 없는 상황. 아니 똑바로 보고 싶지 않은 내 마음속의 몸부림이 계속 나를 여기까지 몰고 왔으리라. 우리가 모두 아득바득 흘린 땀과 나의 청춘, 주변에서 보내던 기대 어린 시선, 그리고 어렵사리 끌어온 생존의 공동체……, 이런 것들을 모두 날려버려야 한다는 사실을 인정하고 싶지 않았으니까.

~

상담을 마치고 돌아오는 길에 난 좌 회계사에게 전화를 걸었다. 그와 마지막으로 이야기를 나누고 싶었다. 그는 이미 다른 자리에서 한잔 했는지 불콰한 목소리였다. 사당역 부근의 어느 맥줏집에서 이미 얼큰하게 취한 회계사와 맨 정신의 나는 맥주잔을 앞에 놓고 마주앉았다. 단도직입적으로 그에게 질문을 할 용기가 나지 않았다. 머뭇대는 나에게 그는 불쑥 질문을 던졌다.

"너 만일 회사 문 닫는다면 뭐가 제일 겁나니?"

회사 문을 닫는다……. 그의 입에서 그 말을 들으니 문제가 급작스럽게 현실로 다가오는 느낌이었다. 정말 문을 닫아야 하나? 다른 기회가 생길지도 모르니 어떻게든 현재의 자금난을 돌려막고 버텨볼까 하는 유혹이 잠시 날 사로잡았다. 사업하면서 한 번

우리의 발목을 잡는 것들

도 손을 벌리지 않았던 부모님께 정책 자금 융통을 위해 1년 전에 담보를 부탁한 적이 있었다. 손을 벌리고자 한다면 부모님께 다시 조르거나 친구와 선후배들에게 도움을 요청할 수도 있겠지만 자칫하면 그들까지 위험에 빠뜨리거나 내가 사기꾼으로 전락할 수도 있다. 회사의 어려움을 설명하고 돈을 꿔달라 하면 선뜻 돈을 내줄 사람이 누가 있겠는가. 그러니 대개 어려움을 숨기고 희망적인 계획을 내놓으며 남의 돈을 빌리는 법인데, 그런 일이 자꾸 늘어나면 사기꾼이 되는 거고 나중엔 원수가 된다. 그동안 내가 책임져야 할 일을 남에게 떠넘기지는 말자는 마음으로 이를 악물고 버티지 않았는가. 유혹을 털어버리고 난 다시 현실로 돌아왔다.

그래, 뭘까? 회사 문을 닫는 데에 가장 크게 발목을 잡는 요인은 무얼까? 지난 11년의 내 청춘이 아까워서? 아깝긴 하다. 그렇지만 어쩌랴, 열심히 했고 할 만큼 했다. 그럼 창피해서? 좀 창피하긴 하다. 민주투사 정치범이 이젠 경제사범으로 전락한다니.

"맨 처음 니가 온라인 교육 검색 사이트 별도 법인으로 만들었을 때 그것과 아리수 통합하려 한 적이 있었잖아. 아리수는 실체적 가치를 가진 회사였고, 그 회사는 아무런 실체가 없었지. 그런데도 사람들은 실체 없는 그 회사가 더 큰 가치를 갖고 있다는 환상에 빠져 있더라고. 난 그때부터 니가 좀 불안했어. 재무이사 영입했을 때도 그렇고……. 결국 그 친구는 자기 살길 찾아 나갔잖아.

넌 사실 우리 사회에 크게 기여한 사람이다. 난 니가 돈을 많이 벌 거라고 보지는 않았지만 니가 좋은 일을 많이 할 거란 확신은 갖고 있었지. 그리고 넌 그렇게 했어. 이렇게 많이 고용 창출하고 자기 돈 써가면서 세상에 좋은 일 한 기업가가 몇이나 있겠니? 넌 원래 돈 벌 사람이 아니라 돈을 잘 쓸 사람인데……. 뭐가 걱정인데?"

그래, 창피할 것 없다. 나를 인정해주는 친구가 있지 않은가. 수고했다, 이건범! 하루하루 이렇게 애태우다 화병으로 죽느니 자존심 상해도 문 닫는 게 낫다. 창피함은 지운다. 자, 그럼 연대보증 선 50억의 부채가 평생 날 괴롭힐 것 같아서? 그래, 이건 좀 걱정이 된다. 기업을 운영해서도 벌기 어려운 생돈 50억 원을 무슨 수로, 얼마나 걸려서 갚을 수 있으려나……. 아니다. 그렇다고 지금처럼 계속 간다면 빚은 더 늘어나고 직원들, 가족들 고통은 더 심해진다. 그럼 나도 더 힘들어질 뿐이다.

좌 회계사는 잠깐 쉬었다가 다시 말을 이었다.

"아리수에 만약 1백억 원의 돈이 들어갔다면 그 돈 가운데 90억 원은 지금 니 몸에 붙어 있는 거야. 넌 손해 볼 게 하나도 없어. 회사는 사라지더라도 너는 사라지지 않잖아. 니 몸에 붙어 있는 가치를 살리면 앞으로 너 살아가는 데에 아무런 문제도 없을 거고. 난 지금 너에게 용기를 주려는 거야. 해법을 주려는 게 아니라."

그의 말대로 내 몸에 90억 원의 가치가 붙어 있는지 어떤지는 모르겠지만, 아직 젊은데 한 번 무너진다고 입에 풀칠할 길이 없겠는가? 그래, 여기서 멈춰야 한다. 빚 걱정, 막막한 미래 걱정도 지우자. 그이 말을 들으면서 난 한 가지를 제외한 나머지 모든 걱정을 머리에서 지워버렸다. 남은 한 가지는 바로 초등학교 5학년인 내 아들이었다. 얼마 전 영어 수업 시간에 부모님이 하는 일을 영어로 말하기를 했단다. 아빠가 아리수미디어 사장이라고 하니까 영어 선생님께서 깜짝 놀라시더라 말하며 아빠 회사가 그렇게 유명하냐고 묻던 녀석의 얼굴이 떠올랐다. 내가 사업을 접는다면 녀석은 어떻게 받아들일까? 나는 어떤 아버지로 남는 건가?

∽

아이가 초등학교 들어가기 직전인 1999년 어린이날 여섯 살짜리 아들을 데리고 용산 가족공원에 놀러 간 적이 있다. 연못의 오리에게 과자 부스러기를 던져 주기도 하고 가져간 공으로 둘이 잔디밭에서 축구를 하면서 아주 즐겁게 놀았다. 축구를 하다 잠시 의자에 앉아 음료수를 마시며 쉬고 있는데, 네댓 걸음 옆에서 어떤 꼬마 애가 가녀린 나무를 지지해주기 위해 세워 놓은 삼각 지지대를 쥐고 마구 흔들어 대는 광경이 우리 눈에 들어왔다. 음료수를 마시던 아들이 나에게 물었다.
"아빠, 저렇게 흔들어 대면 망가질 텐데, 저러면 안 되지?"
나는 땀을 훔치며 아주 선선히 대답했다.
"그럼. 안 되고말고."
내 아들이 옳고 그름은 아는구나 싶어 대견하다는 느낌을 담아서. 그랬더니 아들 녀석이 나를 바라보며 부탁하듯이 말한다.
"아빠, 쟤한테 하지 말라고 말해 줘."
순간 나는 띵했다. 주변의 수많은 사람이 있는데 왜 하필 내가 나서서 그 아이를 제지해야 하는 건가. 거 참! 저 꼬마 부모는 어디서 뭘 하고 있는 거야, 자식 교육을 도대체 어떻게 하는 거냐고! 아들의 재촉에 할 수 없이 나는 한 걸음 앞으로 나서서 그 꼬마에게 지지대를 흔들지 말라고 말했다. 그런데 이놈이 못 들었는지 계속 지지대를 빙빙 돌려대는 바람에 그 가운데 한 자루는 거의 땅에서 뽑힐 상황까지 가고 있었다.

"아빠, 못 들었나 봐. 더 크게 얘기해."

이쯤 되면 거의 야단치듯이 큰소리를 쳐야 할 판이고, 저 꼬마 부모와 시비가 붙을 수도 있음을 각오해야 한다. 아, 왜 우리 애는 저런 것까지 참견하려고 할까? 이 오지랖은 누굴 닮은 거지? 그 순간 불쑥 20년도 넘은 내 어린 시절의 부끄러운 기억이 되살아났다.

중학교 1학년 어느 여름날, 지금도 잊히지 않는 사건이 나에게 닥쳤다. 그 날 나는 집으로 가는 마을버스로 갈아타기 위해 줄을 서서 기다리고 있었다. 정류장 옆에는 파출소가 하나 있었다. 그런데 어디선가 왁자지껄하는 소리가 들리기 시작하면서 뭔가 욕설 같은 게 가까워졌다. 어떤 술 취한 아저씨가 부인처럼 보이는 아줌마의 머리채를 잡아끌며 고래고래 입에 담지도 못할 욕을 퍼붓는 게 아닌가. 버스를 기다리던 사람이 족히 스무 명은 넘었을 터인데, 아무도 반응을 하지 않았다. 술 취한 아저씨는 넘어져 있는 아줌마 머리채를 쥐어 끌어당기고 아줌마는 별 저항도 하지 못한 채 질질 끌려가는 식이었다. 파출소가 바로 옆인데, 경찰 아저씨들도 나타나지 않았다. 시간이 흐를수록 술 취한 아저씨의 패악

질은 더 심해졌고, 그럴수록 사람들은 하나둘 시선을 돌리기 시작했다. 괜히 미친개가 자기를 물기라도 하면 어쩌나 싶어서.

나는 속이 터질 것 같았다. 가방을 팽개치고 저 아저씨에게 달려들어 제지해야 하는데 하는 생각을 하면서……. 그러나 그런 생각에 꼬리를 물며 달려드는 비겁한 생각들이 나를 이러지도 저러지도 못하게 만들었다. 내가 저 술 취한 아저씨를 말리려 하면 저 아저씨가 어떤 식으로 나올까, 나를 때리려 들면 내가 맞붙어 싸워야 하나, 싸우면 이길 수 있을까, 이건 어린 내가 상관할 문제는 아니지 않을까, 경찰 아저씨들은 어디 가서 뭘 하기에 코빼기도 안 보이는 거야? 주먹을 두어 번 움켜쥐었다 폈다 하는 사이에 기다리던 버스가 왔고, 나를 비롯한 비겁자들은 황급히 버스에 올라탔다. 버스 안은 그 더위에도 참으로 조용하고 서늘했다.

내 어린 시절의 가치관은 위인전이 지배했으리라. 계몽사였는지 지금은 출판사 이름마저 가물가물하지만 마루의 책장에 웅장하게 꽂혀 있던 세계위인전기전집과 한국위인전기전집 등 총 40여 권의 책에 실려 있던 수많은 위인들의 삶을 읽고 또 읽었었다. 커가면서 역사가, 특히 이런 종류의 위인전이 얼마나 왜곡되게 기술되었는지를 조금씩은 알게 되었지만 그래도 인간에 대한 보편적인 사랑과 자기 삶에 대한 열정, 소외된 자들에 대한 따뜻한 시선이 인간을 거룩하게 만든다는 식의 별로 흠잡을 곳 없는 가치관들은 내 유년시절의 위인전 독서에서 길러졌음에 분명하다.

나는 위인전에서 수도 없이 보았던 그들의 아주 평범한 용기마

저도 흉내 내지 못한 나 자신이 부끄러워 그 날 밤잠을 이룰 수 없었다. 뭐가 그렇게도 무서웠을까? 그 후로 내 눈앞에서 벌어졌던 수많은 부조리에 대해 나는 용감하게 반항하지 못했다. 아마도 첫 시험에서 고배를 마신 수험생의 심정 같은 것일까……. 하여간 나는 정의를 세우는 일에 관한 한 내가 어른이 된 후에, 적어도 대학에 간 이후에 실천할 일로 미루어 두었다. 그래서 그 반향으로 나의 청년 시절이 질풍노도였는지도 모른다.

근데 또 그 옛날의 사건이 재현된 것이다. 이번에는 술 취한 아저씨가 아니라 대여섯 살 되어 보이는 꼬마가 가해자로 등장했고. 피해자는 공원의 나무로 바뀌었을 뿐. 내가 왜 그때 나의 비겁함을 떨쳐 버리지 못했을까, 만일 내가 다시 여기서 그냥 물러나면 나는 내 아들에게 앞으로 무엇이 옳고 그르다는 이야기를 할 수 있을까……. 뒷감당을 어떻게 하든 간에 내 아이의 마음에 비겁함의 역사를 심어주고 싶지는 않았다. 결국, 나는 천천히 그 꼬마에게 다가가 조금 더 큰 목소리로 장난을 제지했고, 아이는 그 만행(?)을 그만두었다. 다행히 그 꼬마의 부모는 나타나지 않았다. 휴~.

∽

1980년대의 대학 시절에, 그리고 20대 청년 시절 내내 나는 정말 겁 없이 살았다. 기성세대가 우리에게 물려 준 비겁의 역사를 어떻게든 바로 잡아야 한다는 마음으로 몸을 던졌었다. 그 열정의 시대가 지나가고, 이제는 내가 그 당시 비웃었던 기성세대의 자리에 앉아 내 생활을 봐야 했다. 비록 궁극적으로는 혁신 기업을 만들어 자유와 연대와 정의가 활짝 피는 세상을 열고 싶은 욕구에서 시작했지만, 당장 회사에 돈이 없거나 우리같이 작은 기업이 슈퍼 '갑' 앞에서 초라한 '을', 또는 '병'이 되어야 할 때 그런 웅대한 이상은 슬그머니 꼬리를 내리기도 한다. 사업하면서 자잘한 불의와 하루하루 갖가지 명분 있는 타협을 해야 하는 서글픔보다 어쩌면 내 아이에게 또다시 미래의 명분과 성공을 위해 부조리와 비겁함을 스스로 불러오는 나의 소심한 역사를 물려주는 건 아닐까 하는 걱정이 점점 더 커지던 시절이었다.

아이는 어른의 거울이다. 2003년이던가, 난 마누라와 아들 녀석을 데리고 함께 디즈니 픽사가 만든 애니메이션인 〈니모를 찾아서〉를 보러 갔었다. 참 잘 만든 애니메이션이었다. 어린 광대물고기 니모는 호기심 많고 겁이 없다. 반면 니모의 눈에 비친 아빠는 지독한 겁쟁이다. 사실 니모가 태어나기 전 어느 날, 큰 물고기가 공격해서 엄마와 나머지 알을 모두 잡아먹고 딱 하나의 알이 남았는데 거기에서 태어난 게 바로 니모였다. 이런 까닭으로 니모 아빠 말린은 니모에게 절대 위험한 곳에 가지 못하도록 신신당부한다. 그런데 처음 학교에 가는 날 아빠 말을 무시하고 장난을 치던 니모는 잠수부에게 잡혀간다. 니모가 잡혀간 곳에 남겨진 물품을 보고 시드니의 어느 치과라는 단서를 얻은 아빠 광대물고기는 무서운 상어 떼를 뚫고 고래 몸속으로 들어갔다 나오는 대단한 모험을 무릅쓰면서 기어이 시드니로 찾아간다. 아빠의 무용담은 바다 밖으로까지 퍼져서 어느 날 시드니의 치과 창턱에 자주 날아오던 펠리컨의 귀에까지 들어간다. 그는 치과 창턱에 앉아 어항 속의 물고기들에게 말한다.

"야, 꼬맹이, 혹시 네가 니모 아니냐?"

"네. 니모 맞아요."

"너희 아빠가 너를 찾아오고 있다던데."

"진짜요?"

한 번 탈출에 실패했던 니모가 순간 눈을 반짝 빛내면서 펠리컨의 입을 뚫어지라 바라본다.

"그래, 어쩌고저쩌고…… 이런 위험을 헤쳐가면서 너를 찾아오고 있다는 거야. 너 정말 대단한 아빠를 두었구나."

주변의 물고기들은 탄성을 질러대며 니모 아빠의 무용담에 감탄하고 있는데, 기대에 한껏 부풀었던 니모는 침울하게 돌아선다. 니모의 눈에 그렇게도 소심한 겁쟁이로 비쳤던 아빠의 모습과는 너무나도 어울리지 않는 이야기라 그는 바로 체념하고 만다.

"우리 아빠가 아니야."

그 말을 듣는 순간 난 울컥 쏟아지는 눈물을 참을 수가 없었다. 내 옆자리의 아들 녀석에게 불행이 닥친다면 과연 나는 어떻게 행동할까? 아마도 니모의 아빠가 했던 것과 똑같은 일을 했으리라. 그렇다면 지금 녀석에게 비치는 내 모습은 어떨까? 매일 회사 일 때문에 밤늦게 들어가 얼굴도 제대로 못 보다가 이젠 아예 주말 가족이 되어버린 우리 아들 눈에 난 어떻게 비칠까? 휴지를 꺼내어 안경 밑으로 흐르는 눈물을 닦아내며 옆을 보니 아들은 그 장면에서 재미있다고 웃고 있다. 나는 왜 울고 내 아들은 왜 웃을까?

난 아들을 키우면서 딱 한 번 손바닥으로 녀석의 엉덩이를 때린 적이 있다. 초등학교 3학년 무렵으로 기억하는데, 까닭은 분명히 기억나지 않지만 아마 가족 중 누군가에게 버릇없이 굴었거나 반복적으로 위험한 장난을 해서였을 거다. 딱 한 대 때리고 나는 바로 후회했다. 말로 해야 했는데……

아들이 초등학교 1학년에 들어가기 직전 우리는 서울에서 경기도 용인의 산골에 있는 아버지 댁으로 이사했다. 우리 부부가 함께 일하느라 아이를 돌보기 어려운 사정도 있었고, 부모님 댁 근처에 아주 작은 학교가 있어서 경쟁이 치열한 서울에서 학교를 보내느니 그곳에 보내는 게 낫다는 판단도 작용했다. 한 학년에 많아야 20명의 학생이 있는 아주 작은 학교였다. 집에서 학교까지의 거리는 2킬로미터 정도. 도시보다 오히려 시골의 좁은 길이 아이들 통학에는 더 위험하다. 길은 좁고 지나는 차들은 쌩쌩 달린다. 어느 날 하굣길에 내가 일찍 가서 녀석을 집으로 데려간 적이 있었다. 겨우 초등학교 1학년이었지만, 2킬로미터를 함께 걸어가면서 나는 아들과 많은 이야기를 나눴고, 놈이 하나의 인격체라는 사실을 새삼 느꼈다. 난 그 뒤로 아들을 언제나 하나의 인격체로 대접했다. 그렇게 마음을 먹고 있던 내가 엉겁결에 녀석을 때렸으니 후회가 밀려왔다. 아이를 일으켜 앉히고 난 아주 짧게 야단쳤다. 때려서 미안하다는 말도 했다. 아들 녀석은 풀이 죽어 있었다. 난 아이를 끌어안아 주었다. 미안한 마음이 서로 통했을까, 우리는 곧 웃으며 방에서 함께 나왔다.

당시 우리 부부는 아들과 떨어져 살고 있었다. 용인에서 서울 강서 끝의 등촌동까지 출퇴근하기란 여간 어려운 일이 아니었다. 2년을 마누라가 차를 몰아가며 함께 출퇴근하다가 회사 일이 여러모로 어려움에 빠지면서 가끔 집에 들어가지 못하는 날이 생겼고, 부모님은 자식 걱정하지 말고 일하라며 우리보고 회사 근처로 나가 살라고 하셨다. 우린 부모님을 믿고 아들 녀석을 맡긴 채 주말에만 가서 아들과 만나 놀곤 했다.

녀석은 외로웠던 거다. 엄마 아빠는 주말에나 오고, 반경 1킬로미터 안에 가옥은 여섯 채. 친구들도 다 멀리 살고 있었다. 아들 녀석은 그래서 우리뿐만 아니라 사촌들이 오면 심하게 장난치고, 가끔은 미운 오리 짓도 하고 그랬다. 물론 또래의 다른 집 아이들보다 유난스러울 정도는 아니었지만, 엄숙하기 그지없는 우리 집 분위기로 보자면 좀 튀는 편이었다.

그런 아들 녀석이 애처로웠기에 "우리 아빠가 아니야"라고 니모가 던진 한 마디는 내 가슴에 더 깊이 박혔는지도 모른다. 자기 선생님들도 아빠 회사를 잘 알더라며 자랑스러워하던 녀석. 난 아들에게 부끄러운 아빠로 남고 싶지 않았다. 초라한 겁쟁이에서 불굴의 투사가 되어 버린 아빠의 변신을 니모가 믿지 못하는 것과는 정반대로 "우리 아빠가 아니야."라는 말이 내 아들 입에서 나오게 할 수는 없다. 비록 망한 회사 사장으로 남더라도 부정을 저지르고 남의 눈에 피눈물 내는 짓을 하면서 가족의 안위만을 챙기는 그런 아빠로 남고 싶지 않다.

그래, 내 아들을 위해서라도 당당하게 회사를 접자. 결코 피하지 말자. 좌 회계사는 나에게 충분한 용기를 주었다. 살다 보면 해법보다는 용기가 필요할 때가 있다.

망하는 데에도 준비가 필요하다

다음 날 아침, 마지막까지 나를 보좌하고 있던 노 이사를 불렀다. 자리에 앉자마자 난 그에게 단도직입적으로 말을 꺼냈다.

"아무래도 회사를 접어야 할 것 같아."

그는 약 5초 정도 생각하더니,

"잘 생각하셨어요. 저도 그게 바른 판단이라고 봐요. 요즘은 마치 1991년에 노동운동한다고 군 도바리치며 공장 들어가서 뺑이 칠 때 느낌이에요. 별로 진전 없이 그저 세월만 흘러가고, 고생만 직사리 하면서……. 이러느니 새로 시작하는 게 낫죠."

"비슷한 느낌이구나. 어떻게 새로 시작할 수 있을지는 모르겠지만, 일단 확실하게 연착륙시켜서 문을 닫는 일에 전념하자. 최대한 피해를 줄여야지. 그나저나 걱정이다. 나야 그렇다 치고, 너한테 기술신보에 연대보증 세운 게 있잖아. 그걸 어찌 해결해야 할까……."

"방법이 있겠죠. 너무 걱정하시지 말고, 일단 어떤 순서로 정리할지부터 의논하죠."

우리의 목표는 최대한 피해를 줄이면서 회사 문을 닫는 것이었다. 그 피해란 나를 제외한 직원들, 거래처들, 외주 일을 맡겨준 공공기관들이 우리 회사의 폐업 때문에 받게 될 금전적, 업무적 피해였다. 이미 회사를 그만뒀지만, 회사의 자금 사정 때문에 아직 일부 임금과 퇴직금이 밀려있던 20여 명의 옛 직원들, 그리고 어떻게든 회사의 어려움을 해결하겠다면서 마지막까지 안간힘을 쓰고 있는 50여 명의 직원. 그들에게도 월급을 제대로 주지 못하고 있었다. 우리 회사에 물건이나 용역을 제공하여 받을 돈이 있던 자잘한 거래처들, 그리고 2005년에 궁여지책으로 맡은 공공기관 외주 작업도 우리를 믿고 맡긴 책임자들에게 아무런 피해가 가지 않도록 확실하게 마무리해야 했다. 가장 중요한 것은 나와 노 이사가 철저하게 보안을 지키면서 이 같은 정리 절차를 밟아가는 일이다. 특히 우리 직원들이 눈치채지 못하도록 하는 게 보안의 핵심이었다. 소문은 늘 안에서 밖으로 나가니까.

먼저, 상품을 팔아놓고는 대금을 못 받은 곳으로부터 수금하는 일에 온 힘을 다했다. 그래도 4억 원가량의 부실 채권이 남았지만, 그거 받으려고 더 돌아다닐 시간적 여유는 없었다. 아마 그들도 나 같은 처지라 돈을 못 주고 있었을 거다. 대금 회수 작업과 동시에 상품 매입을 전면적으로 통제했다. 주문이 들어오는 상품들 가운데 우리가 재고로 가지고 있지 않은 것만 대금 입금 예측을 분명히 한 상태에서 발주 처리했다. 연말까지 마무리해줘야 할 공공기관 외주 프로젝트에도 박차를 가했다. 더 이상의 외주는 받지 못하게 했다.

회사 문을 닫기로 결심하고 나니 오히려 마음은 편했다. 하지만 앞으로 어떤 일이 닥칠지 모르는데, 이 사정을 아내에게마저 계속 숨기고 있을 수는 없었다. 어려움을 이겨내지 못하는 회사 사정은 아내도 잘 알고 있지만, 문을 닫는 건 또 다른 일이다. 우리 가정에 몰아칠 풍파도 있지 않겠는가. 참으로 오랜만에 아내에게 데이트 신청을 했다. 영문을 모르고 따라나선 아내와 남산에 가서 처음으로 케이블카를 탔다. 서울 산 지가 몇 해인데, 참 멋대가리 없게 살았구나. 비싸다고 안 들어가려는 아내를 강제로 끌고 들어가 호텔 뷔페에서 점심을 먹었다. 그리고는 여의도 옆 강가에 앉아 강물을 바라보며 나는 아내에게 회사 상황과 내 결심을 차근차근 말했다. 놀라는 눈치였지만 곧 아내는 내 손을 잡고 말했다.

"난 당신을 믿어. 결심한 대로 하고, 내 걱정은 하지 마."

난 아내의 손을 꼭 움켜잡았다. 강물은 참으로 고요하게 흐르고 있었다. 앉았던 자리 근처에서 작은 자갈을 주워 물수제비를 떠봤다. 어릴 적 실력은 안 나온다. 두세 번 떠오르더니 곧 물속으로 가라앉는다.

한 달가량 단속을 하며 큰 틀에서 정리 작업을 한 뒤 노 이사 바로 밑에 있는 간부 8명과 회의를 진행했다. 의제는 2006년도 사업계획. 2005년을 평가하면서 2006년에 대해 예상함과 동시에 부서별 목표를 세우는 일이었다. 물론 나는 이 회의의 결론으로 회사를 접자는 이야기를 할 생각이었다. 오전 2시간 동안 진행한 회의 결과는 내 의도와 관계없이 상황이 매우 나쁘다는 점에 모두가 인식을 같이하는 자리가 되었다. 난 매우 피곤하고 지친 표정을 지어 보이며 점심을 먹고 나서 다시 회의하자고 제안했다. 물론 그건 다 쇼였다. 내 머릿속에는 이미 결정이 나 있었고, 그다음의 행동지침까지 다 들어 있었다. 비록 직원들은 아무도 눈치채지 못하고 있었지만.

난 큰 고민 없이 점심을 잘 먹었다. 물론 이 시기에 고민이 없었던 건 아니다. 이미 결심을 한 이상 장렬하게 전사할 수밖에 없는 정해진 길이었지만, 밤에는 잠을 이룰 수가 없었다. 스트레스 때문에 대상포진과 지루성 피부염이라는 피부병이 생겨서 또 그것 때문에 잠을 못 이루기도 했다. 하지만 술로 시름을 잊을 생각은 없었다. 여기서 조금만 삐끗해 실수하면 너무나 많은 사람이 연쇄적으로 피해를 보기 때문이었다. 돈이 오가는 경제 영역에서는 어떤 돌발 변수 때문에 돈의 흐름이 막히는 순간 갑자기 전체가 서버리는 황당한 결과가 생긴다. 흑자를 내면서도 부도가 나는 경우가 아주 전형적인 예이다. 돈이 안 돌면 받을 돈이 많은데도 그보다 적은 액수의 줄 돈에도 현금이 모자라서 가계수표나 당좌수표, 어음 만기일에 돈을 지급하지 못해 부도가 나는 것이다. 1997년에 한국의 달러가 갑자기 빠져나가고 외국에서 끌어들일 돈줄이 막혀 외환위기가 터진 것도 모양새로는 사정이 같다. 우리 일도 그렇다. 행여나 외부에 내가 사업을 접으려 한다는 사실이 알려지는 순간 지금까지 돌던 돈이 꽉 막히면서 관계자 모두가 피해를 보는 상황이 발생할 수 있다.

점심 뒤 이어진 회의에서 난 담담하지만 약간은 긴장된 어조로 말을 꺼냈다.

"계속 고민해 봤는데, 이런 정도의 예상치로는 내년에도 어려움을 면하기 힘들 것 같아요. 원리금 상환 압박은 더 거세질 테고, 이건 악순환입니다."

직원들은 모두 고개를 숙이고 있었다. 그들을 죽 둘러본 뒤 나는 단호하게 마지막 말을 내뱉었다.

"여러분들 더는 고생시키고 싶지 않습니다. 이제 그만 합시다. 회사 문 닫읍시다."

순간 차가운 정적이 회의실 안을 짓눌렀다. 내 말이 진심인지, 아니면 어떤 포석을 깔고 있는 건 아닐까 헷갈려서 그랬을 수도 있다. 하지만 눈을 들어 내 얼굴을 바라보고는 곧 다들 고개를 떨구었다. 아무도 먼저 입을 열려 하지 않았고, 어떤 친구는 눈물을 훔치고 있었다. 뻐끔뻐끔 담배 연기만이 회의실을 휘감았다. 2~3분이 흐른 뒤 정리 작업을 함께 진행해오던 노 이사가 먼저 말문을 열었다.

"그렇게 하시죠, 사장님. 저도 전망이 안 보입니다. 다들 고생했는데, 끝이 이래서 모양새가 좀 그렇지만. 그나저나 회사 문을 닫으면 사장님은 어떻게 되는 건가요?"

"나도 몰라. 신용불량자 되는 거겠지. 그건 중요한 일이 아니고, 일단 올 연말까지 마무리를 제대로 합시다."

난 이 결정이 중간 간부급 아래로는 알려지지 않게끔 보안을 유지하는 일이 얼마나 중요한가를 먼저 힘주어 말했다. 밖으로 새어 나가면 깔끔하게 사업을 마무리할 수 없고 피해가 연쇄적으로 커진다는 점을 누누이 강조하면서. 우리는 남은 두 달 동안 어떻게 일을 마무리할 건지, 그리고 걸리는 문제는 없는지 하나하나 정리해서 두 시간 뒤에 다시 모였다.

먼저 온라인사업인 아리수한글은 별도 법인으로 독립하기로 했다. 매각할 만한 시간적 여유도 없었거니와, 난 우리 직원들이 이 사업을 계속 진행하면서 아리수의 이름을 남겨주길 기대했다. 문제는 과연 투자자들이 이런 조치를 승인할 것인가였지만, 법적인 문제는 다시 따져보기로 했다. 그다음 크게 문제가 된 사안은 병역특례요원으로 우리 회사에서 근무하던 친구들을 다른 회사로 이전시켜 무사히 군대 생활을 마치게 해주는 일이었다. 우리가 제대로 처리하지 않으면 자칫 이 친구들이 군 생활을 처음부터 다시 해야 할 위험이 있었다. 내가 아는 곳, 노 이사가 아는 곳 등등으로 연락해 따로 약속을 잡아 추진하기로 했다. 그다음 문제는 이미 퇴직한 직원들 가운데 한 명이 나를 노동부에 진정한 사건의 처리였다. 퇴직금 지급을 계속 미루다 보니 이 친구도 어쩔 수 없이 그리 한 것이다. 총무과장이 만나서 야단도 치고 잘 다독이기로 했다. 다른 퇴직 직원들에게도 조금 참아달라고 다시 부탁하여 잡음의 소지를 없애기로 했다. 그 뒤로 두 달 동안 우리 직원들은 매우 활기차게 정리 작업을 해나갔다. 물론 일선 직원들은 자신들이 아리수의 마지막 업무를 처리하고 있는지 모르는 상태에서 진행한 일이다.

이 과정에서 나는 두 차례의 부정행위를 저질렀다. 우리에게 아무 하자도 없건만 공공기관 외주 용역을 다 마쳤는데도 빨리 돈을 주지 않는 두 곳의 경리담당자에게 뇌물을 건넨 것이다. 그 돈을 빨리 받아야 자금 흐름에 구멍 내지 않으면서 사태를 마무리할 수 있었기 때문이다. 평소 같았으면 당연히 그런 관행적 부정에 응하지 않았겠지만, 당시로서는 어쩔 수 없었다. 씁쓸한 웃음으로 난 그런 조치를 허락했다.

~

사업 마무리에서 기술적으로 가장 어려웠던 부분은 온라인 사업인 아리수한글을 별도 법인으로 분리하는 일이었다. 일 년 정회원으로 가입하여 이용하는 회원들이 많았으므로 졸지에 서비스를 멈출 수는 없었다. 그렇다고 매출 없이 그냥 서비스만 일 년가량 유지하는 것도 말이 안 되었다. 비록 내가 떠나고 나머지는 다 사라지더라도 우리 아리수미디어를 이 모양의 파국으로 몰아넣은 아리수한글이 그래도 살아남아 그 이름만은 남기기를 바라는 마음이 컸다. 그 일에 종사하고 있던 직원들의 일자리가 보장된다는 효과도 있었다. 그러나 이 사업을 별도 법인으로 단순하게 양수·양도하는 데에는 좀 문제가 있었다. 사해행위에 걸릴 위험이었다.

사해행위란 채무자가 빚을 갚지 않고 재산을 빼돌리는 행위와 비슷하다. 어떤 채무자에게 여러 채권자가 있다고 하면 그 채무자가 빚을 갚을 길이 없을 때 자신의 남은 재산을 채권자에게 골고루 나눠주고 빚잔치를 하는 게 옳다. 그렇게 하지 않고 특정 채권자에게만 빚을 갚는다거나 증여 등의 방법으로 재산을 빼돌리는 행위는 채권자에게 속임수를 써서 해를 가한다 하여 우리 민법에서 사해행위로 규정하고 금지한다. 아리수한글을 양수도 계약하여 넘긴다 해도 그 금액이 재산 가치와 비교해 턱없이 낮아 증여나 다름없다면 아리수의 채권자들은 채권을 변제받을 재산을 빼돌렸다고 여길 것이다. 만일 채권자들이 법원에 사해행위 취소 소송을 내서 받아들여진다면 이런 양수도 계약은 도루묵이 되고 만다. 이 사해행위 금지조항에서 벗어나려면 무려 5년의 세월이 걸린다. 채권자들이 안 날로부터 5년이니, 사실상 외국으로 재산을 빼돌려 도피하지 않는 한 내가 알기로 국내에서는 합법적인 방법이 없다.

아리수한글과 아리수수학을 개발하는 데에는 대략 30억 원 넘는 돈이 들어갔다. 그렇게 만든 서비스의 매출이 비록 연 10억 원에 불과했지만, 투자를 유치할 때 이 사업의 가능성을 걸고 진행했으므로 아무렇게나 팔아넘길 수는 없는 노릇이었다. 매출이 10억 원이라면 그 가치는 대개 5년 치의 매출을 곱한, 즉 50억 원 정도로 보는 게 일반적이다. 따라서 아리수 온라인을 매각하려면 적어도 그 규모가 50억 원이라는 단위와 비교했을 때 황당하지 않아야 사해행위로 걸릴 소지가 없는 상황이었다. 그러나 온라인사업부가 독립해서 살아갈 수 있도록 새로 만들어준 자본금 5천만 원짜리 신생 법인이 무슨 돈이 있어서 이 괴물을 인수하겠는가. 아무리 못해도 두 자릿수인 10억 원 정도에는 양수도가 일어나는 게 적절한 것 같았다. 하지만 신생 법인 입장에서 출발과 함께 다시 이런 규모의 빚을 안고 시작한다면 그건 새로 시작하는 어떠한 의미도 없을 일이었다.

난 그동안 만났던 변호사 둘, 그리고 좌 회계사, 노 이사, 총무과장이 모인 합동회의를 열어 이 문제에 대한 대책을 논의했다. 변호사들은 사해행위로 문제가 될 소지가 있기 때문에 적법한 절차와 상식적으로 합당한 가격을 매겨 온라인 사업을 팔아야 한다고 주장했다. 그들이 대략 추정하는 금액은 5억 원. 그리고 주주총회를 거쳐야 한다는 말도 빼먹지 않았다. 한참 듣고 있던 좌 회계사는 우리 총무과장에게 불쑥 질문을 던졌다.

"최 과장, 당신이라면 아리수 온라인 사업 얼마면 사겠어?"

우물쭈물하는 총무과장에게 회계사는 제안했다. 5억 원. 총무과장은 고개를 저었다. 3억 원. 역시 절레절레. 1억 원. 총무과장은 1억 원에도 구매를 거절했다. 회계사는 웃으면서 5천만 원을 제안했다. 그제야 총무과장은 답했다.

"그 금액이라면 한번 해 볼만하겠는데요."

30억 원 넘게 들여 개발한 제품을 단돈 5천만 원에 사겠다니, 우하하하. 총무과장 이놈이 온라인 사업의 수입과 지출 내용을 잘 알긴 하지만, 그래도 너무 한 거 같았다. 괘씸한 놈. 하지만 회계사는 바로 결론을 내렸다.

"자, 이게 시장 가격인 거 같네. 5천만 원에 양수도 합시다. 만일 가격이 높으면 거꾸로 채권자들은 이 사업이 알토란인데 어디로 빼돌린다고 생각할 공산이 더 높지. 그 사람들이야 이 사업에 내막도 잘 모르고 그저 돈이 될 거 같다면 팔아버리려 할 테니까."

자리에 함께 있었던 변호사들은 좀 어처구니없다는 표정이었다가 잠시 후 회계사의 말에 공감을 밝혔다. 양수도 가액이 5억 원이라면 채권자들이 그 가격 산정이 올바른가 아닌가에 오히려 더 관심을 가질 수도 있다는 좌 회계사의 판단도 설득력이 있었다. 그렇게 내 청춘을 말아먹은 아리수온라인 사업은 단돈 오천만 원의 가치로 평가되어 온라인사업부 직원들이 새로 세운 별도 법인으로 넘어갔다. 단돈 오천만 원에. 그 오천만 원도 사실은 연초에 물러난 임원이었던 내 동생의 퇴직금이 돌아들어 간 것이었다.

∽

당신이 경영하고 있는 사업의 가치는 얼마라고 평가하는가? 아니 당신의 인생은 얼마라고 평가하는가? 누구의 삶이든 값지지 않은 삶은 없다. 아무리 높은 자리에 올라간 인생일지라도 누가 당신에게 그 인생과 바꿔 살겠느냐고 묻는다면 당신은 쉽게 수락하기 어려울 거다. 나에게 장동건이나 노무현의 삶을 살라고 하면 난 분명 거절할 거다. 그만큼 내가 쌓아올린 내 인생의 가치는 나에겐 너무나도 소중하고 대단하기 때문이다. 그러나 그 삶을 남들이 꼭 그렇게 평가해줄 까닭은 없다. 그러니 기대보다 당신이 평가절하된다 하여 슬퍼하거나 노여워하지는 마라.

11월 말에 난 주주총회를 소집해 아리수한글 매각 의안을 처리했다. 유일한 외부 주주였던 동원창투 담당자에게는 그 두 주일 전에 미리 사정을 다 밝혔다. 내가 사업을 접을 계획이라는 사실까지. 동원 담당자는 투자 수익 회수 과정에서 종종 발생하는 일이므로 그다지 놀라는 눈치도 아니었다. 다만 우리 회사에 들어온 돈을 만들어낸 투자조합 만료시기가 다가오고 있으니 일을 깔끔하게 마무리할 수 있도록 동원의 아리수 지분을 개인적으로 인수하라고 내게 부탁했다. 동원은 주총에 참석하지 않는 것으로 의사를 표명했고, 그 이후 난 생빚 1천만 원을 내서 동원의 7억 원 투자에 해당한 지분 1만 주를 사들였다. 곧 망할 회사의 휴짓조각에 1천만 원을 쓴 것이다. 안 된다고 버틸 수도 있었지만, 동원은 우리에게 결코 악독한 투자자가 아니었다는 점을 난 잊지 않았다.

주주총회 다음날 온라인 사업부는 가산 디지털 단지로 이전했다. 휑뎅그렁하게 빈 사무실과 여기저기 팽개쳐져 있는 빈 책상, 짝없는 칸막이 조각과 집기들. 폐업을 앞둔 회사 사무실의 전형이다. 책상이 있던 자리 앞에 의자가 움직이며 만들어놓은 바닥의 시커먼 땟자국이 내 이마에 새겨질 파산의 낙인처럼 선명했다.

눈코 뜰 새 없이 두 달이 지나가고 결국 우리는 거의 모든 일을 무사히 마무리한 채 한 해를 마감했다. 성탄절 전에는 모든 직원에게 회사의 폐업 방침을 알렸고, 난 마지막까지 고생한 중간간부들을 모아 남산의 어느 호텔에서 저녁 식사를 했다. 최초이자 최후의 만찬이었다. 그리고 만찬 뒤 노래방에서 부른 조용필의 〈꿈〉이라니.

화려한 도시를 그리며 찾아왔네, 그곳은 춥고도 험한 곳, 빌딩 속을 헤매다 초라한 문턱에서 뜨거운 눈물을 먹는다……

신용은 은행이 평가하는 게 아니다

　　악몽의 2005년이 지나고 새해가 밝았다. 1월 13일 토요일 오후에 난 이미 퇴직한 직원 가운데 아직 임금과 퇴직금이 완전히 해결해주지 못한 사람들, 그리고 마지막까지 회사에 남아 고군분투했던 직원들 모두를 한 자리에 모았다. 앞으로 그들의 체불 임금과 퇴직금 문제를 어떻게 해결해줄 것인가를 알려주기 위해서였다. 연말부터 나는 노 이사와 총무과장을 데리고 이 대책을 마련하느라 밤늦게까지 회의하며 계산을 해나갔다.

　　일반적으로 망하기 전의 회사에 남는 빚은 크게 세 가지로 나눌 수 있다. 첫째, 금융권 채무, 둘째 물품이나 용역 대금 채무, 셋째, 직원들 밀린 임금과 퇴직금. 사장들은 회사가 어려울 때면 대개 상품이나 용역 대금을 미루고, 그래도 잘 해결되지 않으면 직원들 4대 보험료 납부나 급여 지급을 미루고, 마지막에 가서야 금융권의 이자나 원금 상환을 연체하게 된다. 금융권은 연체에 따라 신용등급 문제가 발생하기 때문에 맨 마지막까지 신용을 지키려고 애쓴다. 한 번 신용이 나빠지면 나중에 돈을 빌리기 어렵고, 이자도 높아지기 때문이다. 반면 거래처야 거래를 끊지 않는 한 외상 깔아놓는 걸 어찌할 수 없고, 직원들도 아무렇게나 자리를 옮길 수는 없으니 어느 선까지는 참아낸다. 물론 직원들의 인내를 요구하려면 윗선에서 먼저 모범을 보임이 당연하다.

회사 문을 닫을 때 사장들이 흔히 선택하는 방법은 금융권과 채권, 임금 등을 모두 모른 체하고 돈 될 만한 물품을 헐값에 팔아넘긴 뒤 현금을 들고 외국으로 튀는 거다. 그게 아니라면 모든 자산의 소유권을 배우자나 다른 가족의 이름으로 절묘하게 넘긴 뒤 만세를 부르는 거다. 배 째라고. 내 주변에도 그런 사람들이 몇 있었다. 그 강심장에 존경을 표하지 않을 수 없다. 하지만 사실 그런 사람들은 겁이 많아 그런 짓을 벌이는 거다. 정면으로 자신의 밑바닥 인생을 마주할 용기가 없는 사람들이다. 그래서 그런 사람들은 우리 곁을 떠나고 어느새 기억에서도 사라진다. 이 사회에서 그가 해놓았던 모든 일은 다 물거품처럼 사라지고 그의 이름 석 자도 사라지고 만다. 그는 우리가 알지 못하는 이역만리 어느 사탕수수밭 농장주나 다름없는 사람이 되어 나머지 인생을 우리와 아무 상관 없이 지내게 될 것이다. 난 그러고 싶지 않았다.

만일 야반도주를 결심한 사람이 아니라면 어떤 순서로 채무를 처리하려 할까? 대부분은 금융권 빚을 먼저 갚거나 줄이고, 그다음이 체불임금이며, 마지막이 매입 채무일 것이다. 물론 매입채무와 체불임금의 순서는 기업주 마음 따라 바뀌기도 한다. 어쨌거나 금융권 빚을 가장 먼저 갚는 것은 재기를 염두에 두고 은행의 신용을 잃지 않으려는 생각에서다. 이들은 은행이 신용을 평가한다고 철석같이 믿는다. 매입채무나 체불임금의 규모가 그리 크지 않다면 이런 방법을 탓할 까닭은 없다. 사실 그런 형편이라면 회사를 접을 이유도 없다. 유지하면서 복구를 도모해도 된다. 그러나 폐업을 결심하는 정도라면 대부분 금융권 채무도 만만치 않고 매입 채무도 만만치 않으며, 체불임금 역시 만만치 않은 상태일 것이다. 돈이란 게 꼬리표가 붙어 있지는 않지만 그래도 돈의 흐름엔 다 낙인이 따라다닌다. 단지 여기에 쓸 돈을 돌려서 다른 곳에 쓸 뿐이니. 돌려막기다.

나는 도망가지 않을 생각이었다. 내 미래가 어찌 될지 알 수 없는 노릇이었지만, 이 상황에서 도망쳐 구차한 삶을 유지한다면 그건 차라리 죽는 것보다 못하다는 생각이 들었다. 누구보다도 내 아들 녀석을 볼 낯이 없을 것 같았다. 아내는 내 이런 입장을 충분히 이해해주었고, 내가 판단하는 모든 일에 전폭적으로 격려하며 용기를 불어넣어 주었다. 아무런 원망도 없었다. 우리는 아직 젊으니까 다시 시작하면 된다고 믿었다.

난 돈에 몰려 폐업하는 사장들이 일반적으로 꼽는 순위와는 정반대로 채무 문제를 처리했다. 맨 먼저, 물건을 사온 거래처의 매입채무와 용역 나갔던 일에 대한 미지급금을 갚았다. 그들은 나를 위해 사업을 하는 사람이 아니다. 그들의 기업, 그들의 인생을 위해 일을 해온 사람들이다. 나 때문에 황당한 피해를 보게 하고 싶지 않았다. 그다음으로 처리해야 한다고 생각한 채무는 체불임금이었다. 직원들은 어쨌거나 한 배를 타고 여기까지 왔고 회사의 사정을 다 알고 있었기 때문에 거래처들보다는 비교도 되지 않을 만큼 내 처지나 회사의 상황을 이해해줄 수 있고 일말의 책임도 공유해야 한다.

그러면 나머지 양쪽으로 나가는 돈 외에 모든 빚은 금융권 채무로 남는다. 50억 원쯤 될 것 같았다. 물론 내가 회사 문을 닫기로 마음먹은 뒤에 금융권에서 더 빌린 돈은 없지만 2005년 말에 넣어야 할 금융이자는 넣지 않았다. 그 돈도 매입 채무 처리와 직원들 체불임금 해결에 보탤 생각이었다. 연말까지 나는 모든 매입 채무를 갚았다. 우리 회사 때문에 피해를 본 업체는 한 곳도 없도록 깔끔하게. 이제는 직원들 차례다.

확보한 현금이 너무 적었기 때문에 직원들의 체불임금과 퇴직금을 해결해주는 데에는 시간이 걸릴 수밖에 없어 보였다. 다만 그 시기를 분명하게 그들에게 밝혀주면 된다. 몇 층에 있는지 알려주는 액정판이 가동되지 않는 엘리베이터를 기다리는 것보다 막막한 일이 어디 있겠는가? 예측 가능한 일정을 주고 그것을 지키면 된다. 그 방안을 찾기 위해 우리 셋은 계속 머리를 짜고 또 짰다.

우리가 체불임금 문제를 해결할 수 있는 재원은 세 가지였다. 첫째, 확실한 부동산 자산인 건물에 담보를 설정했던 금융권이 이를 경매에 넘길 때 1순위로 체불 임금을 받을 수 있다. 둘째, 아직도 시장에서 생명력을 가진 시디롬 타이틀을 헐값으로라도 팔아서 돈을 마련하는 길이다. 마지막으로 연말까지 수금된 돈을 나누는 길이다. 다만 건물 경매나 재고 처분을 통해 돈을 회수하기까지는 시간이 너무 오래 걸린다는 단점이 있었다. 일단 똘똘한 재고는 직원들에게 임금 대신 현물로 지급하고, 유통사업부에 있던 몇몇 직원이 개인사업자로 독립하여 이 물건들을 위탁받아 판매한 뒤 이를 각자의 몫만큼 돌려주기로 했다. 즉 체불임금 일부를 상품으로 갚는 것이다. 하지만 이 방안으로 당장 현금이 나오진 않는다. 결국 나는 근로복지공단의 체당금 제도를 이용하기로 작정했다.

체당금 제도란 회사가 망했을 때 그 회사의 근로자들이 못 받은 임금이나 퇴직금의 일부를 노동부에서 대신 지급하는 제도다. 체당금은 체불임금 중 퇴직 전 3개월 치의 일부, 3년 치 퇴직금 일부를 나이에 따라 정해진 금액으로 산정한다. 좋은 제도이긴 한데, 이 제도를 이용하려면 노동자들이 기업주를 노동부에 임금 체불로 고소하거나 진정을 넣어야 한다. 진정이나 고소나 효력은 같지만 고소의 경우엔 사건이 검찰로까지 넘어가 처벌의 대상이 될 수도 있는 것으로 안다. 일단 근로자들이 노동부에 진정이나 고소를 접수하면 노동부에서는 기업주와 노동자 대표를 불러 사건의 진상을 조사한다. 회사나 사장이 가진 돈이 없다는 게 확인되면 노동부는 근로자를 우선 구제하기 위해 체당금 지급을 처리한다. 이 체당금은 근로복지공단에서 지급하게 되고 근로복지공단에서는 회사의 자산이 있을 경우엔 압류를 걸어 나중에 그 자산을 현금화한 뒤 체당금 지급액만큼 청구한다. 회사에 자산이 없을 경우엔 정부재정과 각종 기금으로 만들어놓은 임금채권보장기금에서 이를 충당하는 것 같았다.

어쨌거나 이렇게 정리하고 나면 현금화할 수 있는 모든 것이 거래처와 직원들에게 돌아가고, 건물 경매 대금 가운데 은행이 가져갈 몫을 빼면 50억 원 가량의 모든 금융권 빚은 연대보증을 선 대표이사, 즉, 나에게로 몰린다. 나머지 재고나 집기 비품 그런 건 다 쓰레기다. 실제로 몇 달 뒤에 나는 그 재고를 치우기 위해 돈을 주고 사람을 불러야 했다. 어쨌거나 내가 이렇게 빚잔치의 우선순위를 잡은 데에는 좌 회계사의 조언이 크게 작용했다.

50만 원을 못 받았든 5백만 원을 못 받았든 5억 원을 못 받았든 받아야 할 돈을 못 받은 사람은 나에게 빚 독촉을 할 수밖에 없다. 다행스럽게도 내가 사채나 개인 돈을 꾸지는 않았으므로 큰 빚은 다 금융권 것이었는데, 은행에서 5억 원 물렸다고 50만 원 못 받은 사람보다 더 난리를 피우지는 않는다. 둘 다 하루에 전화 한 통 걸 것이다. 그렇다면 빚쟁이 수를 줄이는 게 먼저지 빚의 크기순으로 대책을 세워서는 안 된다. 내가 상대해야 할 금융권 담당자는 기껏해야 5명인데 비해 내가 돈을 줘야 할 거래처와 직원 수를 합치면 100명도 넘는다. 그 100명이 하루에 전화 한 통씩만 걸어도 100통이고, 짧게 5분씩 통화해도 8시간 노동을 초과하는 중노동이다. 매일 전화 받느라 평생 무슨 일인들 할 수 있으랴······. 그러니 우선순위를 사람 수가 많은 거래처와 직원 쪽으로 잡고 금융기관은 마지막으로 잡는 게 현명한 것이다.

물론 이런 기술적 판단의 밑바닥에는 내가 사업으로 재기하기 어렵다는 일종의 포기와 이 모든 사태의 책임을 내가 져야 한다는 결단이 깔렸었다. 그런 상황에서 5억 원이나 50억 원은 별 차이가 없는, 그저 숫자에 지나지 않았다. 어차피 나의 사회적 수명을 끊을 거라면 나 하나 날리면서 수많은 사람을 살리는 게 그나마 퇴장하는 이의 염치 아니겠는가? 더구나 난 금융기관의 신용 평가보다 사회의 신용 평가가 더 중요하다고 생각했다.

분명 은행이 평가하는 신용이 있다. 하지만 정작 살아있는 신용은 내 주변의 사람들, 즉 내가 몸담고 의지하는 그 사회에서 내 곁의 사람들이 평가한다. 은행에서 잃은 신용은 점수만 다시 따면 회복되지만, 사회에서 이웃에게, 친구에게, 선후배에게 신용을 잃는다면 누구든 인간적 삶은 끝이다. 신용은 은행이 평가하는 게 아니다. 우리가 몸담은 사회에서 평가한다.

신용의 문제가 아니라 도의적 문제를 제기하는 사람이 있을 수도 있겠다. 돈 꿔준 은행이 무슨 죄가 있다고 모든 부담을 은행으로 돌려 버리느냐고. 반론이 정당한지는 모르겠으나 난 이렇게 생각한다. 은행은 '돈'을 매개로 수신이라는 예금 상품과 여신이라는 대출 상품을 사고판다. 그 판매 차익으로 먹고사는 곳이다. 내가 상품을 사고팔았던 사업 방식과 하나도 다를 바 없다. 그리고 내가 팔았던 상품의 대금을 받지 못한 곳이 많았던 것처럼 은행도 대출 상품의 대금을 받지 못하는 일이 생기는 것뿐이다. 시장에서 누구나 그런 위험 부담을 상품 가격에 반영하듯 은행도 대출 상품 가격에 그런 위험 부담을 반영한다. 주식이나 채권에 투자하는 사람들은 수익률이 높은 만큼 더더욱 큰 위험 부담을 안고 있지 않은가? 그러니 내가 그들 금융기관에 미안한 마음을 가질 수는 있지만, 위험에 대비할 여유 없이 하루하루 먹고살기 바쁜 사람들의 생계를 금융기관의 이익보다 앞세웠다 하여 도덕적 비난까지 받을 처지는 아니라고 본다.

 난 직원별로 각각 자신의 체불임금을 받을 수 있는 네 가지 재원을 현금, 체당금, 재고상품 판매대금, 건물 경매대금 순으로 나누어 표로 정리했다. 1월 13일 오후 4시. 폐허나 다름없는 사무실에 60여 명의 직원이 모였다. 조금 전까지 지하 물류창고에서 재고를 분류하다 나와 마주쳤던 이동호 씨도 보였다. 나는 내 책상 옆에 있는 회의실에서 줄담배를 피우다 올 사람 다 왔다는 총무과장의 보고를 받고 자리에서 일어섰다. 물을 한 모금 마셨다. 그래, 여기서부터 나는 제대로 파산이다.
 총무과장이 체불임금 해결방안을 설명하기 시작했다. 아주 특별한 회의인데도 이상하리만치 내 마음은 차분했다. 아니, 체불임금 해결 방안을 꼼꼼하게 세운 나 자신에게 만족하고 있었는지도 모른다. 총무과장의 설명을 함께 듣고 있던 나는 그의 설명이 직원들에게 명쾌하게 다가가지 않는 것 같아 그를 불러들이고, 직접 칠판 앞으로 가서 전체 개요를 적어가며 다시 설명했다. 그래, 마지막까지 사장이다. 내 설명을 듣고서 모든 직원이 그 해법을 정확하게 이해하게 되었음을 확인한 뒤, 난 직원들에게 말했다.

"따라서 여러분들은 이제 사원 대표를 뽑아 노동부에 나의 임금 체불 사실에 관해 진정서를 넣어야 합니다. 그 적임자는 아마도 총무과장일 겁니다."

직원들은 조용했다. 임금 체불 때문에 힘들긴 했어도 내가 사장으로서 회사의 회생을 위해 최선을 다하며 애쓴 걸 그들도 잘 알고 있었던지라, 마치 모시고 있던 대장을 적에게 넘겨주는 느낌이었다 할까……, 여기저기서 낮은 헛기침 소리가 들렸다. 난 마지막으로 그들 앞에 서서 인사를 했다.

"오랜 세월 아리수를 키우고 그 과정에서 개인의 성장을 꾀했던 여러분과 이제 헤어져야 한다는 사실이 믿기지 않습니다. 나와 여러분의 젊음을 바쳐 만들어온 회사인데 이 모양으로 끝을 맺게 되어 정말 미안합니다. 아무쪼록 건강하길 빌며, 언젠가 우리가 다시 만날 날이 반드시 있으리라고 기대합니다. 여러분, 고마웠습니다."

평범한 인사였음에도 여직원 몇이 눈물을 흘리며 훌쩍대는 바람에 잠깐 나도 콧날이 시큰해졌다. 하지만 울지는 않았다. 정말 파산은 이제 시작일 뿐이니.

∼

　서류 작업을 마친 3주 뒤에 총무과장은 노동부 서울남부지방사무소에 회사의 대표이사인 나를 대상으로 임금체불 진정서를 넣었다. 노동부 서울남부지방사무소. 내가 대학 시절 구로동 소재 어느 공장 노동자들에 대한 기업주의 탄압에 항의하기 위해 기습적으로 화염병 공격을 했던 곳이다. 물론 그때와 같은 장소인지는 모르겠다. 난 이제 근로자들의 임금을 체불한 악덕 기업주로 처지가 바뀌어 조사를 받기 위해 그곳을 찾았다. 근로자 대표인 총무과장과 함께 가서 진정 사실을 확인하여 주고 체당금 신청을 상의하였다. 아무래도 노무사를 이용하는 게 업무 처리상 편할 것 같아 우리는 노동부 직원에게 사무소 근방의 노무사 가운데 믿을만한 사람을 추천해달라고 부탁했다. 노동부 직원들과 잘 통하는 노무사를 추천해줄 것이라 예상했고, 예상대로 퇴직한 지 얼마 되지 않은 전직 노동부 직원 출신 노무사를 소개받았다.
　임금과 퇴직금을 못 받은 직원 수가 60여 명에 해당하였으므로 1인당 평균 5백만 원으로 잡아도 3억 가까운 돈이라 남부사무소 관내에서는 규모가 매우 큰 사건이었다. 당연히 노무사 수수료도 많이 나올 알토란같은 사건이라 노무사는 내 앞에서 아주 환하게 웃고 있었다. 내가 사장인 줄도 모른 채. 사장으로서 최선을 다해 협조할 테니 아무쪼록 빠르게 일을 처리해달라고 나는 노무사에게 신신당부했다. 곧 체불임금 사실관계를 확인하기 위해 두어 번 노동부에 나가 조사를 받았고, 노 이사처럼 어쩔 수 없이 법인등기부에 이사로 등재되어 있기는 하지만 실질적으로는 근로자였던 두 사람이 있어 그 사실관계를 진술하기 위해 두 차례 더 조사를 받았다. 노무사는 노동부 직원들을 자기 부하 직원 부리듯 하면서 일을 처리했고, 대략 3개월 만에 체당금 지급이 확정되었다.

체당금 지급이 확정된 다음날 난 노 이사와 함께 노무사를 찾아가 고맙다는 인사를 전했다. 그 자리에서 노무사는 내게 이렇게 말했다.

"참 놀랬습니다. 어떻게 이런 직원들을 두셨습니까? 체불된 근로자 두어 명 있는 곳에서도 어찌 처리되고 있느냐 언제 돈 나오느냐 하면서 하루에도 대여섯 번씩 전화가 옵니다. 근데 대상 직원이 60명이나 되는데도 지난 석 달 동안 그런 전화를 한 통도 안 받았으니……. 이런 사건만 있으면 노무사 일하기 참 편하겠어요. 허허허."

편하게 돈 많이 벌어서 기분 좋았겠지. 쩝. 칭찬이라고 듣자.

체당금 신청을 하면서 난 우리가 거래하던 세 곳의 은행과 기술신보, 해외 신주인수권부사채 사업관리를 맡고 있던 회계법인에 우리 회사의 폐업 소식을 알렸다. 은행 세 곳에 진 빚은 약 3억 원, 대부분은 기술신보와 해외 펀드에 걸린 돈이었다. 주거래은행과 기술신보, 해외펀드를 관리하던 회계법인에는 직접 찾아가 사정을 설명하고 미안한 마음을 전했다. 뜻밖에도, 죄인의 마음으로 찾아간 내게 금융기관 담당자들은 대수롭지 않은 일처럼 대하더

라. 생각해보니, 어차피 그 모든 돈이 그들 개인의 돈은 아니었던 것이다. 그들은 단지 그 업무를 처리하는 담당자고, 업무처리에 문제가 없도록 충분한 정보를 제공해준 내게 굳이 까탈을 부릴 아무런 까닭이 없었다.

나는 우리 업계에도 나의 폐업 소식을 다 알렸다. 2001년 내가 주축이 되어 설립했던 관련 업체 협회 이사회에 나가서 회의 마지막에 내 신상에 관한 발언을 했다. 여러분이 알고 있던 아리수미디어는 망했다고. 난 대학 시절 함께 동아리 활동을 했던 동문과의 모임에서도, 고교 동창회에서도, 학과 친구들에게도 이 사실을 알려주었다. 내가 2000년부터 운영위원으로 일하던 시민단체 한글문화연대 운영위원들에게도 다 알렸다. 모두가 나를 걱정해주는 말을 건넸지만, 사태를 마무리한 내 마음은 외려 담담했다. 물론 마음 한 구석에 50억 원에 달하는 연대보증 채무를 어찌 해결할 것인가 하는 걱정은 있었지만, 아직 나는 젊으니까 어떻게든 해결할 수 있으리라는 자신감 같은 게 있었기에 당장 고민거리는 아니었다.

∽

이 모든 일이 내가 처음으로 주례를 섰던 그 결혼식 두 달 뒤부터 공식적으로 벌어졌다. 난 그들을 잊지 않고 있었다. 아마 신랑 신부의 귀에도 그 소식은 닿았으리라. 나의 주례였던 김진균 교수님에 비할 바 없이 초라한 주례 선생으로 그들의 머릿속에 남았거나 사라졌을지도 모를 일이다.

바닥까지 간다는 것

영화 〈디워〉 논란의 주역이었던 영구 심형래 감독은 2004년 5월에 나와 함께 정보통신부 장관상을 받았다. 수상식이 끝나고 기자들과 이야기를 나누는 자리에서 그는 기자들의 혼을 쭉 빼갔다. 자신이 영화에 활용하려 개발한 컴퓨터 그래픽 기술을 설명하면서 갑자기 담배 한 개비를 탁자 위에 올려놓더니 자기 손가락과 담배를 잘 보라고 하기에 나도 눈을 부릅뜨고 지켜보았다. 그가 엄지와 중지로 딱딱 소리를 내기 시작하자 탁자 위의 담배가 스르르 앞으로 굴러가는 게 아닌가. 모두 깜짝 놀랐다. 비결은 아주 간단했다. 사람들의 눈과 귀를 손가락과 담배 쪽으로 집중시키고는 손가락으로 소리를 내는 순간에 입으로 살살 바람을 뿜어 담배를 굴린 것이다. 그게 새로운 컴퓨터 그래픽 기술의 원리라면서 제대로 보고 싶으면 바로 자기네 사무실 가서 짜장면 한 그릇씩 먹으면서 보자고 하더니 그 자리에 있던 기자들을 모두 몰고 나가버렸다. 젠장. 난 졸지에 낙동강 오리알 신세였고.

내가 알기로 당시에도 심형래 감독은 제작비 조달에 허덕이고 있었다. 처음에야 그가 유명인이라는 사실만으로도 돈을 투자하는 사람이 있었겠지만, 돈이란 놈은 꽤 냄새를 잘 맡는지라 될 집 안 될 집을 곧 가려낸다. 심형래 감독이 기자들을 쓸어간 건 자기 입이 아니라 제삼자, 특히 언론의 입으로 심형래 영화의 가능성을 알리기 위함이었을 것이다. 그러니 언론에 어떤 기업인이 자주 등장한다면 그 회사 자금 사정이 어렵다고 추측해도 큰 무리는 없다.

2007년 〈디워〉가 개봉되기 전 미국에서 돌아온 그가 텔레비전 어느 구라판에 나와 미국에서 벌인 활약과 〈디워〉의 어마어마함을 풀어놓을 때, 난 속으로 '참 애쓴다'고 생각했고, 저 이야기 속에 허풍이 있을지라도 그의 영화가 잘 되기를 바랐다. 어쨌거나 인연이 있는 사람인 데다 사업 망한 나로서는 늘 제작비 부족에 시달리던 그도 세상에 통쾌하게 한 방 먹이면 좋겠다는 마음이었다. 하지만 그는 영화 제작 때문에 진 빚과 제작진들 임금 체불로 고소당한 상태에서 2013년 5월에 결국 파산을 신청했다. 나보다 7년을 더 버텼다는 사실만으로 그에게 손뼉을 치고 싶다.

사업 망한 지 8년이 지났는데도 여태껏 이런 질문을 하는 사람이 있다.

"요즘 사업 잘되시죠?"

내가 회사 문 닫은 뒤 가장 싫어했던 질문이다. 심형래 감독은 유명인이니 이 질문을 받을 일은 별로 없을 것 같다. 발 없는 말이 천 리 간다는데, 내가 사업에 망했다는 소식은 왜 이리도 더디 퍼지는가. 불편하다. 그렇지만 난 에둘러 말하지 않고 확 질러버린다.

"저 2006년 초에 쫄딱 망했습니다. 파산하고 이젠 신용불량자예요."

폐업한 직후부터 사람들 질문에 내가 이렇게 답하면 듣는 사람들은 순간적으로 얼굴이 굳는다. 잘 나간다던 아리수가 망했다는 사실이 믿기지 않아서 그러는 사람, 뜻밖에 아픈 곳을 찔렀구나 싶어 움찔하는 사람, 내가 망했다고 멀쩡하게 이야기하니 좀 어처구니없어하는 사람들의 표정이다. 처음엔 그 말 꺼내기가 부끄러웠지만, 곧 그렇게 깨 놓고 말하는 편이 더 낫다는 것을 알게 되었다. 미적거리고 말을 둘러대서 그 자리를 모면하고 나면 두고두고 그 질문이 내 머릿속에서 왱왱거리며 아픈 상처를 헤집고 부끄러움을 키운다. 혹시나 이 작자가 다른 곳에서 내 망한 이야기를 들으면 어쩌나 싶은 걱정에 엉뚱한 대거리를 찾아 헤매고 몸과 마음이 온통 그 화제를 얼버무리는 일에 휘둘린다. 부끄러움이란 대개 상대의 기대에 부응하지 못하는 걸 나쁘게 여길 때 일어나는 감정이다. 그러므로 내 마음을 다스리려 애쓰기보다 먼저 상대의 헛된 기대를 무너뜨리면서 내 참모습을 보여주면 내 마음속의 부끄러움도 사라진다. 그리고 그 순간만 지나면 상대방이나 나나 마음이 홀가분해진다.

폐업 후 체당금을 처리하는 동안 난 어느 온라인 교육게임 회사의 요청을 받아들여 월급사장으로 잠시 일하고 있었다. 오래 할 마음은 아니었고, 그 회사가 어느 정도 일이 돌아가도록 도운 뒤 휴식으로 들어갈 작정이었다. 호구지책이기도 했지만, 그보다는 졸지에 할 일이 없어지면 마음이 너무 횅할 듯하여 연착륙을 시도하였다고나 할까. 사업 경험이 짧은 그 회사 소유주가 재산이 많다는 소문 때문에 사업 들어먹은 온갖 양아치들이 들락거리며 이런저런 제안을 하는 통에 회사 분위기는 늘 우왕좌왕이었다. 그래도 낯선 사람들과 새로 맺는 인연은 또 그것대로 시름을 덜어주는 청량제 같았다.

당시 내게는 새로운 미래를 설계할 만큼의 힘이 남아 있지 않았다. 창피함 때문에 엄벙덤벙 다른 일에 달려들다가 자칫 내 정신 상태마저 파산 지경으로 내몰릴 수는 없는 노릇이었으므로 재기의 욕구도 당분간은 내려놓기로 했다. 내게 남아 있는 연대보증 채무 50억 원은 너무나 큰돈이라 앞으로 이걸 어떻게 처리해야 할지 감이 오지도 않았다. 5천만 원이면 손에 잡히는 돈이지만 50억 원이라면 개인으로서는 실감하기 어려운 액수다. 막막함이 가져다준 절대 진공상태 속의 휴식이었다.

∼

망해보지 않은 사람들은 잘 모르는데, 사업 망했다고 드라마에서처럼 바로 차압 들어오고 그러지는 않는다. 회사 폐업을 알린 뒤 몇 달이 지나도록 금융권에서 별다른 연락이 없어 오히려 내가 궁금해할 정도였으니까. 그 짐을 낭분간 잊고 좀 쉰 다음에야 새로운 계획이든 뭐든 가능하겠다는 생각이 날 지배하고 있었다. 그러나 잊는다고 사라질 일은 아니다. 슬금슬금 늘어나는 정신적 피로 때문에 8개월 만에 월급사장 일을 그만두고 한 달이 지났을 무렵 비로소 은행에서 연락이 오기 시작했다. 세 곳의 은행에서 번갈아가며 최고통지 비슷한 우편물이 오고, 마침내 어느 날인가는 우리 집 가재도구를 압류하겠다는 통지가 날아들었다. 드디어 올 것이 왔구나. 집안 여기저기에 빨간 딱지를 붙인다? 좀 심각한 상황이었다. 문제는 6학년 2학기부터 서울의 우리 아파트 근처 학교로 전학한 아들이 받을 충격.

이미 그 '자랑스러운' 회사가 망했는지도 모르는 아들 녀석을 서울로 데려오면서 나는 아주 대수롭지 않다는 듯이 회사 문을 닫았다는 이야기를 들려줬다. 놀라는 아이 손을 꼬옥 잡으면서 난 다시 시작하면 되니까 걱정하지 말라고 안심시켰고, 우리 세 식구는 난생처음 단란한 가정을 꾸렸다. 난 그동안 사업하느라 신경 못 써준 일이 마음에 걸려 아들의 코딱지만 한 방에 1백만 원이 넘는 돈을 들여 2층 침대와 책상, 서랍장 등을 짜 들이고 아들의 낯선 서울생활을 응원하고 있었다. 그런데 압류라니……. 망한 뒤 나에게 남은 것이라곤 오피스텔 보증금 1천만 원과 18만 킬로미터를 달린 아반떼 승용차 한 대뿐이었는지라 새로 이사한 월세 아파트에도 돈이 될 물건은 없었다. 다른 비품들이야 뭐 압류를 걸어 딱지를 붙이든 말든 큰 문제가 아닐 수도 있지만, 아들의 새로 만든 침대에 빨간 딱지가 붙는다면……, 이건 정말 낭패다.

이럴 때 인터넷을 찾아보면 대처법이 다 나온다. 하지만 난 눈이 나쁜 탓에 그럴 수가 없었고, 그런 일을 마누라에게 시키기도 싫었다. 알음알음 수소문하여 예전에 압류 경험이 있던 사람에게 연락했더니, 너무 쫄 필요는 없다고 도움말을 준다. 법원에서 집달관이 나올 때 압류가액을 판단하여 이를 사버리는 공매업체들이 따라 나온다고 한다. 기껏해야 돈 백만 원가량 할 테니, 그 돈을 미리 준비했다가 공매업체로부터 다시 사들이면 된단다.

방안은 찾았지만, 그 일을 처리할 생각을 하니 창피함과 쓸쓸함이 밀려왔다. 해당 압류 통지를 보내온 은행 담당자에게 전화를 걸어 내가 얼마 전에 개인파산 신청을 냈으니 압류 조치를 좀 기다려줄 수 없겠냐는 사정을 말했다. 휴식에 들어갈 즈음 법조계에 있는 친구로부터 전화가 와 이야기를 나누다 그 친구의 권유로 파산신청을 냈던 것이다. 통화 막바지에 친구가 "요즘 사업 잘되지?" 하고 내 근황을 묻기에 "나 올 초에 사업 쫄딱 망했어." 라고 단련된 그 대답을 던졌었다. 놈은 깜짝 놀라는 눈치로 내 이야기를 듣더니 내게 개인파산을 신청하라고 적극적으로 권했다.

난 개인파산은 개인적인 일로 채무가 쌓인 사람들에게만 해당하고, 나처럼 법인을 운영하다가 문제가 생긴 사람에게는 해당 사항이 없다고 어디선가 들은 적이 있었다. 그 법인을 청산해야 대표이사도 개인 파산을 신청할 수 있다는 식의 확인되지 않은 정보였다. 그래서 회사 문을 닫을 때 난 회사 법인을 청산하려고 변호사들에게 절차와 방법을 물어봤었다. 법인을 청산하려면 법원의 청산 명령이 필요한데, 법원에서 파산 관제인을 파견하여 3년 치 회계를 감사하고 나서야 청산을 명한다고 한다. 그에 드는 비용이 자산 규모에 따라 다르지만, 최소한 8천만 원은 넘을 거라고 해서 난 법인 청산을 포기했다. 그 돈이 있으면 직원들 밀린 월급을 주지. 사업자 문 닫는 폐업 조치야 세무서에 신고하면 쉽게 마무리되지만, 하나의 인격체인 법인의 청산은 못 한 상태였으니 대표이사인 나의 개인파산은 불가능하다고 알고 있었다. 그런데 그렇지 않다는 거다.

얼마 뒤 파산 전문 변호사 사무실을 찾아 상담했더니 절차나 준비할 서류는 그다지 복잡하지 않았다. 내가 어떤 식으로 파산 상태에 처하게 되었는지 그 사정을 자세히 적고, 사실관계를 입증할 은행 거래내용과 재산관계를 적어서 증빙서류와 함께 재판부에 내면 그만이었다. 혹시나 돈을 빼돌리지는 않았나 하는 게 파산 면책 판단에서 가장 중요한 사안이다. 내가 꽤 오랫동안 월급을 받지 못하면서도 회사를 경영한 사실, 집 판 돈을 회사에 넣은 일, 종신 보험금 받아서 회사에 넣은 일 등은 모두 내 통장과 회사 통장에서 확인할 수 있었다.

파산 신청한 사실을 말하자 은행 담당자는 파산신청 접수번호를 물어왔다. 사실 여부를 확인하려고 그러나 싶어 번호를 찾아 불러주었다. 그랬더니 앞으로는 그런 편지 안 갈 거라고 하면서 전화를 끊는 게 아닌가. 그 편지들은 정해진 기일마다 전산처리에 따라 자동으로 발송되는 것이었다. 그 뒤로 다른 은행에서 편지가 올 때마다 난 전화로 연락해 나의 파산신청 사실을 알려주고 접수번호를 불러주었다. 은행 담당 직원들은 면책 결과 나오면 알려달라고 하면서 모두 선선하게 사태를 처리해주었다.

내 사건은 워낙 단순하고 투명했던지라 파산신청을 한 뒤 아무런 심리 절차 없이 다섯 달 만에 파산이 확정되었고, 채권자들의 이의 제기가 없다면 4주 뒤에 면책하겠다는 통지가 채권자들에게 갔다. 우리 회사의 채권자는 다 공식 금융기관이었으므로 아무도 이의를 제기하지 않았다. 2007년 3월 20일, 난 내게 짐 지어졌던 50억 원의 연대보증 채무를 거짓말처럼 한방에 털어버리는 면책선고를 받았다. 뛸 듯이 좋아할 일은 아니지만 그래도 슬며시 웃음이 나왔다. 실감이 나지 않았다.

~

평상적인 생활을 하는 사람이라면 참으로 낯선 영역이 파산이니 면책이니 하는 제도일 터이다. 잘 공감이 가지 않을 거다. 은행이니 제2금융권, 심지어는 주변의 아는 사람들에게 돈 빌려서 사업하다가 망했기로서니 그 빚을 면제해준다는 게 말이 되느냐는 생각들이 많다. 의문은 대개 세 가지로 요약된다.

첫째, 만일 빚을 지고 파산한 사람을 면책해준다면 누군들 남에게 빌린 돈을 갚으려 하겠느냐? 그건 도덕적 해이를 부른다. 둘째,

혹시라도 몰래 자기 돈을 빼돌려 놓고 얌체처럼 면책을 요청하는 사람도 있을 수 있지 않느냐? 셋째, 만일 그 빚진 사람이 나중에라도 돈을 벌면 갚아야지 그 빚을 면제해주면 빌려준 사람은 그냥 손해만 보고 말라는 것이냐? 누구나 정상적인 사회생활을 하고 있을 때에는 이런 의문을 갖게 마련이다. 서울중앙지법 파산부에서 재판을 맡았던 문유석 판사는 〈파산이 뭐길래〉라는 글에서 이렇게 답한다.

"쉽게 말씀드리면, 개인파산면책이란 가진 재산 모두 털어 빚잔치를 하여 나누어주고 남은 빚은 탕감 받는 것이고, 개인회생이란 수입이 있는 사람의 경우 5년 내의 기간에 버는 돈으로 열심히 빚을 갚아 나가고, 남은 빚은 탕감 받는 것입니다.

이화여대 법대 오수근 교수님의 글을 보면 파산법의 역사는 영국의 1542년 법 이래 450년 동안 발전해 왔다고 합니다. 빚 못 갚는 채무자 목에 칼을 씌워 구경거리로 삼고 감옥에 투옥하던 때로부터 정말 오랜 세월을 거쳐 불운하나 정직한 채무자에게 채무의 부담에서 벗어날 수 있는 기회를 주게 된 것입니다.

……(줄임)…… 파산의 문제는 특정한 계층의 문제가 아니라 우리 자신을 포함한 모든 사람에게 닥칠 수 있는 문제이고, 이러한 문제를 해결하기 위한 면책제도와 개인회생제도는 일종의 사회적 보험인 것입니다.

파산면책을 이용해 남의 빚을 안 갚는다고요? 안 갚는 것이 아니라 못 갚는 것입니다. 면책 결정을 하든, 안 하든 어차피 빚 갚을 능력은 고사하고 신용불량자로 취업도 안 되고 신용거래도 되지 않아 자기 가족의 기본적 생활도 꾸려나가기 힘든 사람들이 파산선고를 받고 면책을 받는 것이고, 그나마 수입이 조금이라도 있어 기본적인 생활비를 제외한 나머지라도 갚아 나간 후 남은 채무를 면책 받는 것이 개인회생입니다.

경제적으로 말하면 이런 사람들에 대한 채권은 액면이 10억이든 100억이든 이미 가치가 제로나 다름없는 부실채권입니다. 어찌 보면 법원의 면책 결정이 별 게 아닙니다. 원래 가치가 0원인 채권을 0원이라고 공식 확인해 주는 것에 불과합니다. 꼬박꼬박 잘 갚고 있고, 앞으로도 갚을 수 있는 빚을 어느 날 갑자기 법원이 면제해 주는 것이 아닙니다. 오랫동안 갚지 못해 왔고, 앞으로도 갚을 능력이 없는 사람들을 숫자에 불과한 채무의 노예로 묶어 놓고 취업도 못 하게 하고, 빚 독촉 전화에 자살하고 싶도록 궁지에 몰아넣어서 채권자들이, 이 사회가 얻는 것이 도대체 무엇이란 말입니까.

어차피 못 갚는 빚, 무의미한 숫자 지워주고 경제활동에 복귀하여 자기 앞가림이라도 할 수 있게 해 주지 않으면, 결국은 이 사람들은 국민 세금으로 최소한의 생존을 보장하는 사회복지의 대상자가 되거나, 심하면 노숙자, 범죄자가 되어 또 다른 사회적 비용을 발생시킬 수도 있습니다. 무엇이 전체에게 이익이 되는 것일까요? 물론, 빚을 갚을 수 있으면서도 재산을 숨겨놓고 파산을 신청하는 사례도 있을 수 있습니다.

그래서 면책 불허가사유가 있고, 사기파산죄가 있는 것입니다. 빚진 사람 사정을 가장 잘 아는 것은 누굽니까. 돈 빌려 준 사람 아닙니까. 채권금융기관들이 신용관리를 제대로 해 왔다면 애초부터 돈 갚을 능력이 없는 사람에게 돈을 빌려주는 일은 없었을 것이고, 돈 갚을 재산과 능력이 있다고 파악된 사람이 이를 숨기고 면책신청을 하는 경우가 발견되면, 파악하고 있는 자료를 첨부하여 법원에 이의신청하면 당연히 법원이 참작할 것입니다. 그러나 전체를 놓고 볼 때 이러한 경우는 매우 소수입니다. 물론, 파산사건의 증가와 함께 이러한 악용 사례가 늘어날 가능성은 저희도 항상 염려하고 주시하고 있습니다만, 적어도 아직은 우리나라에서의 개인파산은 남용을 걱정하기보다는 이용하지 않는 것을 걱정해야 하는 걸음마 단계라고 생각됩니다."

(문유석, 2005년 〈법원사람들〉 5월호)

문 판사의 말에 따르자면 난 또다시 보험 혜택을 받은 셈이다. 물론 보험이란 최악의 상태에 떨어져야만 작동하는 그 원리상 시각장애인, 파산자가 된 뒤에야 내게 손을 내민다. 계산해 보자. 매년 1억씩 갚는다 해도 내가 50억 원의 보증 채무를 다 갚으려면 무려 50년이 걸린다. 물론 이마저도 이자가 없다는 전제 아래서다. 연리 2%의 싼 이자를 적용해도 연 1억 원의 이자를 내야 한다. 채권자 처지에서 보자면 정말로 경제적 가치가 0인 채권, 회수 불가능한 부실채권이다. 50억 원의 돈을 빌려서도 돈을 벌지 못한 놈이 무슨 수로 맨몸으로 50억 원을 벌어 빚을 갚을 수 있을 거로 생각했었는지…….

　법적으로 면책을 받은 대신 난 금융기관으로부터 '신용불량' 판정을 받고 상당기간 금융권 대출이나 신용카드 발급이 불가능한 신용불량자, 즉 신용등급 9등급 인생으로 살아야 했다. 사람들은 이른바 공식적인 신용불량자가 되면 생활이 몹시 불편하리라고 짐작하여 사정을 제대로 물어보지도 못한다. 불편하긴 하다. 하지만 그렇게 심하지는 않다. 지난 7년 동안 내가 일상생활에서 가장 빈번하게 받은 질문은 이거다.

　"몇 개월로 해드릴까요?"

　물건 사고 결제할 때 카드 내밀면 점원들이 늘 묻는 말. 난 항상 이렇게 답했다.

　"일시불이요."

　신용불량자가 무슨 카드를 내미느냐고 갸우뚱하는 사람이 있을 거다. 난 신용불량자로 7년 세월을 살았다. 신용카드가 없어서 음식점이나 극장에서 할인 혜택을 받지 못할 때 난 내가 신용불량자라는 사실을 불현듯 떠올렸다. 그러나 자기 명의의 직불카드는 아무런 제한 없이 사용할 수 있다. 직불카드야 은행 통장에 현금 있는 만큼 사용할 수 있으니까. 그럼 또 이런 의문이 들 거다. '신용불량자가 은행 거래도 할 수 있나?' 물론 할 수 있다. 개인 신용이 필요한 업무, 즉 대출이나 신용카드 이용 말고는 어떤 거래든 다

할 수 있다. 돈 맡기는데 마다할 은행이 어디 있겠는가? 그러니 맡겨둔 돈만큼 사용할 수 있는 직불카드는 당연히 발급해준다. 나는 그렇게 할부가 되지 않는 직불카드를 이용했다.

물론 법적으로 파산과 면책을 거쳐 신용불량자가 된 나 같은 경우가 아니라 각종 카드 연체와 원리금 및 세금 체납 등으로 신용등급이 바닥까지 떨어지고 통장에 압류가 걸리는 사람들은 자기 이름으로 통장을 개설하거나 이용할 수도 없다. 파산이 아니라 '파탄' 상태에 빠진 사람들이다. 이런 사람들이야말로 하루빨리 개인파산이든 개인신용회복이든 법적인 절차를 밟는 게 좋다. 그렇지 않으면 자꾸 탈법적이거나 불법적인 쪽으로 몸과 마음이 끌려가 나중에는 그런 기록 때문에 신용불량의 늪에서 헤어 나오기가 더 어려워진다. 이들은 공식적인 파산이 어떤 효력을 갖는지 잘 몰라서, 또 파산 이후의 삶이 어떤지 잘 몰라서 자기 삶을 방치하는 경우가 많다.

그래도 신용이 필요한 일을 처리하지 못할 때는 확실히 불편하고 허탈했다. 한번은 새 전화기를 사러 용산전자상가에 나가 눈이 나쁜 내가 사고 싶었던 '효도폰'을 사려는데, 할부로 할 경우엔 신용보증회사로부터 신용보증을 받아야 한다고 가게 주인이 내 주민등록증을 가져갔다. 십분 뒤에 다시 돌아온 주인은 보증서 발급이 안 된다면서 안타까운 얼굴로 내게 할부는 어렵겠다고 말했다. 난 예상했던 일이라 그다지 충격을 받거나 창피해 하지는 않았다. 그럴 땐 현금으로 돈 다 주고 사면 그만이다. 자동차를 사려 할 때도 신용 때문에 할부가 되지 않으니 모두 현금 주고 사면 그만이다. 그럴 돈이 없으면 중고차를 사든가 차 없이 살면 된다. 형편에 맞게 살면 된다.

파산자, 신용불량자가 되고 나니 세상사는 게 더 편해진 면도 있었다. 누가 나에게 신용카드 만들라고 하면 바로 답해준다. 신용불량자도 가능하냐고. 그러면 바로 곁에서 떨어진다. 대출해준다는 스팸 문자도 날아오지 않는다. 그놈들도 알고 있는 거다. 어디 모임에 가서 돈 낼 일도 없어졌다. 굳이 '엔 분의 일'을 강조하는 곳이라면 몰라도 파산하고 신용불량자가 된 나에겐 '엔 분의 일'을 낼 기회도 잘 돌아오지 않았다. 상황을 거꾸로 볼 수 있는 능력을 갖춘 이라면 나의 상태가 얼마나 불행하지 않은지 잘 알 것이다. 난 은행으로부터 돈을 빌릴 능력이 없기 때문에 자영업자 평균 가계부채 1억 1,600만 원 시대에 아무런 빚도 없다.

내 신용상태가 은행에서는 꽝이지만 사회적으로는 하나도 망가지지 않았으므로 난 어떠한 부담도 지고 살 일이 없다. 돈이 없더라도 친구는 있어야 한다. 난 아는 이들과의 만남을 굳이 피하지도 않았다. 회사 문을 닫은 지 1년 뒤인 2007년 2월 초에 옛 직원 40여 명이 모여 신년 인사를 나눴다. 체불임금 일부를 재고상품으로 대신 받아 위탁 판매한 돈을 모두 받은 상태라 이젠 직원들 체불 임금 문제도 마무리한 터였다. 그런 사정도 있고 오랜만에 만난 자리라 그런지 분위기는 정말 예전 아리수미디어 잘 나갈 때 그대로였다. 술이 몇 순배 돌자 마지막까지 회사 일 열심히 하던 한 친구가 내게 이런 말을 건넸다.

"사장님, 아무리 고생스러웠어도 아리수 때가 정말 좋았어요. 지금 다니는 회사는 사람 사는 곳 같지가 않아요. 다시 사업 안 하세요? 그럼 꼭 저도 데려가 주세요."

난 고마웠지만, 정색하고 대꾸했다.

"야, 아리수, 그래서 망한 거야. 그러니까 있을 때 잘하지 그랬어. 하하하"

마지막까지 웃음을 참을 수는 없었다. 난 다시는 사업하지 않을 거라고 덧붙이며 함께 헤쳐 왔던 그 길고 긴 고난의 행군에 위안의 술잔을 권했다.

4

읽는 게 있으면 얻는 게 있다

평생 돈 걱정 안 하고 살 이름

뿌연 햇살이 나른하게 내리쬐는 봄날 오후였다. 물어물어 어렵사리 찾아간 상해 임시정부 건물을 구경하고 근처 어느 공원의 벤치에 앉아 노 이사와 함께 한가로움을 즐기고 있을 때, 서울에 있는 아내에게서 전화가 왔다. 2007년 4월 중순, 넉 달에 걸친 중국어 공부 뒤에 '현장체험학습'이라는 터무니없는 명분을 내걸고 중국에 놀러 온 지 나흘째였다. 며칠이나 지났다고 벌써 보고 싶어 전화를 하나⋯⋯. 아낄 대로 아껴가며 사는 처지에 국제전화까지 걸어서.

"여보, 세무서에서 우편물이 왔는데, 내용을 잘 모르겠어. 당신이 세무서에 돈을 내야 하는 모양이던데⋯⋯. 어떻게 된 거야?"

"글쎄, 세무서에서 연락 올 게 없는데⋯⋯. 이상하네."

"전화번호 알려줄 테니, 세무서에 전화 한 번 해볼래?"

이젠 다 마무리된 걸로 아는데, 또 무슨 일이지? 전화번호를 받아 적고 내키지 않는 기분으로 서울 강서세무서에 전화를 걸었다. 문둥이 콧구멍의 마늘을 빼먹을 놈들, 또 뭘 내야 한다는 건가? 도대체 이 '고난의 행군'은 언제쯤 끝나려나…….

～

　사업을 접은 뒤로도 난 돈 걱정을 완전히 내려놓을 수 없었다. 세무서나 건강보험공단, 국민연금관리공단 등에서 회사 대신 대표이사인 나보고 내라는 자잘한 세금이니 연체료니 보험료 미납금 때문에 전화가 오고 우편물이 날아와 신경을 끊을 수가 없었다. 내가 다른 회사에 가서 앵벌이 사장질을 8개월이나 한 데에는 이런 공적인 숙제들을 처리해야 한다는 사정도 깔렸었다. 이젠 회사 문 닫은 지 1년이 넘었고, 법원에서 면책 결정까지 받았는데……. 신호가 가는 동안 갑자기 돈과 내 이름 풀이에 얽힌 황당한 일들이 떠올랐다.
　2002년 온라인 사업으로 아리수한글을 출시하고 기대에 못 미치는 성과와 자금난 때문에 하루하루가 지옥 같던 시절, 이 궁리 저 궁리 하며 밤늦게까지 온라인 접속자 현황과 매출 동향을 분석하다가 전자우편함을 열어보니 낯선 이에게서 편지가 한 통 와 있었다. 아리수한글 프로그램을 검토해 본 결과 회사 안에 언어학의 대가가 있는 것 같아 자신이 구상한 영어교육 프로그램을 함께 만들어보면 좋겠다는 생각을 했다고 적혀 있었다. 이 양반의 편지 시작 부분이 아주 재미있어서 나는 잠깐이나마 시름을 잊을 수 있었다.

"언어가 다르더라도 음성에는 어떤 느낌이 있게 마련이죠. 이런 원리를 이용하여 영어 교육을 하면 아주 효과가 높다는 게 저의 지론입니다. 이건범 사장님 이름은 그 소리 느낌이 아주 좋습니다. 나이가 들수록 빛이 나고 사람들에게 존경받을 이름입니다. 돈이 없다 싶으면 어디선가 돈이 생기고 해서, 죽을 때까지 돈 걱정 안 하고 사실 분이라는 느낌입니다."

돈 걱정에 머리 싸매고 있는데 돈 걱정 안 하고 살 팔자라니 조금 황당했지만 그래도 곧 어디선가 돈이 생기려나 싶은 일말의 기대감이 드는 대목이어서 약간 기분이 풀렸다. 사람들이 이래서 점을 보나 보다. 그러나 그다음 문장에서 난 찬물을 뒤집어썼다.

"그에 반해 아프가니스탄을 침공한 미국 대통령 조지 워커 부시는 워커로 조지고 부시는 일을 할 사람이라는 느낌이 아주 강하게 드는 이름을 가졌지요."

조지고 부신다? 헐~. 새 제품을 개발할 여력도 없었지만, 부시 대통령 이름을 한국어 느낌으로 해석한 대목에 이르러서는 더 생각할 여지가 없었다. '나가도 너무 나가는구나.' 하고 중얼대면서 나는 그 제안에 정중히 거절하는 답을 보냈다. 근거 없는 내 이름 풀이조차 어처구니없다는 생각에 쓴웃음을 짓곤 편지를 지워버렸다.

오죽 힘들었으면 그런 이름 풀이에까지 솔깃했겠는가? 갈 길은 먼데 몸은 무겁고 배마저 고픈 때였다. 그러나 내가 휘청거리면 그 분위기는 조직 전체로 금방 퍼져나갈 터이니 어떻게든 표정 관리를 하면서 탈출구를 찾아야 했다. 이럴 때일수록 억지로라도 웃어야 한다. 당시는 2002년 한일 월드컵이 국민의 하루하루를 들뜨게 하던 때였다. 한국 대표팀이 우왕좌왕 밀릴 때마다 차범근 해설위원이 했던 말이 유행어가 되고 있었다. "아, 이럴 때일수록 우리 선수들, 서로 이야기를 주고받아야 합니다." 그렇다, 축 처지면 안 된다. 그래서 분위기가 착 가라앉은 간부 운영위원회를 하면서 난 그 황당한 편지 속의 내 이름 풀이까지 들먹이며 간부들을 격려했다. 분명히 길은 있을 거라고.

그런데 그 이름 풀이가 정말 신통하게 맞아떨어지는 사건이 곧 벌어졌다. 8월에 신문에 난 공고를 보고 추진했던 신주인수권부사채 발행에 성공한 것이다. 250만 달러. 우리가 2002년 11월 초에 홍콩의 펀드를 상대로 발행한 회사채는 당시 환율로 계산하면 30억 원에 해당하는 거액이었다. 사실 나는 이 작업을 하면서도 자금 유치에 성공하리라는 확신이 그다지 강하지 않았다. 혹시나 했던 건데 정말 뜻밖이었다. 거의 죽다 살아난 느낌이었던지라 그 감회는 남달랐고 내 이름 풀이를 우스갯소리처럼 다시 늘어놓은 건 당연했다. 그러나 30억 원이란 큰돈도 얼마 못 갔다. 10억 원은 밀린 외상 매입금과 월급 주니까 한방에 날아가고, 업무 능력이 처지는 두엇을 내보낸 정도였으니 비용 구조는 특별히 개선되지 않았다. 상황은 곧 다시 악화되었다. 여섯 달이 지나자 후속 제품 개발비가 간당간당하기 시작했다.

우리는 어린이 한글교육 온라인 게임에 이어 수학교육 게임을 개발하던 참이었다. 온라인 회원 한 명을 끌어들이는 데에 들어가는 돈을 생각한다면 온라인 콘텐츠의 상품 종류를 늘려 회원들이 머무는 기간을 늘리고 매출을 높여가는 정책을 구사해야 했다. 이럴 때 흔히 쓰는 비유가 달리는 자전거 이야기다. 페달을 밟지 않으면 쓰러지게 되어 있다는 자전거의 그 운동 원리는 아주 싸늘하게 내 목을 죄어들어오고 있었다. 더 투자해서 상품 구성을 늘리지 않으면 아리수라는 자전거는 쓰러진다. 그런데 투자할 돈은 없다. 제기랄.

이 시점에서 또다시 내 이름 풀이처럼 행운의 여신이 우리에게 손을 내밀었다. 문화관광부 산하의 문화콘텐츠진흥원에서 게임과 애니메이션뿐만 아니라 에듀테인먼트(놀이학습) 분야에도 개발비 지원을 하기로 했다는 소식이 들려왔다. 많은 품종에 소액을 지원하는 방식뿐만 아니라 대형 스타를 키운다는 취지로 기대주에 대거 투자하는 "스타 프로젝트" 사업에도 이전에는 없던 에듀테인먼트를 포함한 것이다. 우리는 당시 개발에 착수했던 아리수수학 프로그램으로 공모에 응했고, 서류심사와 발표심사를 거쳐 마침내 4억 5천만 원의 개발비를 지원받게 되었다. 스타 프로젝트 선정 결과를 통보받은 날 나는 임원 둘과 회사 근처 맥줏집에서 다시 이 이야기를 꺼냈다.

"거참, 신기하네. 그 양반 이름 풀이가 진짜 맞나 봐. 평생 돈 걱정 안 하며 살 이름이라더니, 없을 만하면 어디선가 돈이 생기네. 97년에 신규 투자가 꼭 필요했을 때 디딤돌에서 갑자기 투자해줬지, 외환위기 터진 뒤에는 초중등학교에서 소프트웨어 구매한다고 예산 풀어서 위기 넘겼지, 2001년에 투자 유치 어려울 때 전환사채 15억 원 발행했지, 그 돈 떨어져 갈 때 동원창투에서 7억 원 증자했지, 그리고 지난번 30억 원에 이번의 지원금까지 말이야. 나 참, 이런 거 믿고 사업하기는 그렇지만……."

아, 그러나 난 그 마법의 저주와도 같은 이름 풀이에서 결국 헤어 나오질 못했다. 2002년 한 해 동안 우리 회사는 실질적으로 30억 원 정도를 까먹었고, 이런저런 노력으로도 그 큰 덩치의 손실을 메우기는 어려웠다. 그렇게 2년이 흘러 내가 지칠 대로 지쳐버린 2005년 초에 난 회사를 접을까 어쩔까 하고 진지하게 고민했다. 그런데 2005년 2월에 전세를 주고 있던 우리 아파트가 팔렸다. 내가 1993년 감옥에서 나오기 직전에 아내가 은행대출을 끼고 샀던 아파트인데 사업한답시고 전세 놓는 바람에 우린 거기서 채 5년도 못 살았다. 3월 초에는 장애진단을 받으면 푸르덴셜에 들어놨던 종신보험의 보험료를 내지 않아도 보장이 이루어진다는 말에 안과 검진을 받았다가 시각장애 1급 판정이 나왔다. 매달 9만 원가량 들어가는 보험료라도 아끼려고 보험사에 진단서를 제출했는데, 이 정도면 사망에 준하는 장애라 아예 보험금 1억 4천만 원인가를 탈 수 있다는 연락이 왔다. 결국, 이 돈 가운데 일부는 개인 빚을 갚는 데에 쓰고, 나머지 돈은 집 판돈과 함께 회사로 들어갔다. 없을 만하면 어디선가 돈이 생긴다더니……, 집 팔고 눈 팔고…….

'부자는 망해도 3년 간다'는 속담이 있는데, 이 말은 주로 부자에게 뭔가 부스러기가 남아 있다는 뜻으로 해석된다. '썩어도 준치'라는 말과 느낌이 비슷한 용법이다. 그러나 사람들은 3년 뒤를 생각해보지 않는다. 내 식으로 해석한다면 "부자는 망하면 딱 3년 간다."가 옳다. 3년 뒤에는 정말 쫄딱 망하는 거다. 2002년에 입은 막대한 손실은 결국 회복할 수 없었다. 딱 3년이 흐른 2006년 1월 초에 나는 회사 문을 닫고 빈털터리가 되었다. 이게 평생 돈 걱정 안하고 살 이름의 주인공에게 닥치는 운명이라니…….

그해 가을에 앵벌이 사장질도 그만두고 좀 쉬려 할 때 국민연금관리공단에서 연락이 왔다. 연체된 국민연금은 다 냈고, 이제는 연금 낼 여력이 없으니 못 내겠다고 이미 한 달 전에 통화했었는데, 또 웬 전화람……. 약간 짜증 섞인 내 목소리에 아주 자상한 말투로 답하는 국민연금공단 직원은 혹시 장애인 아니냐는 질문을 해 왔다. 장애연금을 받을 수 있다는 이야기였다. 이건 또 뭔 말인가 싶어 찾아가 상담을 했다. 국민연금을 내던 사람이 장애를 갖게 되면 장애연금을 받게 된다는 설명을 해주더니 병원에서 정밀 진단을 받아 진단서를 제출하란다. 내 이름 풀이의 마법이 다시 작동하려나 싶은 기대가 생기는 대목이었다.

좀 쉬더라도 나름의 시간표를 갖고 사는 게 망가지지 않는 방법이라고 여겨 난 매일 중국어 학원에 나가기 시작했다. 스스로 부여한 안식년이었다. 회사 문을 닫으며 나와 마지막까지 함께했던 후배 노 이사와 둘이서 중국어학원을 다니면서 우리는 작은 목표를 세웠다. 넉 달 정도 다니면 듣고 말하는 게 좀 가능할 테니, 그때는 중국에 한번 놀러 가자고. 넉 달이 되어가던 무렵에 국민연금공단에서 연락이 왔다. 서류가 접수되기 전 이미 장애가 발생했던 시기 5년 치는 3급으로 판정하여 소급적용하고 판정이 난 뒤로는 1급으로 적용하여 월 70여만 원의 장애연금을 지급하게 된다는 이야기였다. 소급적용해서 한방에 지급해주는 과거의 돈은 총액이 무려 2천만 원이란다. 없는 살림에 이 웬 횡재란 말인가. 정말 없을 만하면 돈이 생긴다더니, 신기한 노릇이었다.

난 그렇게 잡은 갑작스러운 횡재 덕에 마음 편하게 중국여행을 떠난 참이었다. 그런데 기분 잡치게 세무서라니. 전화를 받은 부가세과 직원이 내 정보를 확인한 뒤 이렇게 답을 한다.

"작년에 폐업하면서 회사가 내지 않은 부가세가 4천만 원가량 되는데요."

"네, 아마 그럴 겁니다."

"선생님이 1대 주주이시므로 그 주식 지분에 해당하는 비율만큼 부가세를 내셔야 합니다."

"예? 저 개인 파산 신청해서 얼마 전에 면책까지 되었는데요."

"아, 그러셨군요. 그런데 세금은 면책 대상이 아닙니다. 내실 세금이 2천만 원 좀 넘네요."
 국민연금공단에서 2천만 원 받은 사실을 알고 그러는 것도 아닐 텐데……. 아, 정말 귀신이다. 돈이 없을 만하면 생긴다더니, 그러려면 없어지는 일이 먼저 일어난다. 돈 걱정은 안 하는데, 평생 돈이 모이지는 않는 팔자다. 내 이름 풀이의 치명적인 저주가 바로 이것이었다.

잃는 게 있으면 얻는 게 있다

　　　　사업을 마무리하고 꼭 5년이 지난 2010년의 마지막 날인 12월 31일 아침에 예전에 한국일보 기자로 일했던 친구로부터 한 통의 문자가 왔다. "사진 잘 나왔네. 멋진데. 축하한다."는 내용이었다. 한국일보에 내 인터뷰 기사가 실린다는 사실을 알고 있던 터라 곧 아내에게 부탁해 기사를 읽어 달라고 했다. 전화기로 검색해서 마누라가 읽어준 기사는 참으로 감동이었다. 난 기사를 쓴 기자에게 문자를 보냈다. "이거 누구 이야기인지 정말 감동적이네요. 하하하." 기사엔 내가 2010년 8월에 만들어 낸 책《좌우파사전》이 제51회 한국출판문화상을 받은 사실과 함께 내 인생역정이 정말 매끄러운 글로 적혀 있었다.

　사무실 가는 길에 지하철역에서 신문을 산 나는 내 인터뷰 기사를 찾기 위해 한참을 뒤적였다. 인터뷰니까 분명 내 얼굴 사진은 나왔을 텐데, 문화면이라고 짐작되는 곳 어디에서도 도무지 찾을 수가 없었다. '인터넷판에만 나왔나?' 좀 허탈해 하며 신문을 접었는데, 세상에나! 1면 머리기사로 내 인터뷰가 실려 있는 게 아닌가. 거짓말 보태지 않고, 신문 1면 가장 잘 보이는 곳에 내 얼굴이 손바닥만 하게 나와 있었다. 난 순간 신문 1면이 남에게 안 보이도록 접었다. 인터뷰할 때 입었던 옷을 그때도 입고 있던 터라 혹시라도 누가 알아보면 어쩌나 싶은 마음에. 아무리 생각해도 어처구니가 없고 당황스럽기까지 했다.

2008년부터 나는 출판이라는 새로운 세계에 뛰어들었다. 출판기획자. 이게 그때부터 내가 갖고 다닌 명함에 새겨진 직업이었다. 사업체를 경영할 때만 해도 난 순수 콘텐츠 개발에 참여하기 어려웠다. 몸소 콘텐츠 만드는 일을 하고 싶었지만, 회사의 경영전략을 짜고 사람을 관리하고 돈을 구하는 일에만도 시간이 빠듯했으니까. 회사를 접은 뒤에 나는 언젠가 내 손으로 콘텐츠 만드는 일을 해보겠노라는 마음을 먹었고, 여러 사람이 협력해서 일해야 하는 분야보다는 책처럼 나 혼자서도 할 수 있는 분야에서 한껏 내 상상력을 펼쳐보고 싶었다. 그 생각이 출판기획자로 나서게 된 동기였으리라.

애초 기대보다 출판기획은 녹록지 않았다. 우선 나는 책이나 신문을 못 읽고, 인터넷 검색을 할 수 없는 시각장애인이므로 정보의 사각지대에 놓인 처지였다. 게다가 지난 10여 년 동안 역시 눈 때문에 책을 접할 수 없었던지라 출판의 흐름도 잘 모르는 편이었다. 하지만 이런 내 사정이 결정적인 장애는 아니었다. 사실은 기껏 기획해도 한국에는 그런 글을 쓸 사람이 없었다. 두 달 정도 이리저리 부딪히고 나니까 그런 사정을 어느 정도 이해할 수 있었다. 나중에 더 자세히 알게 된바, 1998년부터 학술진흥재단으로 교수 평가가 일원화되면서 젊은 학자들이 대중서를 쓸 수 없는 악조건이 만들어져 있었다. 학술지에 싣는 논문만으로 거의 모든 평가 점수를 받아야 하는 반면 대중서 출간은 평가 점수에 전혀 반영되지 않는 구조였으니, 정년을 보장받지 못한 학자들로서는 대중서 집필에 엄두를 내지 못하는 상황이었다.

결국, 나는 콘텐츠를 갖고 있을만한 사람을 부지런히 만나고 다니면서 집필을 권유하는, 보험사원 같은 신세가 되고 말았다. 하지만 내 인맥도 워낙 제한된 터라 단기간에 성과를 거두기는 어려웠다. 그나마 한 집필자에게 큰 부담이 가지 않는, 즉 여러 학자를 모아 책을 쓰는 방향으로 기획했던 《좌우파사전》만이 유일하게 굴러가는 기획이었다. 정치, 경제, 국제, 사회, 인권, 문화 등 여섯 개 분야에 13명의 학자를 꼬드겨 23꼭지의 글을 만들어내는 일이었는데, 처음 예상보다는 무지막지하게 품을 팔아야 했다.

이 책 작업에 몰두하면서부터 거의 2년 동안은 다른 기획을 진행하기도 어려웠다. 내가 몸담았던 출판사는 주로 자기계발서 분야의 책을 내던 곳인지라 편집부에 사회과학 소양을 갖춘 편집자가 없었다. 따라서 나는 기획뿐만 아니라 편집 일까지도 모두 해내야 했다. 가장 어려운 일은 역시나 글 독촉. 집필 일정을 지키지 않는 몇몇 필자를 구슬리고 협박해가며 다른 한편으로는 필자가 받아들일 수 있도록 설득력 있게 원고 수정을 권하면서 원고를 받아내야 했다. 부분적으로는 내가 대신 글을 써줘야 할 곳도 있었고, 출간 날짜를 당기려다 보니 서론 집필에도 내가 참여하게 되었다. 그렇게 2년의 땀을 흘린 결과로 나온 책이 상을 탔으니, 나로선 파산 5년 만에 비로소 복권된 듯한 기분이었다. 저 멀리 작은 빛이 보일 때 이미 터널은 끝나는 것이다. 기사의 전문은 아래와 같다.

빛을 잃어가다……그러나 그의 의지는 빛 발하다

"어두울수록 눈 크게 떠야죠"

눈으로 글자를 읽을 수도 없는 그가 출판에 뛰어든 것 자체가 자신의 말대로라면 "코미디"였다. 모니터에 코가 닿을 만큼 바짝 얼굴을 밀착해도 문자의 흐릿한 윤곽과 빛의 깜빡임만 보일 뿐. 글을 소리로 변환시켜 주는 IT기술 덕을 보긴 했으나 글을 소리로, 소리를 다시 글로 바꾸는, 먼 산 돌아가는 그의 책 편집 과정은 차라리 부조리극에 가까웠다.

이런 그가 2년 동안 자신의 글만이 아니라 남의 글까지 편집하며 매달렸던 책이 올해 한국일보가 주최한 제51회 한국출판문화상 저술(교양) 부문 수상작으로 선정됐다. 《좌우파사전》(위즈덤하우스 발행)의 기획·편집자이자 공동 저자인 이건범(46)씨 이야기다.

지난 17일 자 본보를 통해 수상 소식이 알려지자 그의 친구와 선후배들은 페이스북 등에 "왜캐 가슴이 찡한 게 기분이 좋냐!" "그의 노고에 경배를!" "연말 힘이 솟는 소식이다"는 등의 축하 메시지를 쏟아냈다.

이 씨와 수상 인터뷰를 할 때만 해도 기자는 그가 시각 장애인이란 사실을 눈치 채지 못했다. 어떻게 신문사로 찾아왔고 어떻게 걸어 나갔는지 눈썰미 있게 챙기지 못했던 탓이다. 이 씨는 흑·백·회색의 희뿌연 시야 속에서 사물의 형체만 어렴풋이 보이는, 망막색소변성증을 앓고 있는 1급 시각장애인이다. 기자가 놓쳤던 건 그것만이 아니었다.

민주화운동으로 1990년대 초 2년여 수감됐던 그가 출감 후 연 매출 100억 원대의 기업을 일군 CEO였다가, 그만 쫄딱 망해 알거지 신세가 된 인물이라는 정보도 뒤늦게 얻었다. 한국출판문화상을 수상한 그에게 2010년은 생의 밑바닥에서 다시 일어선 한 해였다. 그는 한 해 최고의 책을 쓰고 만든 출판상만이 아니라, 감동의 휴먼드라마 부문 상까지 받아야 했을지 모른다.

이씨를 다시 만나기 위해 지난 27일 서울 서교동 출판사 사무실을 찾았다. 그는 후배가 운영하는 출판사 상상너머에 합류해 새 책 만드는 작업에 여념이 없었다. 수감 중 겪었던 일을 쓴 책을 내년 3월께 출간할 예정이라는 그는 "옛날 일 팔아먹는 것 같긴 하지만……"이라며 멋쩍어했다. 서울대 사회학과 83학번으로 대학 시절 혁명을 꿈꿨다는 그는 감옥에서 생의 좌표를 잃었다가 로맹 롤랑의 소설 〈매혹된 영혼〉 등을 읽으며 인간 내면세계의 다양함을 깨달았다고 한다. 혁명에 대한 미련은 깨끗이 버렸다.

출소 후 1994년 교육용 콘텐츠 회사를 차려 사업에 뛰어든 그는 120여 명의 직원을 두는 등 승승장구, '386 출신 CEO'로도 제법 이름도 알렸다. 하지만 2001년 벤처 열풍에 무리한 투자를 한 게 화근이었다. 2006년 초 수십억 원의 부채를 안고 회사는 문을 닫았다. "장렬히 전사했다"고 그는 표현했다. 눈 상태는 그 사이 악화돼 시각장애 5급에서 1급이 됐다. 1급 판정으로 받은 보험금 1억여 원도 회사 빚 청산에 털어 넣었다.

회한이 깊게 배어있을 이런 과거사를 얘기하는 이 씨의 어조는 그러나 믿기 힘들 정도로 명랑했다. 그는 지난 생을 캐묻는 기자의 질문에 "이제 장애까지 팔아먹게 생겼다"고 말하며 웃었다. 그의 이런 '밝음' 과 '내려놓음' 이, 민주화운동_수감_창업_성공_파산_시각장애로 이어진 자신의 생의 트라우마를 이겨낸 방법이었다. "만나는 사람마다 내 망한 얘기를 떠벌렸죠. 그러다 보니, 먼 옛날 일처럼 느껴지더라고. 얘기하며 내 마음을 물로 닦아내듯이 자꾸 닦아낸 거죠. 속상한 일 당한 사람들한테 그런 말해 줍니다. 30~40번쯤 떠벌리면 무덤덤해질 거라고."

눈 때문에 책과 멀어졌던 그가 출판에 뛰어들 생각을 한 것도 이 기막힌 낙관적 사고 덕분이었다. 후배의 제안으로 2008년 출판사에 들어간 그가 기획한 책이 〈좌우파사전〉이었다. 14명의 저자가 공동 집필한 이 책은 좌우로 갈라진 한국사회를 치밀하고 일관된 균형감각으로, 외눈박이의 시야에서 벗어나도록 입체적으로 분석하고 있다. 14명의 원고를 조율하는 게 '앞 못 보는' 그의 몫이었다. 글을 소리로 바꿔주는 TTS(text to Speech) 프로그램을 통해 원고를 수십 번씩 듣고 수정했다. 이 씨는 "소리로 들으면 좋은 점도 있다"며 "어색한 문장 연결, 논리적 비약 등이 잘 느껴지는 것 같다"고 말했다.

그 세월에 속이 다 탔을 게 분명한 이 씨의 부인은 그의 한국출판문화상 수상 후 페이스북에 이런 글을 남겼다. "낙관적 사고와 불굴의 의지를 보면, 눈만 나쁘지 않았다면 하는 생각이 들 때가 한두 번이 아니다. 하지만 신이 공평하기 때문에 눈이 나쁜 건 아닌가, 그리고 자신의 장애를 통해 세상에 대해 더 폭넓은 시각을 가지게 되었으리라고 자위한다." 어두울수록 더 크게 눈을 뜨자고, 더 폭넓게 세상을 보자고, 이 씨는 우리에게 온몸으로 말하고 있었다.(한국일보, 송용창 기자, 2010/12/31)

기사가 실린 지 일주일 뒤에 부모님 댁에 갔더니, 진풍경이 펼쳐져 있었다. 나보다 먼저 도착한 아내가 신문을 보여드리자 그걸 읽으신 아버지께서 빈 액자 틀에 그 신문을 끼워 마루에 떡하니 걸어놓으신 거다. 아버지는 내게 그러셨다.

"내가 살아오면서 대통령 이야기도 저렇게 나온 기사를 본 적이 없는데, 대체 무슨 영문으로 1면에 저리 크게 나온 거냐?"

황당해 하시는 아버지 얼굴을 뵈니, 2005년 말 회사 문을 닫기 전에 미리 부모님께 말씀드리던 그 날의 그 우울하고 칙칙하던 광경이 떠올랐다. 직원 주례를 봐준 며칠 뒤였나, 나는 부모님께 연락하지 않고 아내와 함께 낮에 댁을 찾았다. 밤에 가면 아들 녀석이 듣게 될 것 같아 일부러 학교 수업이 있는 낮 시간을 택한 것이었다. 낮에 우리 내외가 찾아온다고 미리 연락하면 걱정하실까 봐 아무 연락 없이 갔는데, 하필이면 두 분 다 집에 계시지 않았다. 어머니께 전화를 드려보니 30분 정도면 오실 수 있는 거리에 계셨고, 아버지는 좀 멀리 계셨다. 갑자기 찾아온 아들 내외 때문에 어머니는 근심 어린 얼굴로 들어오셨다. 어인 일이냐는 어머니 질문에 첫 말을 떼기가 참 어려웠다. 어머니는 아들 녀석이 명문대 갔다고 좋아하시다가 두 차례나 감옥살이하는 바람에 남들처럼 어엿한 길을 가지 못한 것을 늘 한으로 갖고 있으신 분이다. 난 그런 부모님께 내가 살아가는 방법, 내가 살아가는 길이 비뚤거나 이상야릇한 길이 아니라는 사실을 보여주고 싶었고, 사업 성공이 그 하나의 방안이라 생각했었다. 그런데 이제 나의 자존심이 쓰러지는 것이다. 소파에 앉아 내 설명을 들으시던 어머니는 돋보기안경을 벗으시면서 한마디 하셨다.

"아직은 젊으니까 다시 하면 되겠지."

저녁에 사무실에서 아버지와 전화통화를 하면서도 나는 같은 이야기를 들었다. 나의 짧은 설명을 묵묵히 들으시던 아버지는 너무 속 끓이지 말라는 말씀만 한 번 하셨다. 다른 할 말이 없어서

멍하니 전화기만 붙들고 있던 그 몇 초의 시간은 참으로 길었다. 두 분은 가끔 밥상머리에서 나의 파산을 과거의 민주화운동과 감옥살이 때문에 꼬일 대로 꼬인 운명의 저주로 여기는 듯한 낌새를 비추셔서 겨우 찾은 나의 평온을 무너뜨리시기도 했다. 속상하셨을 거다. 그러니 내가 상을 타고 신문에 대문짝만하게 나온 게 얼마나 반가우셨을까.

～

 얻는 게 있으면 잃는 게 있고, 잃는 게 있으면 얻는 게 있다. 내 또래 친구들이 대기업 들어가고 판검사, 변호사, 회계사로 사회생활을 시작하던 20대 후반에 난 감옥의 답답한 정치범 사동 속 좁디좁은 사회에 갇혀 있었다. 또래들이 평사원으로 꾸물대던 30대에 나는 기업을 만들어 종횡무진 세상을 누비며 혁신기업가로서 이상을 펼쳤다. 그들이 기업과 관료조직과 학계의 중핵으로 올라선 40대에 난 파산하여 알거지가 되었다. 돈과 시력을 비롯해 많은 것을 잃었지만, 난 그래서 백지 위에 다시 나를 쓸 수 있었고, 내가 평생 하고 싶은 일을 찾아냈다. 남들보다 10년은 일찍 인생의 2막을 연 셈이다. 난 파산할 때 집착과 욕심을 버림으로써 사람과 친구를 잃지 않았고, 그럼으로써 그들에게서 믿음을 얻었으며 그로부터 용기를 얻었다. 좌 회계사가 내 몸에 붙어 있다고 했던 그 90억 원의 정체는 나의 경영 능력이나 다양한 경험과 같은 것이 아니었다. 그런 것은 찾아봐도 없었다. 그는 사람이 망가지지 않게 망하는 지혜와 용기를 주었고, 그리하여 내가 새로운 삶을 시작하는 데에 꼭 필요한 자산인 '사람'을 지켜주었다. 남의 믿음을 저버리지 않고 고마웠던 사람들을 잊지 않으면서 사람 구실을 하고자 한다면 우리는 분명 맑은 눈으로 삶의 즐거움을 발견하게 된다. 그것이 새로 일어서는 힘이다.

상을 받았다는 소식에 5년 전 내가 주례를 서줬던 직원 녀석이 이런 편지를 보내왔다.

"대표님은 항상 웃음 잃지 않으시는 모습으로 제게 기억되어 있습니다. 그렇게 웃으시면서도, 언제나 진지하게 세상에 꼭 있어야 할 것을 만들어 가겠다는 눈빛을 가지셨습니다. 전 대표님이 늘 그렇게 정직한 노력과 결실을 거두며 살아가신다고 믿고 있습니다. 저 또한 나름의 의미가 있는 삶을 살아가고 있음을 보여드릴 때가 오겠지요."

5년에 걸친 나의 파산 문답은 이렇게 마무리되었다. 어찌 보면 그 주례는 내가 나에게 했던 다짐의 시간이었는지도 모른다. 내 주례사의 마지막은 내가 이 청춘들에게 부끄럽지 않게 살겠노라는 약속이었고, 주례라는 자리를 빌려 그리 약속할 기회를 만들어 준 신랑 신부에게 고맙다는 인사였다.

나는 왜 망했을까?

내가 망한 까닭은 간단하다. 시장을 잘못 판단했고 기술력이 부족했고 체력 이상으로 조직을 비대하게 키운 탓이다. 분명하다. 하지만 이건 하나 마나 한 답이다. 너무 공허하다. 시장을 신중하게 잘 판단하고 기술력에 맞게 제품을 개발하면서 기술력을 키우고 조직 관리를 잘했다면 망하지 않았을 테니까. 이런 답은 '운칠기삼'이라고 사업하는 사람들이 흔히 이야기하듯 사업 성공에 7할을 차지하는 운이 없어서 그랬다는 푸념과 크게 다르지 않다.

∽

회사가 망한 지 몇 년이 넘도록 나는 우리 회사가 왜 망하게 되었는지, 아니 정확하게 말하자면 2001년부터 온라인 신사업을 준비하면서 왜 내가 기존의 경영방침을 바꿔 시류에 편승하며 외부 투자를 유치하고 방문판매까지 시도하게 되었는지 이해하지 못했다. 사업을 키우려고 한 짓이지만 그 방법이나 방향이 꼭 그것만은 아니었을 텐데. 조직의 관리능력이나 마케팅 능력의 부족에서 원인을 찾을 수도 있고, 사장이었던 나의 우유부단함이나 통찰력 부족이 문제였을 수도 있다. 물론 그 모든 사정을 알고 있으면서도 일을 저질렀다면 '욕심'이라는 낱말 하나로 간단히 해명할 수도 있다. 문제는 그 욕심이 왜, 도대체 왜 일어났느냐는 말이다. 그전에는 그런 욕심을 부리지 않았는데……. 지금으로써는 두 가지, 즉 내 개인의 정치적 욕심과 98년 외환위기 이후 거세게 몰아친 극단적 성과 만능주의를 이유로 꼽을 수 있겠다.

먼저 내 개인의 '정치적 욕심'이란 내가 기업을 키워 정치무대에 나서기 위한 발판으로 삼고자 무모한 욕심을 부렸다는 뜻은 아니다. 여기서 '정치적'이라는 말은 인간이 '정치적 동물'이라는 말처럼 넓은 뜻으로 사용한 것이다. 난 세상을 바꾸는 일거의 혁명을 꿈꾸는 대신 사람의 마음을 움직이는 새로운 방법을 찾고 싶었고, 그 일을 기업 내에서 진행함으로써 그 파장을 통해 세상을 점차로 바꾸는 데 힘을 보탤 수 있으리라 기대했다. 주류 질서에 편승하지 않고 새로운 기업문화를 일굼으로써 우리 세대와 자라나는 세대에게 이 사회가 암묵적으로 또는 노골적으로 요구하는 방식에 반드시 맞춰서 살지 않아도 된다는 사례를 남기고 싶었다.

지난 20년 동안 대한민국은 그 이전에 비해 정치적으로 훨씬 자유로워지고 경제적으로도 놀랄 만치 풍요로워졌다. 하지만 그 이면에 심각한 양극화와 남을 밟고서라도 앞서가야 한다는 이기심, 나보다 약한 자라면 주저 없이 무시하는 노예근성, 이웃의 아픔과 어려움에 공감하지 못하는 천박함이 하늘을 찌르게 되었다. 힘이 우러름의 잣대가 되었을 뿐만 아니라 힘을 올바름이나 멋과 똑같은 뜻으로 풀이하는 세상이 되었다. 하지만 이런 시류는 사람을 지치게 하므로 그에 반발하는 힘도 키우게 마련이다. 거짓말 않고 아부 안 해도 소신대로 일할 수 있는 사회, 탈법 저지르지 않아도 내가 열심히 일한 만큼 성취를 약속하는 사회, 대기업의 탐욕과 이를 비호하는 언론, 사법, 관료의 담합을 통제하고 공정한 기회와 경쟁을 보장하는 사회에 대한 국민의 갈망도 꾸준히 커왔다. 이런 갈망이 한때 벤처기업가 출신인 안철수 씨에게 쏠려 '안철수 현상'으로 불리기도 했다.

비록 정치인으로서는 아닐지라도, 나는 새로운 경제 공간에서 새로운 세계를 만들고 그걸 이 사회의 공감 속에서 확장해 가려는 꿈을 갖고 있었다. 내가 '착한 자본주의'를 들먹거릴 만큼 순진하지는 않았지만, 일반적으로 우리가 아는 재벌이나 돈만 아는 그런 회사가 아닌 인간적이고 민주적인 기업, 부조리를 최소화한 기업, 사회에 직접 공헌하는 기업, 공동체로서 구성원 개인을 보호하는 기업을 만들고 싶었다. 이러한 사회적 영향력을 얻는 것이 나에겐 바로 넓은 의미에서 '정치'였던 셈이다.

그런데 어느 시점부터 이 꿈이 흔들렸다. 남의 눈을 의식하기 시작한 탓일까? 이는 물론 98년 외환위기 이후 변화된 사회 분위기와 무관하지 않다. 수단과 방법에서 좀 변형되더라도 결과적으로 성공을 이루면 된다는 조급함이 나를 휘감았다. 나의 청사신에 차분히 살을 붙여 가는 방식으로는 너무나도 오랜 세월이 걸릴 것 같았고 세상의 빠른 변화 앞에서 자칫하면 기회를 잃을지도 모른다는 불안감이 일었다. 회사가 잘되고 있었기 때문에 더 그런 생각을 하게 되었을지도 모른다. 결국, 나는 시류에 편승하여 기존 사회가 자연 질서처럼 내건 "모 아니면 도" 식의 시장 논리에 맞춰 기업을 운영하기 시작했다.

그러나 이 시도는 순간순간 새로운 세상을 향한 나의 원초적 갈망과 충돌하여 나의 판단에 무수한 혼란을 가져왔다. 욕을 먹더라도 '성공한' 자본가가 되려는가 아니면 고단한 영혼들에 미약하나마 힘을 불어넣는 사회 개혁가가 되려는가? 그 시점부터 내 머리는 상황마다 나에게 유리한 쪽으로 목표를 해석해주었을 것이다. 일관성이 사라졌다. 결국, 사회변혁의 꿈에서 출발하지 않았던 안철수 씨는 새로운 기업 모델과 문화를 만듦으로써 결과적으로 자신이 꿈꾸지도 않던 정치적 힘을 갖게 되었고, 나는 사회변혁에 대한 강렬한 욕구 때문에 기업의 생리와 이상 사이에서 오락가락하다 망한 셈이다. 자기 꿈을 좇는 자여, 악마의 유혹에 굴하지 말고 너 자신을 믿으며 너의 길을 가라.

∼

일차적으로 나와 회사 핵심 간부들이 통일된 지향점을 갖고 일관되게 밀고 나가지 못해서 혼란을 싹틔웠다고 볼 수 있지만, 나는 그런 혼란을 불러일으킨 우리 사회의 변화도 지적하지 않을 수 없다. 《좌우파사전》을 만들면서, 그리고 촛불집회나 희망버스와 같이 한국 사회를 뒤흔든 격변의 현장에 서서 깨달은 사실이다. 우리는 모두 외환위기가 벤처열풍으로 변하던 그 시절의 사회적 광기에 너무나도 강하게 영향 받았던 것 같다. 그 영향에 변한 우리의 모습을 단지 세월의 무게 때문에 제대로 보지 못할 뿐이다.

사람들은 언제나 현재의 사회 질서가 매우 자연스럽다고 느낀다. 사회는 꽤 오랜 시간을 두고 이런저런 힘이 뒤섞여 바뀌기 때문에 마음과 행동은 늘 눈앞의 질서에 충분히 적응한다. 다방이나 학과 사무실에서 친구에게 쪽지를 남기던 장면이 어렴풋이 기억나지만, 휴대전화가 없던 그 시절에 친구들과 어떻게 연락하여 만났는지 지금은 도통 떠오르지 않을 지경이다. 이젠 가속도가 붙으니 불과 1~2년 전의 나와 지금의 나를 구분하기조차 쉽지 않다. 하지만 긴 시간을 돌이켜 성찰해보면 세상과 내가 어떤 식으로 변했는지 조금은 이해할 수 있으리라. 1997년의 외환위기 그 이전의 10년과 그 이후의 10년을 나누어 통으로 생각해보자.

세대마다 대한민국과 자신의 운명을 결정한 사건을 꼽으라면 다양한 대답이 나오리라. 6·25전쟁, 4·19혁명과 5·16쿠데타, 72년의 유신조치, 80년의 5·18 광주학살, 87년 6월항쟁, 97년 외환위기 등등. 나는 이 가운데 87년 6월항쟁의 영향을 가장 크게 꼽는 축에 속한다. 내 20대의 민감한 경험인 탓도 있지만, 그 이전 시기가 국가권력이 개인의 삶과 자유를 통제하던 시대였다면 87년 6월항쟁 뒤로는 개인의 정치적, 문화적 자유가 인정되었기 때문이다. 즉 사람이 말을 해도 되는 세상은 그때 열린 것이다.

지금으로서는 상상할 수도 없지만 1987년 이전에는 국민의 직접 투표로 대통령을 뽑을 수 없었고, 관제시위를 제외한다면 어떠한 집회나 시위도 금지되었다. 언론이 통제된다는 사실을 아는 국민은 있었지만 나서서 이를 비판하는 사람은 드물었다. 87년까지만 해도 사무직 여직원은 치마 대신 바지를 입을 수 없었고, 결혼을 하면 대부분 강제로 회사를 그만둬야 했던 걸로 기억한다. 대공장 노동자들은 87년 7~8월 노동자 투쟁 당시 '두발 자유화'를 요구사항으로 내걸기도 했다. 요즘 사무직 여성에게 바지를 못 입게 한다거나 근로자의 머리 길이를 규제한다면 나이 드신 70~80대의 어르신들이라도 몰상식한 짓이라고 비판하실 일이다. 그렇지만 한 세대 전인 87년까지는 다들 그러고 살았다.

1987년까지 국가권력의 통제 대상은 개인의 정치적 자유만이 아니었다. 시장과 자본의 운명도 권력자와 경제 관료에게 좌우되었다. 1981년에는 자동차공업 합리화 조치라는 이름 아래 어떤 회사는 특장차만 만들게 하고 어떤 회사는 승용차와 소형 트럭만 만들게 하는 식의 강제조치가 있었다. 1985년에는 국제그룹이라는 재벌이 대통령 눈에 거슬린 탓에 하루아침에 공중분해 되었다. 국가의 산업지원금이 투여되는 분야에 어느 기업이나 마음대로 진출할 수는 없었고, 금융 지원도 정치권력의 뜻에 따라 이루어졌다.

요약하자면 1987년까지 우리는 총칼의 울타리 안에서만 민주주의와 시장 질서를 인정하는 세상에 살았다. 그러다 87년 6월민주항쟁으로 권위주의적인 군사독재체제가 물러나게 되자 둑 안에 갇혀 있던 다양한 요구가 터져 나왔다. 개인은 정치적, 문화적 자유를 더 많이 얻고자 소리 높여 요구하기 시작했고, 노동자들은 열악한 노동조건에서 벗어나 최소한의 권익을 확보하기 위해 노조를 만들어 투쟁에 나섰으며, 기업가들은 노동자의 투쟁에 대응하는 한편으로 자본과 시장의 자유를 얻기 위해 국가의 규제를 풀라고 요구했다.

∾

여기서 우리가 눈여겨봐야 할 대목은 기업가들의 논리다. 정부가 시장에 개입함으로써 인위적으로 성장을 이끌어서는 안 된다는 주장이 속속 터져 나왔다. 이른바 '자유 경쟁 시장'을 만들어야 한다는 논리였다. 기업 내에서도 오래 근무했다고 연공서열에 따라 승진이나 봉급 액수가 결정되어서는 곤란하며, 그보다는 능력과 실적에 따라 차등적으로 대우해야 한다는 논리가 힘을 얻어 갔다. 개인들 사이의 자유 경쟁을 강조하는 분위기였다. 이런 자유 경쟁 논리는 급격하게 높아가는 노동조합운동에 대한 기업들의 대응논리이기도 했지만, 권위주의적인 기업 문화에 반감이 있던 대다수 사람에게는 '자유'의 하나로, 사회의 진보로 받아들여졌다. 정치적 자유를 얻은 것과 비슷하게 사람들은 경제적으로도 이런 식의 자유를 얻는 게 옳다고 보았다.

　97년 말의 외환위기는 이런 풍조를 사회 전체에 극도로 강하게 퍼뜨렸다. 김영삼 정부의 엉성한 개방정책 때문에 빚어진 외환위기의 원인을 국제통화기금(IMF) 등은 시장의 자유가 부족해서 그랬다고 풀이하며 시장 자유화와 개방을 몰아붙였다. 똘똘한 20%가 어디서나 80%의 일을 하고 있다는 "20 : 80의 법칙"이 기업 퇴출이나 인력 구조조정의 정당성을 제공했고, 무한경쟁에서 살아남는 자만이 성공의 과실을 따 먹을 자격이 있다고 언론에서는 요란을 떨어댔다. 무한경쟁과 승자독식이 가장 정의로운 가치라고 떠받든 것이다. 뚜렷한 성과를 내지 못하는 그 어떠한 개인이나 기업도 존중받아야 할 근거를 잃었고, 이런 풍토는 일을 진행하는 과정보다는 눈앞의 성과를 중시하는 풍조로 이어졌다. 여기에 벤처 열풍이 불면서 "너네 회사는 코스닥 안 가나?"하는 질문이 "요즘 사업 어떠냐?"는 인사를 대체했다. 마치 일류 대학 못 가면 낙오자로 치부하는 세태처럼 코스닥에 올라가지 못하는 중소기업은 존속할 가치가 없는 잔챙이 기업으로 평가받는 분위기였다.

　세상 분위기가 너무도 심하게 바뀌다 보니 고리타분한 옛 노래만 부르다 뒤처지는 건 아닐까 하는 불안감이 조금씩 내 마음속에서 고개를 들었다. 마음속 깊은 곳에서는 이런 시류를 경멸하고 있었지만, 불안감이 커가는 만큼 그 반대편에서는 더욱더 빨리 성공해 이런 시류를 소탕해야겠다는 소영웅심리가 발동했다. 투자를 끌어들여 빨리 회사를 키워 코스닥에 등록해야겠다는 방침으로 옮겨간 건 당시 준비하고 있던 온라인 사업의 필요 때문이라고 앞서 말했지만, 그 밑바닥에는 이런 정서가 짙게 깔렸었다.

나중에 《좌우파사전》을 만들면서 알게 된 사실인데, 당시 우리 사회를 뒤덮었던 그 쥐어짜기 식 무한경쟁의 광기가 바로 1980년 대부터 서구의 복지국가를 비판하며 영국의 대처와 미국의 레이건이 들고 나온 '신자유주의'라는 괴물의 아류였다. 결국, 난 일등만 기억하겠다는 광기의 시대에 일등이 되려다 시험 출제 범위를 착각해 낙제한 바보였다고나 할까? 더구나 우리 사회는 미국과도 달리 패자부활전조차 주어지지 않는 비정한 곳인데.

내 식대로 성공한 기업을 만들어 사회적 모범으로서 정치적 영향력을 발휘하려던 의도는 성과 만능주의의 회오리에 말리면서 '내 식대로'에 찍혀 있던 방점이 '성공' 쪽으로 옮겨갔다. 그리고 파국을 맞은 것이다. 물론 내가 성과 만능주의의 정체를 알았다고 해서 바뀔 일은 아니었다. 그런 이유로 나는 망했다.

크기야 어떻든 회사를 꾸준히 경영하는 사람은 매우 훌륭하다고 생각한다. 부럽다. 그들은 분명 한 가지씩은 비범한 능력을 지닌 사람들이다. 그러나 나는 여기서 아주 당돌한 질문을 하나 던지고 싶다. 어떤 기업이 망했다고 그 기업과 기업주가 뭔가를 잘못해서 그렇다는 식으로 평가받아야만 하는가? 나는 다시 코닥의 이야기로 돌아가고자 한다. 비록 2013년 9월에 파산보호에서 벗어났지만, 이미 옛날의 코닥은 아니다.

코닥과 비슷한 운명을 겪은 기업은 참으로 많다. 워크맨의 소니는 이제 그 후줄근한 마이마이를 만들던 삼성에 밀렸고, 엠피스리는 아이리버가 아니라 애플이 잡았다. 초창기 인터넷 검색엔진의 대명사였던 야후는 컴퓨터 이용자들의 기억에서 사라지고 구글이 그 자리를 대체했다. 휴대전화의 대명사였던 모토로라는 안드로이드 운영체제를 만든 구글에 투항했다. 반면 코닥의 경쟁사였던 후지필름은 놀라운 변신을 보이며 승승장구하고 있다. 후지필름은 2013년치 결산 결과 1,400억 엔(우리 돈 1조 3천억 원) 원가량의 영업 이익을 올렸지만, 후지의 매출에서 필름이 차지하는 비중은 1%도 안 된다고 한다. 디지털 분야뿐만 아니라 액정판 소재에서부터 화장품에 이르기까지 온갖 분야로 사업을 다각화했고, 그런 사업들에는 후지가 갖고 있던 필름 기술이 지렛대 구실을 했다.

후지필름의 이러한 변신은 어떻게 가능했을까? 한 가지 답은 구조조정이다. '필름 이후'를 준비하기 위해 2004년 후지는 '제2의 창업'을 선언하며 사진 부문을 중심으로 5,000여 명의 직원을 내보냈다고 한다. 주력사업을 포기할 수 없다는 옛 구성원들의 반발도 있었지만, 어차피 필름의 미래는 새로이 인수 합병하는 유망사업에 비해 수익률이 너무나도 떨어지는 분야라 설득력이 약했다. 2008년 세계금융공황 이후 후지는 이익률 10%를 목표로 걸고, 명예퇴직 등 또 한 번의 대대적인 구조조정을 시행했다. 시장의 변화에 빠르게 적응하려면 어쩔 수 없다는 논리였으리라.

반면 코닥은 기업의 사회적 책임을 실행한 회사였다. 일찍부터 회사 이익의 상당 부분을 직원에게 배당하기 시작했고 1919년에는 이스트만의 지분 가운데 삼분의 일을 직원들에게 나눠주었으며, 연금 및 각종 혁신적 복지제도를 남보다 앞서 실현했다. 설립자인 이스트만은 자기 급여의 80% 이상을 사회에 돌려주었다. 학교를 세우거나 매사추세츠 공대 등 대학에 기부한 액수만 평생 1억 달러였다고 한다. 코닥은 이런 면에서 내가 만들고 싶었던 기업의 전형이었다. 하지만 이 같은 사회적 공헌이 코닥의 생존을 보장해 주지는 않았다.

코닥과 후지. 이 두 회사를 놓고 우리는 어떤 평가를 내려야 할까? 코닥이 디지털카메라의 발명기업이지만 필름 사업 때문에 이를 접은 이유로 성공한 자의 오만을 질타하는 이가 있다. 그래서 2등이었지만 열심히 노력해 변신한 후지를 우리의 모델로 삼아야 한다고 역설한다. 기업의 사회적 책임도 무시할 수는 없는 요소지만, 별달리 사회적 공헌을 하지 않더라도 애플처럼 제품만으로 인간에게 만족을 가져다주는 게 기업의 궁극적인 역할 아니냐고 에둘러 후지를 두둔하는 이도 있다. 기술혁신과 선점이 중요한 게 아니라 패러다임의 변화에 적응하는 능력이 중요하다고 강조하는 사람도 있다. 이런 평가들은 대부분 후지의 손을 들어주고 있으며, 재빠른 변신과 비정한 구조조정을 통해서라도 기업이 살아남는 게 선이라고 외친다. 그 나머지는 악이다.

그러나 왜 기업은 오래 존속해야 하는가? 그것은 과연 좋은가? 차분하게 생각해보자. 성공한 기업이 오래 존속하며 규모를 키워가는 한 당신과 당신의 자녀에게 새로운 기회의 땅은 그만큼 줄어든다. 그들은 인수합병이라는 방법을 통해 가망성 있는 작은 기업들을 집어삼킨다. 당신이라면 그런 공룡에게 대항할 중소기업을 창업할 엄두가 나겠는가? 당신의 자녀에게 중소기업 창업을 권하겠는가? 후지의 변신이 후지의 주주와 회사에 다니고 있는 임직원에게는 분명 행복이고 행운일 수 있지만, 그들이 누리는 행복은 남이 미래에 누려야 할 행복을 당겨서 가로채는 일일 수도 있다. 그 미래의 남이 바로 당신의 자녀일 공산은 너무나도 크다. 만일 당신이 후지를 응원하고 싶다면 코닥을 뛰어넘는 사회 공헌을 실천하면서 그리하라는 요구를 빼먹지 않는 게 당신에게 유리할 터이다.

사람의 경우를 놓고 따져보자. 너무 이른 나이에 세상을 뜨든 평균수명보다 더 길게 살다 세상을 떠나든 그 가족이 느끼는 슬픔과 안타까움을 비교할 수는 없다. 그럼 망자들 각각의 생애에 점수를 매길 수 있는가? 제3의 인간이 그렇게 점수를 매기는 걸 막을 수는 없겠지만, 그 삶이 화려했든 초라했든, 길었든 짧았든 인간의 삶이란 그 나름의 고유한 향기와 가치를 지닌다. 그래서일까, 생전에 망자가 쌓아올린 탑의 높이와 무관하게 시간이 흐르면서 가족들은 그 죽음의 아쉬움을 뒤로 하고 죽음을 죽음 그 자체로 받아들인다. 무릇 모든 생명이란 죽음을 전제로 한다는 사실을 깨달기 때문이다.

　코닥과 후지를 비교하듯 사람을 다른 사람과 비교하는 데에도 다 이유가 있다. 아니, 어쩌면 비교를 통해 이익을 얻는 사람이 있을 뿐인지도 모른다.

～

　다시 '나는 왜 망했을까?' 하는 물음으로 돌아가 보자. 이제는 나의 테두리를 벗어나 각도를 달리하여 답하고 싶다. 난 운이 다해서 망했다. 운칠기삼에서 뜻하는 그 운이란 결코 사업가 개인이 타고나는 운은 아니다. 오늘날 그 운은 사회가 부여하고 사회가 거두어간다. 한때 도토리 열풍을 불러일으켰던 싸이월드는 트위터나 페이스북 같은 공간으로 변신하지 못했다. 그 많던 도토리는 누가 다 먹었을까? 확실히 '스마트폰' 시대가 싸이월드에게는 불운이요, 트위터와 페이스북에는 행운이었다. 한국에서 에스엔에스(S.N.S)라는 말을 유행시킨 트위터와 페이스북은 2010년 지자체 선거와 2011년 희망버스, 서울시장 보궐선거, 2012년 국회의원 총선과 대통령 선거 등 정치 바람을 타고 하늘 높이 올라갔다가 정치의 몰락과 함께 바닥으로 가라앉고 있다. 트위터와 페이스북에서 낯선 사람들과 사귀던 쏠쏠한 재미를 뒤로하고 그 무례한 타인들을 피해 사람들은 카카오톡이나 네이버 밴드로 빠져나갔다. 이 역시 정치판이 기업에 만들어준 사회적 운이다. 그렇듯 무수한 메신저 프로그램이 사라질 때 이동통신사의 비싼 '문자요금

횡포'에 맞서 '무료문자'를 내걸었던 카카오톡이 대중의 환호 속에 맹주 자리에 앉은 것은 카톡의 사회적 행운임이 분명하다. 그리고 이제, 카톡이 '국가권력'으로부터 개인의 사생활 정보를 제대로 지키려 애쓰지 않아 졸지에 수백만의 사이버 망명객을 손 놓고 텔레그램에 내주는 이 상황을 우리는 또 어떻게 설명하겠는가? 이것이 사회적 운을 탄 채 출렁이는 기업의 운명이다.

  난 이렇게 생각한다. 내가 반드시 오래 살아야만 할 특별한 까닭이란 없다. 그리고 한 인간이 몇백 년을 살 수 없듯, 하나의 유기체인 기업이 파산하여 사라지는 현상 역시 모두 유기체의 운명이다. 자연스러운 일이다. 그 운명을 부정하려는 모든 사탕발림이나 저울질은 사실상 우리가 파산의 공포에 떨며 시간과 힘과 젊음과 가족과 그 모든 것을 기업에 바치고는 마침내 뼈와 가죽만 남은 채 힘없이 쓰러지게 만드는 자본의 악랄한 음모일지도 모른다. 기업만이 아니라 우리가 성실과 책임이라는 명분 아래 벌이고 있는 모든 욕심 어린 활동이 다 그런지도 모른다. 나의 편향적인 의심이 비록 사실이 아닐지라도 늘 이렇게 의심하며 살아야 우리는 그나마 자유를 빼앗기지 않으리라.

  우리는 늘 다가오는 시련과 정면으로 맞서며 내 생명의 존재 이유를 확인한다. 그 치열한 불꽃은 삶 자체에서 발원하는 행복감의 표현이다. 인간의 삶에는 본래 그런 행복의 불씨가 늘 꺼지지 않고 살아 있다. 그러니 어찌 허술하게 하루를 보내고 건성건성 어려움 앞에 굴복하겠는가? 그렇지만 그런 도전이 어떤 임계점을 넘어 그저 추한 미련과 집착으로 다가오는 느낌이 일어날 때, 우리는 담담하게 포기할 줄도 알아야 한다. 언젠가는 삶 자체를 조용히 내려놓을 날이 오듯, 나의 한 시대를 흘려보내고 새로운 시대의 출범을 기다리며 준비할 줄 알아야 한다. 그때 우리는 파멸 대신 자유를 얻게 된다.

우리는 어떻게 새로 일어서는가?

　　글자를 소리로 바꿔주는 소프트웨어에 의지하면서 남의 글을 매만지고 내 글을 쓴 지 이제 만 6년이 넘었다. 당장은 큰돈 안 되는 애송이 작가, 출판 기획자이지만 시간이 흐를수록 조금씩 구력이 쌓이고 이 분야에서 자리를 잡아가고 있다는 자신감도 얻게 되었다. 독자들이 쓴 서평이나 내게 보내온 편지를 읽으며 머릿속이 하얘지는 짜릿함도 몇 번이나 맛보았다. 복수심에 불타 급하게 재기하려다 미끄러지는 실수를 저지르지 않고 긴 세월을 거쳐 차근차근 일어날 수 있었던 데에는 무엇보다 아내의 희생이 컸지만, 그 밖에도 두 가지 지렛대가 있었다. 하나는 '복지'로 요약할 수 있는 사회의 품이었다.

　　그리 큰 액수는 아닐지라도 내게 꼬박꼬박 들어오는 장애 연금이 최소한의 생활을 보장해주고 내가 꿈을 버리지 않도록 뒷받침해주었다. 만일 내가 국민연금을 들지 않았더라면, 그리고 우리나라에 건강보험이 미국처럼 민영 일색이었다면 내 삶은 얼마나 팍팍하였을까? 비록 내 눈이 어두워져 받게 된 연금일지라도 나는 이를 통해 복지 제도의 효과를 온몸으로 경험했다. 각자 사정은 다르겠지만 어려움에 부닥친 사람은 모두 비슷할 성싶다. 건강 말고도 우리는 사고, 실직, 파산, 그리고 누구도 피할 수 없다는 나이의 위험 앞에 노출되어 있다. 위험은 당신만을 피해 가지는 않는다. 그래서들 보험을 여러 개 들어 놓는다. 하지만 나처럼 살아생전에 보험금을 탄 예외적인 경우를 제외한다면 민간 보험의 냉혹한 논리는 절벽에서 떨어진 사람들에게 안전그물이 되지 않는다. 복지의 수준이 더 높아져야 한다는 내 생각은 살 떨리는 체험으로부터 나온 것이다.

～

따져보자. 어째서 먹고 살 권리는 타고나지 않는 것이라고 믿어야 한단 말인가? 우리는 나이가 차면 차별 없이 투표권을 얻는다. 시험 봐서, 돈으로 사서 얻는 권리가 아니다. 몸을 움직일 수 없는 사람도, 우울증에 시달리는 사람도 차별 없이 투표권을 가진다. 우리나라 최고 부자나 서울역 앞 노숙인도 똑같은 한 표의 투표권을 가진다. 매우 당연해 보이는 이 보통선거권이 세계사에서 확립된 지는 100년도 되지 않는다. 미국에서 재산과 납세 규모에 따라 백인 남성의 참정권을 차별하던 제도는 1850년에 사라졌지만, 여성에게 선거권과 피선거권이 주어진 건 1920년의 일이다. 영국

여성은 1929년에 가서야 피선거권을 보장받았다. 또한, 미국에서 흑인에게 선거권을 준 때는 1870년이지만, 문자 해독 시험과 같은 여러 제약이 완전히 사라진 건 1960년대 중반이었다. 오래된 일도 아니거니와 처음엔 차별이 매우 심했음을 알 수 있다. 지금은 당연하게 받아들이는 보통선거권도 그 당시에는 전혀 당연하지 않았던 것이다. 정치적 권리의 역사가 이럴진대 우리가 사람으로 태어난 이상 누구나 굶주리지 않고 건강하게 살아갈 최소한의 권리를 개인의 능력이나 노력에 맡겨진 문제로만 봐야 할 이유가 어디에 있는가? 태어날 때부터 주어지는 기본권에 경제적 생존의 권리가 배제되어야 할 역사적인 필연성은 없다.

만일 당신이 매달 몇십만 원이라도 최소한의 생계비를 천부인권으로 보장받는다면 갑자기 일자리를 잃거나 병이 들었을 때 그 걱정의 무게가 지금과 같겠는가? 실제로 미국의 알래스카를 비롯한 몇몇 주에서는 모든 주민에게 월 얼마씩의 기본소득을 지급한다. 체코를 비롯해 세계 80개 이상의 나라에서는 아동에게 매월 15~40만 원의 아동 수당을 지급한다. 모든 노인에게 20만 원씩 기초연금을 지급하겠다고 사기극을 연출하긴 했지만, 결국 우리나라 18대 대통령 선거 공약도 70%의 노인에게 매달 16~20만 원의 기초연금을 지급하는 식으로 실현되었다. 꿈이 아니다.

이런 이야기를 꺼내면 당장 호환 마마보다 더 무섭다는 '복지병'을 들고 나올 사람이 수두룩하리라. 난 그런 사람들에게 이렇게 묻고 싶다. "당신은 평생 월 몇십만 원만 받으며 사는 게 행복한 삶이라고 생각합니까? 더 벌지 말고 최소한의 생계비만 받으면서 살라고 하면 당신은 그렇게 하겠습니까?" 어찌 보면, 세속의 물욕에서 벗어나 절제하는 삶이 더 행복할 수도 있겠으나, 그런 초월적인 소수를 뺀다면 복지로 제공하는 최소한에 만족하며 살 사람은 많지 않을 것이다. 복지가 늘어나면 도박이 늘어날 거라고 걱정하는 사람도 있다. 그렇다면 스웨덴이나 노르웨이, 독일 같은 유럽 복지국가들이 도박 천국이어야 마땅하겠지만, 도박에 중독되어 망가지는 사람은 우리나라에 더 많은 것 같다. 일확천금을 노리는 도박 심리는 삶이 팍팍한 곳에서 더 강하게 이는 법이다.

  복지는 인권이 발 딛고 서는 땅이다. 사람답게 살 최소한의 권리를 경제적으로 보장해줌으로써 모든 강압적 권력과 강제적 명령에 맞서 사람이 하고 싶은 말을 할 수 있는, 싸울 수 있는 용기를 불어넣는다. 밥그릇 때문에 초라해질 위험을 줄여 주고 인간의 존엄을 생각할 여유를 준다. 실업 연금을 비롯하여 사회복지 제도가 잘 발달해 있다면 상사의 부당한 처사나 회사의 불공정한 관행에 울며 겨자 먹기로 숨죽이지 않아도 될 테니 부조리가 넘치는 우리네 기업 문화가 합리적이고 민주적으로 바뀌는 데에 크게 이바지할 것이다. 복지는 사회 전체가 노동을 보호하는 최소한의 장치인 셈이다. 또한, 복지는 사회 갈등을 줄여주는 묘약이기도 하다. 사회복지의 확대는 기업주에게도 결코 손해가 아니다. 사회안전망이 튼튼하면 기업도 어떤 부득이한 사정으로 노동자를 내보내는 일에 그토록 부담을 느끼지 않아도 되고 정규직 채용을 덜 망설일 것이다. 북유럽처럼 노동의 안정성과 유연성이 동시에 보장되면 사회의 갈등은 줄고 개인은 무시와 모욕을 참아가며 살지 않아도 되니 모두에게 좋다. 그 출발은 복지를 두툼하게 까는 일이다.

~

그럼 그 재원은 어디에서 나오느냐고 묻는 사람들이 많다. 간단하다. 세금을 더 걷어야 한다. 국민이 내는 세금과 사회보험료를 합하여 국내총생산과 비교하는 지수를 '국민부담률'이라고 하는데, 2011년 우리나라의 국민부담률은 경제협력개발기구 34개 회원국 가운데 뒤에서 4등이다. 수치로 정확히 따지면 회원국 평균인 34.1%보다 8% 이상 낮은 25.9%이다. 스웨덴(44.2%), 프랑스(44.1%), 이탈리아(43.0%)와 같은 나라와는 무려 20% 가까이 차이가 난다. 우리는 결코 세금을 많이 내지 않는다. 정부도 복지에 많이 투자하지 않는다. 정부의 재정 지출에서 복지에 사용하는 예산 비율은 2009년 경제협력개발기구 회원국 평균이 45.9%인데 비해 우리나라는 29.0%다. 프랑스(56.5%), 스웨덴(56.1%), 이탈리아(53.6%) 등 유럽 국가와 큰 격차를 보이는 건 물론이고 35.3%인 멕시코보다도 낮아 숫자를 보고한 31개 회원국 가운데 한국이 꼴찌다. 우리나라는 인류의 추세에 너무 뒤떨어져 있다. 세금을 더 내고 복지를 늘려야 한다.

세금을 더 내자고 하면 가난한 사람들도 펄쩍 뛴다. 하지만 그럴 일만은 아니다. 2011년 기준으로 우리나라에서 돈 버는 사람들

가운데 근로자 36.1%, 자영자 41.4%는 면세자로서 소득세를 내지 않았다. 소득세 낼 만큼 돈을 벌지 못하니 그럴밖에. 연말 정산으로 돌려받는 걸 고려한다면 실제로 소득세를 내는 사람은 4인 가구 가장 기준일 경우에 연봉 2,500만 원은 넘게 버는 사람이거나 세무사에게 장부기재라도 맡기는 자영업자. 이런 사정을 잘 몰라서 그런지 사람들 대부분이 증세에 소극적이다.

세금을 더 걷는다면 간접세를 더 걷기보다는 먼저 현재 소득세나 법인세, 종합부동산세처럼 직접세를 내는 사람들이 정해진 비율로 조금씩 더 내는 게 바람직하다. 부자만이 아니라 지금 세금을 내고 있는 사람은 모두 골고루 세금을 더 내야 한다. 우리가 술자리에서 술값 내는 문화를 떠올려보면, 부자만이 아니라 낼 수 있는 사람은 모두 더 내자는 내 생각에 충분히 고개를 끄덕일 수 있으리라.

파산한 뒤에도 나는 사람들과 만나는 걸 꺼리지 않았다. 사업 망했다고 이런저런 모임에 나가지 않아 버릇하면 그 세계에서 매장당하니 일부러라도 나갔지만, 그보다는 친구가 필요해서 그랬다. 힘들었거나 즐거웠던 기억을 함께 끄집어내어 나누는 것은 건강을 유지하는 일만큼이나 삶의 활력소 노릇을 한다. 나이가 들수록 사람은 친구가 필요하다. 그런데 이제야 털어놓지만, 당시 어느 모임이건 갈 때마다 나는 술값을 걱정해야 했다. 모이는 사람이 적을 때에는 대개 벌이가 좀 넉넉한 친구가 내는지라 걱정이 적었지만, 모이는 사람이 많을 때에는 얼마씩 추렴하는 것마저도 부담스러웠다.

그런데 시간이 흐를수록 여럿이 모여 추렴하는 자리보다 오히려 서너 명 모이는 자리가 더 부담스러워졌다. 내가 비교적 남들보다는 체면을 덜 차리는 성격이고 대개 나를 만나자는 요청에 응한 자리였더라도 늘 얻어먹기만 한대서야 아무래도 불편하지 않겠는가. 어떤 모임에서 술값을 도맡아 내는 사람이 생기기 시작하면 만나는 곳이나 음식의 종류와 수준도 대개는 그 사람의 취향과 입 높이에 따라가기 쉽다. 술이 몇 잔 돌면 그 사람의 목소리가 높아지는 일도 잦아진다. 자칫 술값 내는 사람이 그 술자리의 주인공 아닌 주인공 행세를 하게 되는 것이다. 이는 그 사람이 건방져서가 아니다. 다른 사람들도 그의 체면을 살려주느라 띄워줘서 그렇다. 그런데 이런 관계가 굳어지면 그 모임은 오래가기 힘들다. 누구는 맨날 주인공이고 누구는 맨날 행인 1, 2, 3이어서야 모임이 재미있을 턱이 없다. 그래서 사람들은 현명하게 모임을 유지하려고 은연중에 애쓴다. 어떤 때는 좀 싸구려 선술집에서 만나 벌이가 시원찮은 친구가 술값 낼 기회를 주기도 하고, 어떤 때는 일부러 추렴하기도 한다. 여자에게도 술값 낼 기회를 주고 많이 안 마시는 사람에게도 추렴한다. 그렇게 돌고 도는 술값 문화가 자리를 잡고 나면 서로 술값 내겠다고 옥신각신하는 친구들을 그냥 놔둔 채 술집을 나서도 전혀 미안하지 않다. 다음에 난 또 내 지갑 사정에 맞게 사면 될 일이니까.

술값에서도 그럴진대 하물며 세금을 부자에게만 더 내라고 할 것인가? 부자들이 받아들이든 말든 이런 주장과 논란은 부자만이

이 사회의 주인공이라는 잘못된 생각을 퍼뜨린다. 세금을 더 낼 여력이 있는 사람이라면 누구든 참여해야 한다. 그래야 당장 세금 낼 형편이 안 되는 사람도 부끄럽지 않다. 우리가 모두 어떤 방식으로든 서로 의지하며 사는 친구고 형제라는 점을, 공동체 대한민국을 함께 꾸려가는 주인공임을 잊어서는 안 된다.

　세간의 근거 없는 걱정과 달리, 복지는 삶의 대지에 창조가 움트도록 적셔주는 봄비다. 쓸모없는 낭비가 아니라 매우 생산적인 기능을 한다. 장애 연금 덕에 급하게 재기해야 할 이유가 옅어지니 나는 남들이 하기 어려운 분야의 글쓰기 작업에도 과감하게 도전하는 용기를 얻게 되었다. 정신의 여유는 눈뜬 사람들이 그냥 지나치는 것들도 보게 해준다. 내가 장애 연금을 받듯이 실직이나 파산을 당한 사람들이 기본적 생계를 두려워하지 않아도 되는 세상을 만들 수 있다면 현재 우리 사회가 안고 있는 비정규직 문제나 청년 실업의 문제, 가난한 예술과 문화의 고단함도 완전히 새로운 각도에서 해결책을 찾을 수 있을 것이다. 특히나 자신의 창작물이 얼마의 돈으로 돌아올지 예측하기 어려운, 그래서 연간 수입이 대기업 직원의 한 달 치 월급만도 못한 문화예술 분야에서 복지는 창작자에게 엄청나게 생산적인 기능을 하지 않겠는가? 그들이 사회복지 덕에 좀 더 인간답게 살면서 창작에 몰두할 수 있다면, 그리고 더 많은 사람이 용기 있게 그런 창작 활동을 펼쳐갈 수 있다면 우리 사회는 지금과 비교할 수 없을 만큼 우아하고 풍성해질 것이다.

∼

　복지로 사회의 안전그물을 갖추면 창업도 그다지 막막한 모험만은 아닐 터이다. 일자리 문제로 고민하는 청년들에게 나는 이렇게 말하고 싶다. 안정된 좋은 일자리가 없다고 사회를 원망하지만 말고, 직접 나서서 좋은 일자리를 만들자. 그렇게 도전했다가 추락하더라도 최소한의 생존 때문에 삶의 모든 가능성을 포기하는 일이 없도록 사회 복지를 더 확충하라고 정치권에 요구하자.

　모두가 명문대에 가면 좋겠지만 명문대 정원이 정해져 있듯이, 우리나라의 이른바 '좋은 일자리' 숫자도 정해져 있다. 다들 대기업 가고 싶고 공사나 공무원처럼 안정된 일자리를 잡고 싶겠지만, 그 숫자는 정해져 있다. 그런데 좋은 일자리가 꼭 연봉 높고 안정된 곳이라는 기준을 우리가 받아들여야 하는가? 이 사회가 청년들에게 걸어 놓은 저주의 주문은 남과의 비교, 남의 시선, 배제의 공포인 것 같다. 하지만 돈이나 사회적 지위로는 비교할 수 없는 자아의 만족감, 새로운 사회구조를 만들어간다는 자긍심을 갖고 일할 수 있다면, 그런 일자리가 돈은 많이 주더라도 온갖 모욕과 위장병을 견뎌야 하는 '좋은 일자리'보다 못하다 할 수는 없다. 물론 한국의 중소기업 사장님들이 그런 환경을 열어 줄지는 의문이다. 난 그래서 청년들에게 차라리 중소기업이나 협동조합 창업을 적극적으로 권장한다.

　우리 젊은이들이 개척할 황무지는 의외로 넓다. 당연히 신산업 분야가 우선이겠지만, 나는 소비재 경공업과 농업 분야에 주목하라고 권하고 싶다. 중공업화, 세계화, 정보화 파도를 넘어오는 와중에 우리는 소비재 분야의 경공업을 모두 버리고 왔다. 자전거, 유모차, 우산, 신발, 가구 등 우리 주변에서 전자 제품을 제외한다면 "Made in Korea" 상표를 부착한 소비재는 사고 싶어도 살 수가 없다. 난 국산 수요가 큰 고품질, 고기능 소비재 부문부터 정부가 창업을 지원해 장기적으로는 내수에 기반을 둔 새로운 세계 명물 상품을 키워가야 한다고 본다. 중국의 추격을 뿌리치는 한 가지 방안이기도 하다. 그리고 무상급식과 연계하여 농업과 농촌을 살려내는 정책도 필요하다. 농가 보조금 가운데 일부를 돌려서라도 초중고 학생 전체에게 무상급식을 시행할 재원을 마련하고 계약재배를 통해 농가 수입을 보장해주어 귀농에 관심을 가진 중년 세대 은퇴자들과 청년 비정규직을 농촌으로 불러들여야 한다. 몇몇 사람의 고독한 귀농과 실험에 맡기지 말자. 돈이 돌고, 공연이나 전시 등 문화예술에서 홀대받지 않으며, 친구를 만날 수 있는 공간으로 농촌을 재구성해낸다면 농촌을 꺼릴 까닭이 없다.

또한, 소비재 제조업과 농업 분야에서 청년들이 협동조합 형태로 창업할 수 있도록 나라에서 창업 교육과 창업 자금을 지원해주면 어떻겠는가? 그 방식도 예전의 중소기업 창업 지원과는 좀 달리하면 좋겠다. 이를테면 협동조합 창업교육에서도 관련 기술이나 회계, 마케팅 외에 인문학 교육을 통해 협동조합 운영의 심성을 공유하게 하고, 일정한 교육을 이수한 자들에게 조건 없이 자금을 지원하는 식으로 말이다. 정부와 대기업, 자산가들이 협동조합 창업지원기금을 만들어 운영하고, 성공한 협동조합에서도 자신의 후배들을 위해 기금을 쌓아 가면 더욱 좋겠다. 물론 반짝이는 아이디어가 있는 사람이야 중소기업을 세워도 좋다. 또한, 나 같은 파산자를 신용불량의 늪에 빠뜨리지 않도록 튼튼한 사회 안전망과 패자 부활의 제도를 반드시 마련해야 한다.

우리가 경쟁을 배제하고 살 수는 없다. 경쟁은 현대 사회에서 불가피하므로 굳이 애써 배제할 필요도 없다. 다만 지나침이 문제다. 우리는 경쟁이 연대와 함께 펼쳐지는 세상, 경쟁이 연대와 우애의 틀 안에서 이루어지는 세상으로 이 사회를 바꾸어가야 한다. 연못에 돌을 던졌을 때 퍼지는 겹겹의 동심원을 떠올려보자. 물결이 낮게 내려간 골이 경쟁을 뜻한다면 가장 높이 올라간 마루는 연대의 띠를 이룬다고 생각할 수 있다. 하나의 기업 안에서 개인들이 경쟁하고 있다면 기업은 그들이 경쟁 속에서 추락하지 않도록 보호하는 연대의 안전판 구실을 해야 한다. 기업이라는 동심원보다 큰 그다음 동심원으로, 사회는 기업들의 경쟁을 권장하더라도 그 경쟁 와중에 몰락하는 기업의 구성원들을 보호해줘야 한다. 이는 그다음 더 큰 동심원인 국가 간의 경쟁에서 부도나는 나라를 국제 사회가 돕는 것과 하나도 다를 바가 없다. 즉 경쟁은 그보다 큰 울타리인 연대의 틀 안에서 벌어지는 동심원의 골과 같은 물결이어야 한다. 한 사회 안에서 그러한 연대의 틀은 바로 사회복지다.

이런 이야기들은 나의 이상일 수도 있다. 하지만 길이 없으면 길을 만들면서 가자. 스스로 좋은 일자리를 창조하기 위해 용기를 내어 도전하라. 그 용기를 끌어내지 못하게 하는 미래의 위험에 맞설 수 있도록 복지를 요구하라. 경제 규모로 세계 10위권인 대한민국이 왜 서구처럼 사회 안전망을 만들 수 없단 말인가? 복지는 우리를 문명인으로 만들어 주는 보험이고, 이 보험의 보험료는 세금이다. 국가 재정이 부족하다면 세금을 더 내자고 주장하자. 부자들에게만 일방적으로 세금을 더 내라고 할 게 아니라 조금씩 더 낼 수 있는 형편의 국민이라면 모두 버는 만큼 세금을 더 내서라도 복지국가를 앞당기자고 먼저 나서서 말하자.

우리는 우리 사회의 편협하고 부실한 질서와 싸우며 사람답게 살 조건을 만들자고 나서야 한다. 이 모든 과정이 청년들에게 고통스러울지도 모르지만 고통 속에서도 한 자락 바람처럼 스쳐 지나가는 행복의 순간이 있다. 힘들게 만들어낸 작은 변화, 내가 지쳐 쓰러질 때 옆에서 내미는 손, 그런 성취와 우애와 믿음을 서로의 얼굴에서 언뜻언뜻 발견하는 순간 우리는 사람이기에 행복하다. 그게 힘이다.

어른에게야말로 꿈이 필요하다

　　복지라는 사회의 품 말고 내가 새로운 삶을 시작할 수 있도록 도와준 힘은 내 기억 속의 즐거움이었다. 살다 보면 기억하기보다는 잊고 싶은 일들이 더 많다. 내가 그때 그런 선택을 하지 않았더라면, 내가 그 말을 하지 않았더라면, 내가 내 주장을 펼 용기가 있었더라면, 내가 유혹에 빠지지 않았더라면 하는 후회가 드는 대목들이 우리 인생에는 즐비하다. 반대로 기억해야 할 고마움과 즐거움은 의지와 달리 쉽사리 까먹는다. 뭐 그렇다고 한탄할 일은 아니다. 우리가 자라면서 몸에 입게 된 외상의 자국은 나이가 들어도 잘 없어지지 않아 늘 거슬리지만, 몸이 성장하는 경과를 우리는 전혀 알아차리지도 못하지 않는가? 남은 자국으로 그 상처는 기억하지만 몸 곳곳이 자라고 근력이 커지는 변화는 전혀 눈치채지 못한다. 그렇듯 잊고 싶은 기억의 상처는 깊이 패어 있게 마련이고 즐거움과 행복은 벽에 살짝 그어놓은 금에 다시 키를

재보았을 때 느끼는 성취감처럼 아주 일순간의 가벼운 만족으로 그친다.

우리는 상처와 짧은 행복의 기억을 버팀목으로 삼아 삶을 살아간다. 두 가지 가운데 어느 힘이 더 클까? 사람들은 상처가 준 아픔과 분노를 잊지 말라고 채찍질하지만 난 그렇게 생각하지 않는다. 상처는 그것을 입었던 상황의 기억은 남아도 그 상처를 입을 당시의 아픔이 동일한 강도로 생생하게 남지는 않는다. 반대로 즐거움은 당시의 상황에 대한 기억조차 없을지라도 우리 몸과 마음 깊숙이 퍼져 은밀하게, 아주 은밀하게 우리를 움직이는 힘으로 작용한다. 당신이 인생을 살아내게 한 힘을 한 번 꼽아보라. 상처의 아픔은 점점 흐려지다 사라지지만, 즐거움은 겨울 뒤에 어느새 찾아온 봄처럼 몸과 마음에 에너지로 다시 살아난다.

내가 다시 살아감은 파산의 상처와 복수심이 아니라 사업을 꾸려가는 동안 나에게 찾아왔던 이름 모를 즐거움과 행복의 힘이었다. 앞서 인용했던 〈무엇을 할 것인가〉와 〈신인간기업 선언〉 두 글을 다시 읽으면서 나는 그런 즐거움과 행복을 함께 맛보았던 사람들을 떠올렸다. 짐 나르고 먼지 구덩이 속에서 함께 짜장면 먹다가 양파 가지고 티격태격하던 일, 오랜만의 꽃등심 회식에서 한 입에 고기 두 점씩 넣는다고 타박하며 웃던 일, 축구나 배구에서 흔히 볼 수 있는 세트 플레이처럼 작전을 짜서 매출에 성공하고 손뼉을 마주치던 일, 새벽까지 마신 술에 힘들어도 서로 늘어지지 않으려고 토악질을 참으며 출근하다 만난 일, 불안해 보이던 신입이 어느새 커서 후배 직원 가르치고 평가하던 흐뭇한 광경, 설 연휴에 고속도로 휴게소에서 직원들이 흩어져 아리수한글 알리던 일……. 우리끼리 참 많이도 싸우고 많이도 웃었다. 웃는 시간이야 짧았겠지만 그 웃음은 매우 긴 시간의 땀이 빚어낸 것이기에 다시 힘으로 살아나나 보다.

～

사업 망한 지 벌써 8년이 지났다. 난 내가 청춘을 바쳐 일한 12년의 세월을 파산으로 마무리한 그 기억으로부터 탈출하고 싶었다. 그러나 하드디스크에 저장한 파일을 지운다 하여 복구할 수 없지 않듯 우리가 잊고 싶은 기억들도 어느 순간에 불쑥 되살아온다. 만일 망각의 능력이 없다면, 아마도 사람은 과거의 그 우울하고 몸서리쳐지는 기억에 지배당하며 고통스럽게 살아가야만 할 거다. 망각은 분명 신의 선물이다. 하지만 망각은 그냥 오지 않는다. 사랑이 다른 사랑으로 잊힌다는 어느 노래 제목처럼 실제로 사람은 새로운 활동과 새로운 역사가 흘러넘칠 때 비로소 과거의 기억을 망각의 강에 버리는 것 같다. 마치 디스크 공간이 모자라면 이전의 파일을 지우고 저장해야 하듯이. 나에게 옛사랑을 잊게 해준 새로운 사랑은 글쓰기와 사회참여활동이었다.

사회참여활동으로는 2000년부터 꾸준히 책임을 진 한글문화연대의 언어 민주주의, 국어 인권 운동이 대표적이며 복지운동(내가만드는복지국가)과 교육개혁운동 등이 있다. 특히 국어운동 분야에서 유일한 시민단체인 한글문화연대 일은 15년 가까이했기에 애착이 큰 데다 2012년부터는 대표를 맡은지라 쏟는 시간도 제법 된다. 어린 백성이 제 뜻을 펴게 하겠다는 세종의 한글 창제 정신과 우리 말글살이의 실태를 견주어 보는 사회적 장치로서 한글날을 다시 공휴일로 만드는 데에 앞장섰고, 서울 지하철 5~8호선 안내 방송에서 '스크린 도어'를 '안전문'으로 바꾼 일처럼 공공언어 분야에서 외국어 능력에 따라 시민의 알 권리와 기본권을 차별할 소지가 있는 어려운 말을 쉬운 말로 바꾸는 성과를 거두었다. 이 운동들 때문에 가끔은 너무 많은 시간을 쏟아야 하지만, 일종의 사회적 공공재 노릇을 하면서 내가 파산으로 이 사회 전체에 진 빚을 갚고 있다고 마음으로 받아들인다. 사회에 빚지지 않고 사는 이가 없으니 누구든 기회가 된다면 사회에 그만큼은 돌려줘야 한다. 난 그 빚이 많으므로 남보다 더 애쓰는 쪽이다.

다른 하나는 글쓰기다. 《좌우파사전》 출간 뒤 나는 페이스북에 〈징역〉이라는 제목으로 내가 20대에 민주화운동 때문에 구속되어 경험했던 감옥 이야기를 연재했다. 역사를 공유하는 50명에게만 제한적으로 공개하며 글을 쓴 넉 달 동안 난 정말 새로운 세상을 만난 기분이었다. 내 이야기보다 더 재미있는 댓글 행렬에 배꼽을 잡기도 하고 사람들의 칭찬에 우쭐해지기도 하고, 책으로 내라는 권유까지 받아가며. 글 쓰는 재미에 어떤 날은 밤늦게 집에 갔다가도 잠자리에서 뒤척이다 다시 사무실에 나와 밤을 샌 적도 있다. 머릿속에 그려지는 그 이야기들을 당장 기록하지 않으면 휘발성 강한 내 머리 구조상 곧 까먹을까 싶어서. 그 사이 《좌우파사전》이 상을 타고, 〈징역〉 연재 막바지에 대문짝만한 인터뷰가 나간 것이다. 정말 난 글 쓰는 이로 새로 태어난 기분이었다.

~

한국출판문화상 시상식이 있기 전에 우리 부부는 부모님 댁 근처 어느 식당으로 부모님을 모셨다. 파산 뒤 5년 동안 자식 걱정에 얼마나 애가 타셨을지 모를 두 분께 이젠 새로운 삶을 개척하고 있으니 걱정하시지 말라는 말씀을 드리고자 만든 자리였다. 꼼꼼하신 아버지에 비해 늘 배포 크게 일을 벌이시는 어머니께서 내게 격려의 말씀을 건네셨다.

"그래, 상을 다 타고. 고생했구나. 다음엔 노벨 문학상을 타야지."

어머니의 통 큰 주문에 우리 식구는 정말 오랜만에 걱정 없이 웃었다. 나의 첫 단행본은 페이스북에 연재했던 징역 이야기를 담은 《내 청춘의 감옥》이다. 언뜻 제목만 보면 신영복 선생님의 《감옥으로부터의 사색》처럼 육중한 성찰이 들어있을 듯하지만, 기실 이 책은 흡사 시트콤처럼 매우 가볍고 유쾌한 내용으로 꾸며져 있다. 물론 내가 얻은 나름의 깨달음이 배어 있고, 두어 곳에서는 내가 다시 읽어도 눈시울이 붉어지곤 한다만. 독자들의 온라인 서평, 내게 보내오는 편지, 내 페이스북에 올린 소감을 읽으며 난 글 쓰는 맛을 톡톡히 느꼈다. 그 가운데서도 이 독자의 반응을 나는 가장 소중하게 여긴다.

"언제부턴가 내 얼굴에서 웃음이 사라졌다. 세상의 온갖 불행한 일이 죄다 내게만 몰려든다는 비관에 젖어 웃음도 희망도 잃어버린 것이다. 어떤 식으로든 이유를 만들어 견디는 거야 자신 있다지만 문제는 사는 게 즐겁지 않다는 거였다. 살고는 있지만 죽은 것 같은 시간들……. 그 한가운데에서 이 책을 만났다. 거의 모든 종류의 자유가 제약된 공간에서도 웃음을 잃지 않고 장난스럽게, 가볍게 사는 그들의 모습에 난 조금씩 웃기 시작하고 장난을 치고 싶어졌다. 삶의 땀 냄새가 배어있는 글의 힘이다. 고마운 책이다."

나야말로 이 독자의 글이 사무치게 고마웠다. 공직선거법 위반 사건으로 구속되었던 곽노현 전 서울시 교육감도 구치소에서 내 책을 읽으며 킬킬거리셨다니 나로선 영광이다. 감옥 이야기가 이렇듯 유쾌할 수 있느냐고 묻는 사람이 많은데, 사실 그 유쾌한 글자들을 둘러싼 모든 여백은 아픔과 고통이라고 봐야 한다. 우리 삶이 대개 그렇듯이. 난 새삼 깨닫는다. 즐거웠던 기억을 소중하게 간직하면 현재와 미래의 고통을 두려워하지 않아도 된다는 게 바로 낙관의 비결임을. 그런 낙관이 힘들 때 웃는 힘으로 살아온다.

책의 서문에서 내가 먼저 발가벗으니 읽는 이들도 그러길 바란다는 말을 남겼는데, 이 책을 매개로 난 수십 차례 그러한 소통의 경험을 독자들과 함께했다. 그 경험이 나에게 힘이 되듯 그들에게도 힘이 되길 기대하며. 멀리 뉴질랜드에 가서 사는 옛 아리수 직원에게서도 어느 날 편지가 왔다.

"전 가끔 사장님과 소장님 꿈을 꿉니다. 그럴 때마다 인터넷에서 사장님 이름 석 자를 검색해 보면 책들을 출판하시고 인터뷰도 하고 그러시더라고요. 사장님 글 서문에서, 아내에게 사랑의 마음을 담아 이 책을 바친다는 말, 많이 부러웠답니다.

처음 회사가 어려워져서 급여가 제 날짜에 못 나오게 되었을 때 부서장들이 직원들 한 명 한 명 회의실에서 사장님이 직접 쓰신 글을 보여주며 양해를 구하였죠. 그 때 저는 그 글을 읽는 내내 눈물을 뚝뚝 흘렸었죠. 무엇보다도 사장님이 얼마나 힘드실까 하는 생각에 말이에요. 제가 너무 심하게 우니까 부서장이었던 노 과장님이 제가 딸아이 데리고 혼자 사는 불쌍한 어머니라고 생각하셨는지 다음날 제 급여와 꼭 맞는 금액을 준비해 가져오셨답니다. 제가 어떻게 그러한 마음들 하나하나를 다 잊어버리겠습니까? 이런 게 벌써 10년이 가까워지는 이야기들이네요.

아리수에서 좋은 분들과 근무할 수 있어서 참 행복했습니다. 값싼 자존심과 고집으로 연봉 협상할 때 제 주장만 내세워 이사님 마음에 저라는 사람에 대한 불편한 인상도 심어 주었을 겁니다. 저에 대해 나쁜 이미지를 팔아먹은 결과 쪼끔 올려 받았죠. 그리고 퇴사를 할 땐 송별회인가요, 그 자리에 감히 참석하지 못하였답니다. 제가 정말 사랑하고 아꼈던 회사였기 때문에 자꾸만 눈물이 날까 봐서요. 마지막 날, 회사 후문에 차를 주차해 놓고 퇴근하는 직원들을 바라보며 그리고 그 건물을 바라보며 혼자 폭풍 눈물을 흘려야 했습니다. 내가 그 회사 사장도 아니었는데 말이죠.

《내 청춘의 감옥》의 글 내용 중에 "나는 사람들의 영혼에 울림을 줄 수 있는 일을 해보고 싶었다."라는 글 속에서 저는 진짜 사장님을 만날 수 있었답니다. 그것이 제가 정말 알고 있는 이건범 사장님이니까요.

저도 혹 상처받는 이들, 힘들어하는 이들에게 조금이라도 희망이 되고 용기가 되고자 사회 복지사가 되려 하긴 하지만, 그것 역시 쉽진 않겠더라고요. 얼마 전 가정폭력으로 힘들어하는 중국인 친구 집에 가서 이런 저런 얘기를 나누었는데, 사랑과 용기와 희망을 주고 오겠노라고 갔다가 그저 놀라고만 돌아왔답니다. 제가 몰랐던 가정폭력의 심각성을 보면서 괜히 겁을 잔뜩 먹고, 우울해지기까지 하더라고요.

저는 하나님을 믿는 사람이기 때문에 그 문구가 기도 제목이 되었답니다. 앞으로 나는 어떠한 방법으로 사람들의 영혼에 울림을 줄 수 있을까? 지금, 아무것도 준비 안 된 제가 그저 할 수 있는 것은 가까이 있는 사람들을 따뜻하게 바라봐 주고 미소 지어주고 공감해 주리라 하고 그렇게 다짐을 하건만……"

이 친구는 2001년 초겨울에 내게 불쑥 장문의 편지(이메일)를 보내 자신을 써달라고 했었다. 자신이 혼자 아이를 키우게 된 개인적인 사정과 그동안 해온 일을 아주 자세히 적으면서 우리 회사가 시작할 온라인 사업에서 고객 상담 쪽을 맡아보고 싶다고 밝혔다. 마침 그런 일을 할 사람을 뽑아야 했던 터라 우리는 이 친구와 제법 긴 면접을 보고 바로 채용을 결정했었다. 회사가 어려울 때도 참으로 묵묵히 자기 일을 열심히 하던 직원이었고, 자신이 다시 시집갈 때가 되면 날 주례로 모시겠다고 했었다. 그는 뉴질랜드 남자와 결혼을 하는 바람에 나에게 그럴 기회를 주지는 못했다. 난 그가 사회복지사의 꿈을 이루길 바라며 답했다.

"세 가지 종류의 시민운동을 하면서 책 쓰고 책 만드는 일을 하느라 정말 정신이 없어. 게다가 여기저기서 만나지는 사람도 너무 많고. 금주 초에는 혼자 가평의 어느 펜션에 숨어서 사흘 동안 글 쓰다 왔지. 앞으로는 글 쓰는 일에 주로 집중할 생각이야. 내 꿈은 10년 뒤인 2022년 노벨문학상 수상. 그래서 명함에다 이젠 이렇게 새기고 다니려고. '2022년 노벨문학상 수상 예정자' 하하하~ 어른이야말로 꿈이 필요한 생명체라고 늘 나는 생각해. 공부 열심히 해서 이루고 싶은 꿈 이루길."

그는 사회복지사의 꿈 말고도 한국으로 돌아와 자기가 배운 영어를 지방의 아이들에게 가르쳐주고 싶다는 꿈을 갖고 있다. 어려운 아이들에게는 무료로.

"사장님 답글에 왠지 제 가슴이 벅차 오네요. 뭔지 모르겠지만 사장님의 꿈이 내게도 전달되는 듯한……. 아이패드를 사용하다 보니 한글게임, 영어게임. 참 많아요. 생각해 보았어요. '우리 아리수한글이 앞서도 너무 앞섰었구나!'를요. 2022년 노벨문학상 수상 예정자와 편지를 나눌 기회를 주셔서 감사합니다. 사장님 수상하게 되시더라도 저를 잊지 말아 주세요. 저에게는 사장님이 제가 처음 뵈었던 사장님의 모습(어린 대학생 같은 모습)으로만 기억이 난답니다."

그래, 하루에도 몇 번씩 꿈이 바뀌는 아이들보다 정작 어른에게야말로 꿈이 필요하다. 우리나라처럼 책을 안 읽는 사회에서 글 써서 밥 빌어먹고 사는 일은 절대 쉽지 않다. 하지만 나는 다른 무엇보다도 내 영혼에 울림을 일으키는 일을 하고 싶기에 이 자리가 좋다.

어쩌다 보니 내게 주어진 것 같은 지금의 길이 꼭 나의 운명이라고 포기하며 받아들이는 데에 우리는 너무나 익숙하다. 학교가 우리를 그렇게 가르쳤고 사회가 우리에게 강요한다고 핑계만 댈 일은 아니다. 아이들에게, 당신의 자녀에게 꿈을 물어보지 말고 지금 이 순간 자신에게 꿈이 무어냐고 물어보라. 우리는 그 누구나 관성적으로 막살아도 되는 존재가 아니다. 모두 고귀한 인간이다.

그 삶이 고단할 때 어려움 속에서도 웃는 힘을 기르자. 힘들 때 웃는 힘이야말로 고통과 고정관념에 발목 잡히지 않고 아스라한 행복의 기억을 고스란히 되살려내 우리를 꿈에 한 발 더 다가가게 하는 마법이다.

후기

 이 책의 초고를 마무리하던 2013년 8월 초에 아버지께서 세상을 뜨셨다. 서울에서는 도저히 글을 쓸 틈을 빼내기 어려워 거창 사는 친구 정연탁의 한의원 사랑방에서 밤을 새워가며 글을 쓰던 중에 동생에게서 전화를 받았다. 아버지께서 위독하다고. 황망히 짐을 싸 서울로 오는 내내 가슴이 방망이질 쳤다. 돌아가시기 전에 꼭 이 책을 보여드리고 싶었는데, 이렇게 떠나시나……. 병원에서는 별다른 조치를 할 수 없다고 했고, 그로부터 닷새 뒤에 아버지는 숨을 거두셨다. 안타깝게도 아버지와 단 한 차례 제대로 눈을 맞추지 못했다.
 공무원이었던 아버지는 참으로 엄하고 보수적인 분이셨다. 내가 대학에 들어간 뒤로 자주 정치적 견해에서 아버지와 대립한 탓에 밥상을 두고는 뉴스를 틀지 않기로 묵계를 맺어야 할 정도였다. 늘 내 정견이나 세상사는 법을 못마땅히 여기셨다. 물론 예외적인 시기도 있었다. 87년 6월항쟁으로 군부독재정권이 물러나고 민주화가 진행되면서는 나의 과거 활동을 인정하셨던 것이다. 아마도 정치 달력으로 따지자면 김영삼 정부 시절이 아버지와 나 사이에 그나마 갈등이 가장 덜했던 때였던 것으로 기억한다. 감옥에서 나와 사업을 시작했던 때다. 그렇지만 그 뒤 김대중, 노무현 민주정부 10년 동안에는 불편한 심기를 자주 드러내셨다. 나의 파산은 아버지의 불편한 심기를 더욱 키웠을 것이다. 집권한 사람들이 마음에 들지 않는 터에 민주화운동으로 옥살이하느라 안정된 직장 구하지 못하고, 고생고생하다 결국은 파산까지 했으니 초라한 자식 몰골과 비교해 그 집권자들이 더 미웠을 수도 있다. 내 인생도 헛된 꿈을 좇은 것에 다름없다고 여기셨을 거다.

장례식장에서 조문객을 받고 있을 때 아버지 대학 친구분들이 오셨다. 상주인 우리 형제 셋과 맞절을 한 뒤 어느 분이 물으셨다.

"아들 중에 소프트웨어 사업한 게 누구지?"

한 번도 뵙지 못했던 분들이었다. 어쩐 일인가 싶어 내가 나서며 대답을 했다. 그랬더니 내 손을 꼭 잡으시면서 이런 말씀을 하신다.

"아버지가 생전에 네 얘기를 정말 많이 했다. 얼마나 자랑스러워하던지……."

아버지는 나에게 한 번도 그런 내색을 하신 적이 없었다. 사업 망하기 전에 미리 말씀드렸을 때도 덤덤하게 잘 정리하라는 말씀만 하셨는데……. 누나의 기억으로는 나에 대한 아버지의 기대가 자식들 가운데 가장 컸다니, 수배 생활과 두 번에 걸친 옥살이, 시각장애, 파산까지 얼마나 애가 타셨을까. 지금도 마루에는 아버지가 한국일보 1면 내 인터뷰 머리기사를 끼워 넣은 액자가 걸려 있다. 그 액자를 만드실 때 어떤 마음이셨을까. 작가로서 여러 가지 모습을, 그리고 여러 책을 더 보여드렸다면 좋았을 걸 하는 후회가 밀려왔다. 특히 그렇게 애타셨을 내 파산이 그저 헛된 물거품 같은 세월이 아니었음을 조금이라도 보여드릴 수 있는 책을 생전에 안겨드리지 못한 게 참으로 원통했다. 아버지의 기대가 아닌 내 나름의 삶에 대한 인정이랄까, 그런 걸 받지 못한 회한까지…….

출판을 염두에 두지는 않았지만, 아버지가 돌아가시기 1년 전부터 네 차례에 걸쳐 아버지와 인터뷰를 했었다. 병으로 힘들어하시는 아버지께 해드릴 것이 없었기도 했고, 아버지의 삶을 기록으로 남기고 싶어서였다. 다들 그렇겠지만, 우리 아버지는 남들의 눈에 그리 대단하신 분은 아니다. 하지만 평범한 인생이라고 삶의 향기가 없을쏜가. 돌아가시기 넉 달 전인 팔순에 그 기록을 작은 책으로 만들어 드리고 싶었지만, 그 일을 해내지 못했다. 그저 죄송스러울 뿐이다. 점차 기력이 떨어져 말씀하기도 힘들어하시고 나중엔 헛것을 보시기도 하여 더 인터뷰를 진행하지 못했다. 그 전에 해야 했지만, 다른 일들이 나에게 안타까운 핑곗거리를 줬다. 언젠가는 형제들의 기억을 더 모아 그 기록을 영전에 바치기로 하고, 당분간은 이 책으로 갈음한다. 참 미욱한 놈이다.

아버지. 사랑합니다.

파산
그러나 신용은 은행이 평가하는 게 아니다

초판 1쇄 인쇄 2014년 12월 1일
초판 2쇄 발행 2015년 2월 10일

지은이 이건범
펴낸이 김명진
편집 김명진
디자인 오필민디자인
인쇄 재원프린팅

펴낸곳 도서출판 피어나
출판등록 2012년 11월 1일 제2012-000357호
주소 121-731 서울시 마포구 토정로 37길 46, 303호(도화동, 정우빌딩)
전화 02-702-5084
전송 02-6082-8855
ⓒ 이건범, 2014

ISBN 978-89-98408-06-0 (03320)
값 14,000원

* 이 책 내용의 전부 또는 일부를 재사용하려면 저작권자와 도서출판 피어나의
  허락을 먼저 받아야 합니다.